高级汉语话题阅读与表达

张光宇 ◎ 主编

清华大学出版社
北京

内 容 简 介

本教材能更好地满足广大来华留学人员和汉语学习者了解中国的实际需求，进一步将汉语学习与中国国情文化的学习相融合，以阅读理解和表达训练为重心，引导汉语学习者深度参与有关前沿话题的学习和研讨，在进行汉语进阶训练的同时，为其打开一扇深入了解中国的窗口。全书共设 13 个话题单元，内容丰富，力争多视角、多层次反映中国社会发展和中国人的生活面貌，讲好中国故事，展现真实、立体、全面的中国。

本教材可供国际中文教育（汉语国际教育）、汉语言、汉语言文学、中国学等专业具有高级汉语水平的来华留学本科生、研究生，或其他具有相应汉语水平的学习者使用。

本书封面贴有清华大学出版社防伪标签，无标签者不得销售。
版权所有，侵权必究。举报：010-62782989，beiqinquan@tup.tsinghua.edu.cn。

图书在版编目（CIP）数据

高级汉语话题阅读与表达 / 张光宇主编．—北京：清华大学出版社，2023.12
ISBN 978-7-302-65095-9

Ⅰ．①高… Ⅱ．①张… Ⅲ．①汉语—阅读教学—对外汉语教学—教材 ②汉语—口语—对外汉语教学—教材 Ⅳ．① H195.4

中国国家版本馆 CIP 数据核字（2023）第 235314 号

责任编辑：杜春杰
封面设计：刘　超
版式设计：文森时代
责任校对：马军令
责任印制：丛怀宇

出版发行：清华大学出版社
　　　网　　址：https://www.tup.com.cn，https://www.wqxuetang.com
　　　地　　址：北京清华大学学研大厦 A 座　　　邮　编：100084
　　　社 总 机：010-83470000　　　邮　购：010-62786544
　　　投稿与读者服务：010-62776969，c-service@tup.tsinghua.edu.cn
　　　质量反馈：010-62772015，zhiliang@tup.tsinghua.edu.cn
印 装 者：三河市少明印务有限公司
经　　销：全国新华书店
开　　本：185mm×260mm　　　印　张：20.75　　　字　数：479 千字
版　　次：2023 年 12 月第 1 版　　　印　次：2023 年 12 月第 1 次印刷
定　　价：68.00 元

产品编号：104176-01

▶ 本书编写组

顾问：朱献贞　张金圈

主编：张光宇

编者：（以姓氏笔画为序）

　　　王文娟　王晓霞　齐　琳　张光宇　赵润馨

编写说明

《高级汉语话题阅读与表达》是为国际中文教育（汉语国际教育）、汉语言、汉语言文学、中国学等专业具有高级汉语水平的来华留学本科生、研究生编写的新样态汉语教材，也可供其他将汉语作为第二语言的高水平学习者使用。本书着力将汉语与中国国情文化的学习相融合，以阅读理解和表达训练为重心，引导学习者深度参与有关前沿话题的学习和研讨，在进行汉语进阶训练的同时，为其打开一扇深入了解中国的窗口，满足其感知中国"时代脉动"的需求。

全书共设13个话题单元，内容丰富，力图多视角、多层次反映中国的社会发展和中国人的生活面貌，讲好中国故事，展现真实、立体、全面的中国。每个话题单元均设有"导读"，以交代背景、引出话题，启发学习者预先思考。每个话题单元设三四篇"话题阅读"，各"话题阅读"聚焦一个与话题单元相关的微话题，便于学习者更细致、直观地理解和学习话题内容。"话题阅读"起到课文的作用，附有一定量的生词和注释。"话题阅读"后，还设有"读后练习""口语表达"等环节，"读后练习"设置与"话题阅读"课文有关的练习题，以考查学习者对话题相关阅读篇章的理解程度；"口语表达"布置一定的口语任务，要求学习者查找资料、写发言提纲，进而就有关话题展开讨论、辩论，或通过自由谈、演讲等形式发表见解、阐释观点，深化对相关话题的理解；部分"话题阅读"后还设有"写作训练"环节，以督促学习者结合所学，专门就相关论题进行话题性写作。各话题单元后增设"拓展阅读"，以供有余力的学习者阅读与思考。从而帮助学习者完成阅读与表达能力的全过程提升。

全书主要有以下特点：① 突出体现"语言"与"文化"的双重教学属性，将中国的国情与文化知识同汉语学习紧密结合；② "输入"与"输出"并重，将"话题阅读"的系列文本内容作为知识性"输入"，再通过完成各类交际任务和表达训练"输出"学习成果，注重高级阶段汉语学习者进行长篇阅读训练和口语、写作表达等能力的建立，充分训练和提升其多项汉语技能；③ 表达任务的设置规避了"灌输式"的教学方式，培养学习者的分析研究和自主学习能力，更充分激发其主动性和积极性；④ 所涉及的话题均贴近社会生活，契合学习者需求，易引发共鸣和启发思考。话题文本多选自具有影响力的报刊、书籍或新媒体文章，一般兼具真实感、情境感、话题性等特点；⑤ 参考了《国际中文教育中文水平等级标准》（2021）的拼音标注原则，生词多数选自"高等"词汇，以适应高级阶段汉语学习者的认知水平；⑥贴近《国际中文教育用中国文化和国情教学参考框架》（2022）"大学及成人阶段"的文化教学目标，培养学习者的跨文化意识，训练其表达文化态度的能力。让学习者站在中国视角、本国视角、世界视角理解中国，促进民心相通和文明交流互鉴，各美其美，美人之美，美美与共。

教师可采用精读、泛读式讲授或学生自学等形式，选用"话题阅读"的篇章。"读后练习"也可在课文阅读前展示，让学生带着问题阅读，边读边练，作为随堂训练，亦可作为课后作业使用。在"口语表达"环节，建议教师引导学生查阅资料、完成任务，逐步凝练、升华相应话题主旨，融入情感目标。教师可根据任务的难易程度选择教学和练习形式，对于演讲、辩论等难度较大的口语任务，可按作业布置，以免因任务准备时间过长而大量占用课堂时间；对于需团组协作完成的口语任务，建议专门安排一定的课时，以便集中检查学生学习成果。"写作训练"建议安排在相应话题单元结束后，鼓励学生在所积累的知识和材料的基础上完成。

本书为山东省本科教学改革研究项目"通识课程体系创新与国际学生人才培养实践研究（编号：M2022272）"的成果，并在教学实践中进行了完善。张光宇统筹全书的编写与修润工作；王文娟（话题一、三、五）、王晓霞（话题二、四、九）、齐琳（话题六、七、八）、赵润馨（话题十、十一、十二）、张光宇（话题十三）负责各话题单元的具体编写。限于编者能力、学识，错漏、不当之处在所难免，还望读者不吝指正。在编写、出版的过程中，得到了朱献贞教授、张金圈教授的指导与帮助，在此致谢。本书得以顺利付梓，还要特别感谢清华大学出版社的大力支持和编辑老师的辛勤付出。

编　者

目　　录

话题一　网络是把"双刃剑"

话题阅读 1-1　停用社交媒体或许能让人更幸福 2
话题阅读 1-2　被智能手机"抛弃"的老年人 8
话题阅读 1-3　移动支付下沉：让老人和农村不"掉队" 13
话题阅读 1-4　规范网络短视频在青少年中的传播 20
拓展阅读　　网络空间命运共同体理念的价值分析 24

话题二　"物联网"联通你我

话题阅读 2-1　共享单车如何"健康成长"？... 26
话题阅读 2-2　"风雨"里的外卖骑手 32
话题阅读 2-3　女骑手，"闯入"外卖系统 38
话题阅读 2-4　快递不上门为何成了潜规则？... 44
拓展阅读　　互联网促进零工经济焕发生机 50

话题三　健康生活

话题阅读 3-1　体育健康促进与健康城市建设 52
话题阅读 3-2　无需奖牌，你就是冠军 59
话题阅读 3-3　停止"内耗" 65
话题阅读 3-4　生活中最值得坚持的 18 件小事 70
拓展阅读　　女排精神：不止于"夺冠" 77

话题四　婚育与家庭

话题阅读 4-1　都市相亲背后的现代性焦虑 ………………………………………… 79
话题阅读 4-2　新兴家庭情境影响老年人心理健康 ………………………………… 85
话题阅读 4-3　当职场女性决定生三胎 ……………………………………………… 91
拓展阅读　　　中国正在经历快速婚姻变革 ………………………………………… 98

话题五　流动的中国

话题阅读 5-1　毕业生就业需要"安全感" ………………………………………… 100
话题阅读 5-2　从乡土中国到城乡中国：农二代的城市梦 ………………………… 106
话题阅读 5-3　谁能给"老漂族"一个幸福的晚年？ ……………………………… 111
话题阅读 5-4　"候鸟式"异地养老方式 …………………………………………… 116
拓展阅读　　　承继式累积：新生代农民工的购房型社会融入 …………………… 123

话题六　品味书香

话题阅读 6-1　实体书店回暖 ………………………………………………………… 125
话题阅读 6-2　当代读书谈 …………………………………………………………… 133
话题阅读 6-3　如何向世界讲好中国故事 …………………………………………… 140
拓展阅读　　　汉字：中国文化的独特符号 ………………………………………… 145

话题七　我们能为绿色地球做些什么？

话题阅读 7-1　中国进入"第四消费时代"了吗？ ………………………………… 147
话题阅读 7-2　"酷抠族"引领消费新时尚 ………………………………………… 152
话题阅读 7-3　推广绿色家电，助力消费升级 ……………………………………… 156
话题阅读 7-4　"套娃式"包装要不得 ……………………………………………… 162
话题阅读 7-5　可回收物的新生"日记" …………………………………………… 165
拓展阅读　　　生态文明是人类发展的现实愿景 …………………………………… 169

话题八　传统与当代

话题阅读 8-1　张艺谋及主创团队详解北京冬奥会开幕式 171
话题阅读 8-2　敦煌的女儿 179
话题阅读 8-3　传统文化的花季在荧屏绚烂 185
拓展阅读　以数字技术创新传播中华优秀传统文化 191

话题九　创新工程，中国"智"造

话题阅读 9-1　非凡十年看变迁：中国高铁的领跑模式 193
话题阅读 9-2　中国地铁五十年：跑出城市发展"加速度" 200
话题阅读 9-3　港珠澳大桥：一桥连三地，天堑变通途 207
话题阅读 9-4　青蒿素：中国医药的世界贡献 212
拓展阅读　FAST 望远镜："天眼"开启 218

话题十　十年树木，百年树人

话题阅读 10-1　什么样的老师才是好老师？......220
话题阅读 10-2　大学生成才究竟决定于什么？......225
话题阅读 10-3　家庭教育从"家事"上升到"国事" 231
话题阅读 10-4　育儿焦虑该如何缓解？......238
拓展阅读　奉献在教育一线 242

话题十一　影音中国

话题阅读 11-1　中国电影：浓墨重彩书写中国故事 244
话题阅读 11-2　2020 纪录片：新时代，影像志的新表达 248
话题阅读 11-3　音乐无国界，爱与你同在 258
拓展阅读　《典籍里的中国》："叙事共同体"视域下的中华文化传播 263

高级 汉语话题阅读与表达

话题十二 "我"在中国

话题阅读 12-1　我在中国挺好的 265
话题阅读 12-2　嫁到中国的洋媳妇（上） 269
话题阅读 12-3　嫁到中国的洋媳妇（下） 273
话题阅读 12-4　我拿到了中国绿卡 279
拓展阅读　新时代十年，外国友人纳赛尔话山东 284

话题十三 天下一家，休戚与共

话题阅读 13-1　携手推进"一带一路"建设 286
话题阅读 13-2　共同构建人类命运共同体 297
话题阅读 13-3　携手迎接挑战，合作开创未来 309
拓展阅读　雅万高铁：揭开推动构建人类命运共同体新篇章 314

话题阅读生词索引

读后练习参考答案

话题一

网络是把"双刃剑"

导言

随着时代的发展、科技的进步，世界逐渐进入"互联网时代"。网络在我们的生活中扮演着越来越重要的角色。我们生活的方方面面，如网购、移动支付、教育、休闲娱乐等，可以说都离不开网络。但网络是一把"双刃剑"，在给我们的生活带来便利的同时，也会产生一些弊端。老年人往往在使用智能手机方面存在困难，给生活带来一定的困扰。由于网络世界的虚拟性，很多青少年沉迷其中，不能自拔，荒废学业，严重影响了其健康成长。因此，我们应该充分认识网络的两面性，采用合理的措施解决其存在的问题，使网络在我们的生活中发挥更好的作用。

话题阅读 1-1

停用社交媒体或许能让人更幸福①

过去十多年，社交媒体和智能手机的流行极大地改变了世界各地人们获取信息的方式。一方面，每个人都更容易地成了信息源头，也有机会看到更广阔的世界；但另一方面，各类**虚假**信息、炒作[1]、语言暴力[2]等，也让处在社交网络中的人们深受其害。特别是一些人将自己的大部分社交活动和时间转移到网上之后，社交媒体对人的影响愈发全面。

在这样的情况下，如果停用社交媒体会怎样呢？英国巴斯大学健康系的研究人员开展的一项**随机**控制实验表明，停

生词

虚假（xūjiǎ）：跟实际不符合的。

随机（suíjī）：不设任何条件，随意的。

注释

[1] 炒作：指借助媒体反复进行夸大、不切实际的宣传，以扩大影响。

[2] 语言暴力：就是使用谩骂、诋毁、蔑视、嘲笑等侮辱歧视性的语言，致使他人在精神上和心理上遭到侵犯和损害，属精神伤害的范畴。

---

① 王江涛. 停用社交媒体或许让人更幸福 [EB/OL].（2022-06-16）[2022-07-10]. http://www.infzm.com/contents/229611?source=124&source_1=229984. 有改动。

用社交媒体一周，可以显著提升人的幸福感，而且抑郁和焦虑的情况也能明显得到改善。

处于抑郁状态的人，通常会对很多东西提不起兴趣，哪怕这些东西过去可以使其感到快乐。而焦虑的人总是会过度地忧虑、恐惧、坐立不安、无法放松，害怕生活**失控**，担心有不好的事情降临到自己头上。在这样的状态里，人其实很容易变得敏感、易怒、**疲惫**，而且睡不好觉，注意力难以集中，记忆力变差。

根据研究人员基于真实场景的随机对照实验，尝试停用社交媒体的干预组，在实验前的心理测量中，抑郁平均得分超过7，属于轻度抑郁，但在停用社交媒体一周后，抑郁得分低于5，显示平均来看几乎没有抑郁状态；类似地，焦虑状态也由平均轻度焦虑变为不焦虑。这一研究于2022年5月发表在《网络心理学、行为与社交网络》（Cyberpsychology, Behavior, and Social Networking）。

对幸福感的测量也从平均46分提高到了近56分，增幅超过20%。这些发现强调了停用社交媒体可能对人身心健康所产生的积极影响。对这种因果关系的**推断**也是最新研究的一个显著优点，为了在停用社交媒体和身心健康之间建立起更科学的关联，研究人员随机将一百多名实验参与者分到干预组和对照组，这些实验参与者平均年龄接近30岁，干预组中需要停用的社交媒体包括当地较为流行的四款软件：脸书（Facebook）、推特（Twitter），以及分别主要用于分享图片和短视频的Instagram、TikTok。

失控（shīkòng）：失去控制。

疲惫（píbèi）：累到极点。

推断（tuīduàn）：推测断定。

为了监测实验参与人员真实准确的屏幕使用情况，还在他们的手机上安装了特定的软件以记录屏幕使用时间。相比对照组的人可以像往常一样继续用社交软件，研究人员建议干预组的人通过退出登录、删除软件、关掉手机、关闭通知提醒等多种方式停用社交媒体。实验是在参与者的真实生活中展开的，因而并未采取强制措施让他们都彻底停用社交软件，最终平均社交媒体使用时间从开始前的每周 8 个多小时减少到了不到半小时。而这种参差不齐的社交媒体使用情况为观察相关效果提供了更丰富的数据。

实验分析发现，停用社交媒体可以促进身心健康，这种促进效果在一定程度上取决于社交媒体使用时间的减少。而且，停止使用不同社交媒体所产生的效果也有所不同，抑郁状态的减轻主要是由于少用推特和 TikTok，焦虑的减轻主要是少用 TikTok。研究人员分析，这可能是因为不同社交媒体的特点和提供的内容有差异，有些媒体上疫情信息多，人们在社交网络上频繁**浏览**负面信息，因而身心健康受到影响。

佛蒙特大学的研究人员在新冠肺炎疫情期间开展的一项精神健康研究表明，疫情相关的社交媒体信息接触与抑郁、**创伤**后应激障碍[3]等情况增加有关。特别是对于那些童年时有被虐待历史、精神创伤的人，这种关系尤其强。不仅如此，那些因有更严重精神疾病而精神状态更**脆弱**的人反而更喜欢用社交媒体，进而更易受到相关负面信息的影响。这些发现基于 30 天的每日评估观察，值得注意的是，如果实验参与者以传统媒体为信息源，则未发现信息与健康之间的这种负面关系。

和最新研究一道，这类社交媒体使用效果的实证研究，突出了社交媒体使用不当可能对人造成有害影响。那么，这些影响具体是怎么发生的呢？社交媒体平台的特点这一外部因素和使用者本人的心理状态这一内部因素可能在同时起作用。2021 年，《幸福研究杂志》的一项调查研究曾尝试回答

浏览（liúlǎn）：大略地看。

创伤（chuāngshāng）：身体受伤的地方；外伤。

脆弱（cuìruò）：禁不起挫折；不坚强。

[3] 应激障碍：过度刺激造成的精神创伤，有损于身心健康。

这个问题。同样以脸书、推特、Instagram 等社交媒体为例，研究人员在 10 天的时间里观察了使用者的幸福感变化。结果发现，所谓不幸福，对比可能是一个重要的预测因素。

幸福还是不幸福，在一定程度上是比出来的。社交媒体让人们有机会看到更广阔的世界，看到不同人的生活状态，但人与人之间可能存在的巨大差距也让人们的心态失衡。研究发现，人们在用社交媒体时，拿自己跟别人对比得越多，就会主观上觉得自己更不幸福。而总体上，研究也发现，每天社交媒体用得越多的人越会感觉不幸福，负面情绪增加，积极正向的情绪减少，生活满意度也会下降。

更丰富的社交是人类社会区别于动物世界的一个重要特征。但是该研究发现，通过社交媒体进行**虚拟**交往让人更不幸福，而传统的线下社交总体上可以增加积极影响，减少消极影响，让人感觉更幸福。从科学证据来看，有问题的社交媒体使用背后，一些支撑积极社交活动的要素如信任和社会支持等往往是缺乏的。如果一个人觉得社会上大部分人都不值得信任，总是担心自己会遭受潜在伤害，甚至觉得亲朋好友都不可能真正帮助自己，那么社交所带来的负面影响可想而知。而按照这样的认知模式使用社交媒体，在更广阔世界中所着眼的很可能是更多的**丑陋**与**邪恶**。不幸的是，机器学习和算法推送背后，一些社交媒体一直在投其所好地将用户困在类似的信息茧房[4]中。

来自英国的最新研究通过随机控制实验揭示了社交媒体可能给人身心健康带来威胁的一面和短期停用之后的积极效果。而这种停用社交媒体的方式是否足以成为一种临床干预手段给有相关疾病的人带来健康效果、如果更长时间停用社交媒体会对人产生怎样的影响、类似的现象是否也存在于世界其他地方、这些在最新研究中尚且无法回答的问题，有待更多实验去探究。

其实，社交媒体作为一类技术应用的统称，自出现以来，

生词

虚拟（xūnǐ）：不符合或不一定符合事实的；假设的；虚构。

丑陋（chǒulòu）：（相貌或样子）难看。

邪恶（xié'è）：（性情、行为）不正而且凶恶。

注释

[4] 信息茧房：指人们关注的信息领域会习惯性地被自己的兴趣所引导，从而将自己的生活桎梏于像蚕茧一般的"茧房"中的现象。

所起到的积极作用也是有目共睹[5]的。它可以打破时空**隔阂**将人与人连接在一起，通过信息的分享和社交关系的构建给人们带来支持和力量。这也是为什么当世界各地的人们面对疫情中被隔离的困境时，每天花了更多时间在社交媒体上。一般来说，网上的陌生人之间没有什么实际利益冲突，完全有可能在更大范围的互动中构建起低成本的合作关系，对残障人士[6]、老年人和其他人数较少的边缘群体等现实中社交受限的人来说，这些网络社交对其精神生活的帮助尤为明显。

因此，如何在实际中规避社交媒体的负面影响，多发挥其积极作用，是摆在每个人面前的一个问题。除了选择适合自己的社交媒体平台，最新研究还提醒我们，面对那些让我们感到不幸福的应用，为了我们的身心健康，暂时停止使用或许也是一个不错的选择。

隔阂（géhé）：彼此情意不通，思想有距离。

[5] 有目共睹：所有人的眼睛都看到，形容极其明显。

[6] 残障人士：肢体或器官方面有缺陷的人。

读后练习

一、根据文章内容填空

1. 过去十多年，_____和_____的流行极大地改变了世界各地人们获取信息的方式。

2. 英国巴斯大学健康系的研究人员开展的一项随机控制实验表明，停用社交媒体一周，可以显著提升人的_____，而且_____和_____的情况也能明显得到改善。

3. _____是人类社会区别于动物世界的一个重要特征。

二、根据文章内容回答下列问题

1. 社交媒体使用不当可能对人造成有害影响，这些影响具体是如何发生的？
2. 作者认为，通过社交媒体获得的"幸福"和"不幸福"的感觉是怎么来的？
3. 社交媒体的积极作用是什么？
4. 作者认为，应如何在现实中规避社交媒体的负面影响，多发挥其积极作用？

话题一　网络是把"双刃剑"

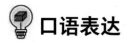口语表达

自由谈

1. 你认为什么是真正的幸福？
2. 你在使用手机上网时，情绪是否会受到所浏览内容的影响？请举例说明。
3. 你认为应该如何避免社交媒体产生的负面影响？

辩论

1. 每组分别选择 A 或者 B。

   观点 A：网络使人际关系贴近。

   观点 B：网络使人际关系疏远。

2. 每组陈述自身的观点，并阐释原因。
3. 两个小组就对方观点陈述中的不同意见进行回应和反驳。
4. 在一组展示过程中，其他小组关注其完成情况，注意辩手对语言形式的掌握、辩论技巧的表现等，评出最佳辩论小组和辩手。

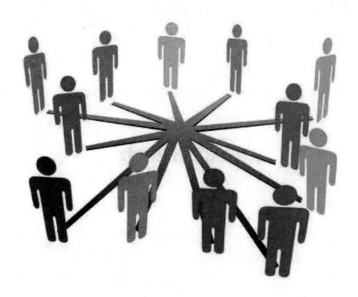

话题阅读 1-2

被智能手机"抛弃"的老年人[1]

自从快步进入智能化、数字化时代之后，大量高龄、文化水平较低的老年人就成了这样的"互联网边缘人"，买火车票、线上信息采集等场景下都是如此，技术不知不觉垒起了门槛，给这个群体的日常生活设置了屏障。

我和研究社会学的朋友聊起这个，他埋着头，划拉着手机，不以为然，说了一大堆城市老人用智能手机方便生活的例子。我咂咂嘴[1]，**蛮**无奈地说："这种事情，不能总以**精英**视角来看呀。"导演贾樟柯作为人大代表所给出的提案里，就囊括了此问题。他针对二、三线城市和乡村普遍存在的老年人无法自如使用智能手机网络购物、线上**缴费**，以及开展网络社交活动等现实困难，提交了一份如何让老年人享受数字生活、安度晚年的议案。

说到智能手机和老年人的联系，我会想到身在东北小城的爷爷奶奶，他们两个人在这方面有着鲜明对比，对待智能手机的态度也非常不同。奶奶选择拥抱这种生活方式，她拥有第一台智能手机大概是在五六年前，正是软硬件蓬勃发展的时候。在这之前，"老年机[2]"是她与外界交流的工具，高分贝的手机铃声、持久耐用的电池、屏幕上超大的字号构成了她的通信世界。她只会接打电话，因为按键简单，记得住。对于发短信、存储联系人这**一系列**稍显烦琐的事情，她就有些捉襟见肘了。她努力学过，我和妹妹也都教过数次，最后都不了了之。上了岁数的人，再想学点儿什么，记忆力已不再允许。起初要给她换手机的时候，她断然拒绝，亮

蛮（mán）：很，挺。

精英（jīngyīng）：社会上的成功人士，杰出的人。

缴费（jiǎofèi）：交费。

一系列（yīxìliè）：指相互关联的有组织、有系统的事物或现象。

[1] 咂嘴：用舌抵齿、嘴唇上下开合发声。表示称赞、羡慕等。

[2] 老年机：又叫"老人机"，通常是指适用于中老年人的手机产品，该产品一般功能较少、操作简单，且铃声、字号偏大，被老年群体广泛使用。

---

[1] 刘旭. 被智能手机"抛弃"的老年人 [EB/OL]. (2020-08-13) [2022-07-13]. https://mp.weixin.qq.com/s/tJ_ouujg3esAKrNAg0N1ng. 有改动。

出了很多个理由来搪塞。家人说智能手机能娱乐，她说她有电视看，屏大得劲儿，屏小憋屈；家人说新机操作简便，她说她的刚需只有通话，其他的用不着。说来说去，最后劝动她的，是能视频通话的功能。奶奶的儿孙常年在外，为了生计，时常连过年都见不上一面，嘴上说着不**惦记**，但心里总存着遥远的念想。很快奶奶就有了智能手机，她体会到了"真香"的感觉。她的生活比之前丰富了不少，除了能和我们视频，她还学身边的年轻人摆弄起别的东西来。她在巴掌大的屏幕上戳戳点点，那些新鲜玩意儿在赛博空间（cyberspace）里跟她撞了个满怀。她窝在沙发里抑或躺在床上，刷客户端里信息流的文娱新闻，哪两个明星是一家，家里共有几个娃，这些八卦[3]她都清楚。她自己说："这玩意儿虽说没啥营养，但能打发时间，跟人唠嗑的时候也挺有话题的。"直播方兴未艾[4]时，奶奶也赶了把潮流，在视频平台上关注了几个主播。和她闲聊，她总能准确地说出各地的物价和生活状况，问及原因，她就像话家常似的，讲哪个主播逛了菜场，哪个主播冬泳了松花江。有一次开她玩笑，说她是老网虫[5]了，她一本正经地说："原来我挺不理解你们天天低头玩手机，我就纳闷，就那玩意儿有啥好玩的啊，现在自己玩了，觉得真停不下来。"说完，她嘿嘿一笑，扶扶鼻梁上的老花镜，接着低下头，用力地戳着屏幕。

爷爷跟奶奶比起来，更像一个传统生活的卫道士，直到今年，他才正式换了智能手机，但也不玩。他不偏好这口，原因很明晰，他更钟情于自然的生活。搬上楼房正式养老前，爷爷和奶奶住在小兴安岭下的林场，环境优渥，不乏山林野趣。他种几亩地，春播秋收，夏天除草，冬天猫冬，一切都顺应着天时和规律。他准时看新闻联播和天气预报，能熟练地在云图上指出晴雨，顺带沿着版图和疆界聊聊政史。他还养了好几条狗，早晚各**遛**一次，用麦麸做狗食也会消耗他很多时间。这个背已经佝偻了的小老头儿，在那时用不尽的能量都

生词

惦记（diànjì）：（对人或事物）心里老想着，放不下心。

遛（liù）：慢慢走，散步；牵着宠物或带着鸟慢慢走。

注释

[3] 八卦：原指中国古代的一套有象征意义的符号，可用来比喻没有根据的、低俗的信息。

[4] 方兴未艾：事物正在蓬勃发展，不会很快终止。

[5] 老网虫：网络流行词，是网络寄生虫的意思，指那些经常上网，天天泡网，沉迷于网络的人。是中国互联网发展过程中对部分上网用户的称呼。

在他处，所以智能机于他而言，没什么太大的吸引力。但后来，搬上了楼，空间变得逼仄，爷爷的业余生活也不可逆地渐渐少了，只是偶尔打打麻将，到广场遛弯儿。见状，我们提过数次给爷爷配个智能手机以供娱乐，他始终持**抗拒姿态**。后来一次聊天才知道，除眷恋过去的生活方式外，他对所谓的智能生活是有畏难情绪的。他不如奶奶外向，碰见不懂不会的事情不好意思问。奶奶睡着时，他曾经拿起手机摆弄过，但搞不懂操作逻辑，所以兴趣甚微。

　　沉下心来想，爷爷奶奶的例子其实更多地反映了做晚辈的不足。智能手机的学习成本并不算高，只要年轻人能稍稍指引，久居小城的爷爷奶奶或许就能像大城市的同龄人那样掌握一些基础技能，享受科技带来的便利和娱乐。而现实境况是我们后辈一直在缺席，奶奶只能依靠自己的"野路子[6]"消磨时间，虽然有简单直接的快乐，但对于工具性的实用功能，她一概不知。爷爷更是连入门的心思都没有，而这背后，很大的原因是缺乏指导。数据显示，中国60岁以上人口已占全国人口的19%左右了，这个数据中的六成人都在农村乡镇，关于智能手机的使用问题普遍在他们身上存在着。或许有人会**质疑**：我们明明可以看到短视频上有很多来自乡村的"网红"爷爷奶奶，可事实是，那只是一个**混淆**认知的拟态环境，事实并非如此，但凡有小地方生活经验的人，是绝对不会轻浮地讲出这个观点的。某些精英的文化**阶层**总爱讲时代的问题，宏大的主题下往往嵌套着一些老生常谈的虚空。我的恳切希望是，在他们讲都市人的异化的同时，视线也别忘了投向那部分被网络、被智能设备所抛弃的老年人。他们曾经在各行各业是开拓者，而如今被技术掣肘，成为隐性的弱势群体。提升他们的幸福感和尊严感或许是一个紧要的社会学课题。我从事一份电商工作，每周四会有线上直播带货工作，每次直播开始前，我会把直播间的二维码发给奶奶。她依旧不会打字，无法留言，甚至有时候都弄不清楚自己是怎么进入直

抗拒（kàngjù）：抵抗和拒绝。

姿态（zītài）：姿势；样儿，态度。

质疑（zhìyí）：提出疑问。

混淆（hùnxiáo）：混杂；界限模糊（多用于抽象事物）。

阶层（jiēcéng）：指在同一个阶级中因社会经济地位不同而分成的层次。

　　[6] 野路子：通常是指非正常途径，或非正统方法，或非科班出身的，非正规的。

播间的。但她知道，孙子在屏幕里，我也知道，奶奶和爷爷在背后守着，尽管我辨认不出哪个是她的ID，但这份陪伴，令我温暖无比。

很快要进入5G时代了，我希望大家别忘了带上小城里的爷爷奶奶。

📋 读后练习

一、根据文章内容判断正误（正确的画"√"，错误的画"×"）

1. 大量高龄、文化水平较低的老年人就成了这样的"互联网边缘人"，买火车票、线上信息采集等都给这个群体带来了一定的困难。（ ）

2. 我的爷爷奶奶对待智能机的态度是相同的。（ ）

3. 数据显示，国内60岁以上人口已占全国人口的19%左右，其中60%的人对于智能手机的使用非常熟练。（ ）

二、根据文章内容回答下列问题

1. 作者的奶奶对于智能手机的态度怎么样？
2. 作者的爷爷对于智能手机的态度怎么样？
3. 作者的爷爷奶奶对于智能手机的态度折射出什么？

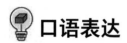
口语表达

自由谈

1. 智能手机给我们的生活带来了哪些改变？
2. 为了让老年人享受智能手机带来的便利，家庭、社会应该做些什么？
3. 你如何看待一些学校不允许学生在课堂上使用手机这一现象？

写作训练

低头族,是指如今无论何时何地都作"低头看屏幕"状,想通过盯住屏幕的方式把零碎的时间填满的人,主要出现在城市的地铁、公交车、路上等场所,他们习惯于"低着头",视线始终不离智能手机,给自身健康及安全带来很大的隐患。你是"低头族"吗?你如何看待"低头族"现象?

结合所学所思,请以"低头族"为题,写一篇400字左右的文章,题目自拟。

话题阅读 1-3

移动支付下沉：让老人和农村不"掉队"[1]

这两年"下沉市场"一词突然爆火，对于商家来说，这片人口规模巨大却又常常没有多少话题感的广袤[1]天地，似乎突然间成了兵家必争之地。所谓"下沉市场"，一般用来指代三线以下城市及农村地区的市场。具体特征有：① 规模与增长潜力巨大；② 高质量供给欠缺，居民需求远未被满足。

微信支付曾联合《中国新闻周刊》发布《移动支付趋势报告》（以下简称《报告》），《报告》认为，移动支付市场将场景下沉、向三四线城市和农村等地域延伸。《报告》引述知名评论人石述思的观点，认为农村、老人和"90 后"将成为移动支付未来三大市场。

以"90 后"为代表的年轻人市场自不必多说。面对中国社会的老龄化趋势，面对大而分散的农村，如何触达过去技术、金融服务业难以企及的人群，**释放**更大的市场**潜能**和活力，对移动支付企业来说，过去的成功经验并不适用，这会是一场考验其市场嗅觉、创新力和行动力的硬仗。

移动支付惠及老年人

2014 年春节，在微信上抢红包的人们指尖在手机屏幕上轻轻点击"开"，开启了一场以移动支付为支点的数字化社会大**转型**。

"社交 + 支付"成为移动支付推广的天生绝配，加上企业真金白银[2]补贴之下的用户教育，不到 5 年，从菜市场、街头小店的面对面收付款，到医院挂号排队缴费，再到各类

生词

释放（shìfàng）：把所含的物质或能量放出来。

潜能（qiánnéng）：潜在的能量。

转型（zhuǎnxíng）：社会经济结构、文化形态、价值观念等发生转变。

注释

[1] 广袤：土地的长和宽；广阔、宽广。

[2] 真金白银：指金银，都是贵重金属。俗语指真的贵重财物、钱款。

---

① 张毕. 移动支付下沉：让老人和农村不"掉队"[EB/OL]. （2019-08-08）[2022-07-14]. https://mp.weixin.qq.com/s/_GprftahPqfdjNebmvXp8A. 有改动。

政务服务，移动支付各类应用场景不断增加，出门只带一部手机已成为越来越多中国城市居民的生活常态。

2019年7月31日，微信事业群副总裁耿志军透露，微信支付的日均总交易量超过10亿次，连接5000万个体商户和商家，基本做到国民全覆盖。

在金融、医疗、教育、交通垂直细分领域，移动支付已打通业务链条的各个环节，不断在优化升级运转效率和用户体验；以移动支付为**纽带**的线上、线下消费打通和流量转化正在改变零售业的经营和消费形态……毫不**夸张**地说，移动支付在提高企业和社会运转效率、改善社会治理秩序的同时，撬动了整个中国社会的数字化生存市场。

通过扫码领红包、便利店小额支付、打车付费等应用场景，移动支付完成了最早的用户教育。年轻人是新技术的尝鲜者，也是最早的受益者，然而，尽可能地让更多人特别是老年人也充分享受到移动支付的便利，也是应有之义。

据中国国家统计局的数据，2018年中国65岁及以上老年人口约1.67亿，占总人口的11.9%；60岁以上人口则达2.49亿，占总人口的17.9%，这意味着每5.6个中国人中，就有一个是60岁以上的老人。

这样的人口数量和人口结构对任何国家和社会都是前所未有的挑战。近年中国政府工作报告多次提及老年人，2019年的政府工作报告更是提出"让老年人拥有幸福的晚年，后来人就有可期的未来"。

移动支付已经无差别地覆盖了衣、食、住、行各个场景，无疑能为老年人的生活提供极大的便利，提升他们的幸福感。受益于智能手机的全面普及，移动支付所需的硬件门槛几乎为零，但移动支付需要绑定银行卡、实名验证，老年人操作起来并不容易。

在微信支付的早期普及过程中，用户领取的红包会自动存放在账户余额之中。那些此前没有绑定银行卡的用户，余额支付是他们最早的移动支付体验，也是目前所有移动支付

纽带（niǔdài）：指能够起联系作用的人或事物。

夸张（kuāzhāng）：夸大；说过分而不切实际的话。

产品中使用门槛最低的一种。那么，余额用完之后如何让没有绑卡的人也能使用移动支付？

2018年6月，微信升级到6.6.7版本，微信支付开启了一个名为"亲属卡"的功能，用户可以在微信上给父母、子女开通亲属卡，对方消费时由该用户代付。

对已经开通微信支付的中年用户来说，这是举手之劳[3]，同时可一举多得。亲属卡开通后，父母、孩子在使用微信支付时，可以很方便地用亲属卡进行支付。代付方可设置亲属卡每月金额，上限3000元，还能查看支付明细。为了避免老人、孩子在移动支付时遇到网络诈骗等问题，亲属卡还设定了"关卡"——只能用于日常消费，不能用于红包和转账。

在电话卡和信用卡行业，早有类似功能的亲情卡，这一产品模式并非微信独创，但微信支付"亲属卡"在产品细节设计上有的放矢，用户体验更显关怀，真正让人放心地将老人请进了移动支付的大门，在一定程度上弥补了子女在陪伴上的缺失。

在石述思看来，从广场舞大妈到国外金融词汇中的"中国大妈"，老年人已成为中国社会一个独立的主体，老年人市场在快速崛起。目前，这个群体人数正奔着3亿而去，这既是一个移动支付不容忽视的市场，也是互联网企业体现社会责任的一个绝佳切入点。

功能手机时代，曾经由专门的"老年机"满足老年用户的使用需求。智能手机时代的移动支付，前面提到的亲属卡仅仅是开了一个头，针对老年群体的使用习惯和特点开发相应的产品功能和服务依然值得微信支付继续深挖。

[3] 举手之劳：一抬手就能办的事情。形容办事轻而易举，毫不费力。

移动支付"上山下乡"

中国国家统计局公布的数据显示，2018年中国城镇常住人口83 137万人，同比增加1790万人；乡村常住人口56 401万人，同比减少1260万人；城镇人口占总人口比重（城镇化率）为59.58%。2019年，中国常住人口城镇化率超过60%。

5.6亿农村常住人口分布在约53万个村级行政区，相对城镇常住人口，这是一个分散、碎片化的群体，传统银行服务鞭长莫及[4]。中国人民银行发布的《2018年农村地区支付业务发展总体情况》显示，截至2018年年末，农村地区银行网点数量仅12.66万个。

过去基于地域、服务成本限制，中国金融机构服务网点覆盖的人群有限，而移动支付提供了一个几乎零边际成本的基础设施，更适于提供普惠金融服务。

政府也对移动支付在农村地区的发展寄予厚望。2019年2月，中国人民银行等五部委联合发布《关于金融服务乡村振兴的指导意见》，要求到2020年实现"移动支付等新兴支付方式在农村地区得到普及应用"。

事实上，移动通信设施在全国范围内的完善和互联网、智能手机用户规模的持续增长，为农村地区的移动支付普及创造了良好的外部条件，移动支付确实很受欢迎。2019年4月中国人民银行发布的《2018年农村地区支付业务发展总体情况》显示，2018年，非银行支付机构为农村地区提供移动支付2748.83亿笔、金额74.42万亿元。如果以5.6亿农村常住人口计算，平均每人每年491笔、每人每天1.3笔。

农村市场有刚需，但要真正实现移动支付的普及，并不容易。农村人口居住相对分散，人群受教育程度相对较低，有些甚至没有银行卡，这意味着移动支付此前在城市的那一套用户教育的方法，在农村地区的收效并不会那么立竿见影[5]。不过，想办法触达这些传统金融机构鞭长莫及的群体，也正

注释

[4] 鞭长莫及：原意是鞭子虽长，也不能打马肚子。比喻相隔太远，力量达不到。

[5] 立竿见影：把竹竿竖在太阳光下，立刻就能看到影子。比喻收效非常迅速。

是移动支付的社会价值所在,跟老人群体一样,这也是一个不容忽视的下沉市场。

对移动支付企业来说,这是一个最有可能获得商业成功和社会服务**双赢**的好机会。正如 C.K. 普拉哈拉德(C.K.Prahalad)在《金字塔底层的财富》一书中提到的,金字塔底层不仅是市场,还是商业模式和应用的创新**源泉**。

移动支付企业需要真正了解农村市场的需求,突破过去在城市的成功经验的限制,创造属于农村的全新商业模式。

普拉哈拉德在书中提到一些案例,比如小额金融公司建立并利用自助团体,为了打入农村市场,联合利华建立了一个庞大的"沙克提阿妈"(Shakti Ammas)网络——一些乡村企业家接受培训并销售联合利华的产品。企业引入先进的产品和技术,让每一位参与者都可以在有效的组织下,成为微观制造者、微观企业家和微观投资者,为创新找到市场。

移动支付的功能应该也不止于支付工具,基于支付场景打造贴近农村市场的生态系统,让农民成为企业家、创造者,实现脱贫致富目标,也并非痴人说梦。《农村大众报》报道过这样一则案例。

2018年10月,山东省鹤山镇政府上线了"家在鹤山"微信小程序,以便外出务工人员了解家乡动态,实现信息、项目等共传共享,同时上线了"鹤山物语"微信商城,销售薄皮核桃、核桃油、绿豆粉皮、小麦胚芽、龟山砚等鹤山土特产。这样做既解决了当地村民丰收后的销售难题,也解了外出务工人员的乡愁。目前小程序注册会员近2万。宁阳县鹤山特产专卖店经理颜廷旭介绍,从2018年10月至2019年5月底,鹤山物语线上交易额突破310万元。目前,他们还在**琢磨**农产品精加工、产业化服务。

类似这样的案例还有很多。

农村发展离不开年轻人,在城市和乡村之间迁徙的年轻人其实也是移动支付走进农村的媒介,所以在服务农村这个

双赢(shuāngyíng):双方都得益。

源泉(yuánquán):泉水的源头,也泛指水源;比喻力量、知识、感情等的来源或产生的原因。

琢磨(zhuómó):思索;考虑。

特定群体的时候，增加工具的情感连接功能依然是移动支付企业的重要发力点。相信随着时间的**推移**，小程序、刷脸支付这些"城里人"**司空见惯**的工具，将逐渐跟随下沉的商业企业一起成为"村里人"的标配。

《2018年农村地区支付业务发展总体情况》显示，2018年，非银行支付机构为农村地区网络商户提供收款5.32亿笔、金额2626.31亿元，同比分别增长92.53%、46.58%，增势喜人，所以农村地区的市场活力和潜力也可见一斑。

曾经，商业的焦点只想对准那些"五环内的精英"，因为这些人是高净值群体，具备更高的商业变现价值。然而，随着高净值群体的边际效应递减，农村市场反而成为新的蓝海[6]。对于移动支付来说，或许那句话依然适用："农村是一个广阔的天地，到那里可以大有作为。"

推移（tuīyí）：（时间、形势、风气等）移动或发展。

司空见惯（sīkōngjiànguàn）：指某事物常见，不觉得奇怪。

[6] 蓝海：还没入行，看起来很美的领域。指未知的市场空间。

读后练习

一、根据文章内容填空

1. 所谓"下沉市场"，一般用来指_____。具体特征有：（1）_____；（2）_____。

2. 《报告》引述知名评论人石述思的观点，认为_____、_____和_____将成为移动支付未来三大市场。

3. 面对中国社会的老龄化趋势，面对大而分散的农村，如何触达过去技术、金融服务业难以企及的人群，释放更大的市场潜能和活力，对移动支付企业来说，过去的成功经验并不适用，这会是一场考验其_____、_____和_____的硬仗。

4. 在_____、_____、_____、_____垂直细分领域，移动支付已打通业务链条的各个环节。

5. 移动支付在提高企业和社会运转效率、改善社会治理秩序的同时，撬动了整个中国社会的_____生存市场。

二、根据文章内容回答下列问题

1. 为什么农村市场要实现移动支付的普及并不容易？
2. 什么是亲属卡？它的功能是什么？
3. 在服务农村这个特定群体的时候，什么是移动支付企业的重要发力点？

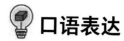
口语表达

自由谈

1. 你使用过支付宝、微信支付等移动支付吗？你如何评价它们？
2. 你的国家是否有类似支付宝、微信的移动支付方式？
3. 你认为移动支付的利弊有哪些？

话题阅读 1-4

规范网络短视频在青少年中的传播①

　　近年来，随着科学技术的迅速发展和媒体环境的急剧变化，媒体产品呈现出多样化、个性化等特征。尤其是当下 5G 技术开始普及应用，媒体在智能化运用方面开始触及新的领域，尝试与数字化技术高度融合。随着智能化运用水平逐步提高，我们的社会生活、生产等都受到了智能媒体的影响，并且几乎已离不开智能媒体带给我们的便捷，即时通信、搜索引擎、网络新闻、购物、支付、直播、视频等这些应用都存在于大众生活的方方面面。第 47 次《中国互联网络发展状况统计报告》显示，截至 2020 年 12 月，中国网络视频用户规模达 9.27 亿，其中网络短视频用户规模达 8.73 亿，占网民整体的 88.3%。除用户规模惊人之外，短视频在新网民触网因素中排行第二。《2021 年中国网络视听发展研究报告》数据显示，新网民中有 20.4% 的人第一次使用的应用便是短视频。短视频迅速发展的原因在于内容日常化、覆盖面极广、时长短而精练、行业融合度高、浏览便捷，聚焦社会生活热点、实时主题，并且会精准分析受众构成，增加用户的黏性[1]，重视服务受众，从而获取庞大的受众人群。在这一用户群体中，青少年占比较大。从目前的媒体环境来看，网络短视频作为迅速扩张的媒体产品，改变了人们的媒体产品接收习惯，对青少年的影响也不容小觑[2]。

　　首先，网络短视频碎片化的信息传播能够满足受众需求，特别是青少年的娱乐需求。由于网络的发达和科技的力量，

[1]（用户）黏性：是衡量用户忠诚度计划的重要指标。它对于整个企业的品牌形象起着关键的作用。

[2] 不容小觑：不能小看；不能轻视。

---

① 潘娴. 规范网络短视频在青少年中的传播 [N/OL]. 中国社会科学报，2022-05-05[2022-07-17]. https://epaper.csstoday.net/epaper/read.do?m=i&iid=6293&eid=43962&sid=203355. 有改动。

话题一 网络是把"双刃剑"

新媒体让信息的容量变得超乎以往，并且人们可以通过互联网进行实时信息交流与讨论。与此同时带来的便是用户难以从海量信息中及时找到自己所需内容，受众在时间有限的情况下不愿观看时长过长、内容容量过大的媒体产品，零碎、空闲的时间便被网络短视频占领。网络短视频内容短小、要素单一，将各项信息分解开来，不需要受众花费过多的时间和精力了解信息来源，让人们迅速获取所需信息，满足了人们对碎片化的现实需求。特别是对青少年而言，在紧张的学习空余能借助短视频的趣味性、实用性等功能释放学习压力和缓解情绪压力。

其次，网络短视频平台内容的投放精准性和发布方式的便捷性增强了用户黏性，特别是吸引了青少年用户群体。短视频内容不同于严谨新闻具有极其严格的时效性，也不像各类节目能有较长时长多层次地展现有深度、有**内涵**的内容，这便从根本上决定了短视频的创作要注重对内容投放和用户的精准分析。平台利用大数据、人工智能等技术对受众进行全面的分析和差异化传播。比如，针对青少年受众群体的内容生产可以以校园、青春、时尚、美食等作为关键词进行创作，最大程度地贴合这个年龄段的需求，使之成为青少年认知社会形态和生活环境的一个重要途径。同时，由于网络短视频内容发布的门槛较低，使得愿意表达自我的青少年可以借助平台将自己所想所感发布出来，通过得到社会大众的关注和评论获得一种自我肯定和心理成就感，从而在虚拟世界的网络短视频平台完成从获取信息到获取关注的过程转变。

但是，我们不难发现，在网络短视频媒体产品的传播过程中，有媒体一味追求利润，在开发产品过程中以夺人眼球为目的，想以此将受众紧紧攥[3]在手里；也有媒体在与其他媒体竞争时为获取更高的点击率或曝光率只考虑商业价值而忽略社会价值，发布包括危言耸听[4]的怪论、夸大其词的社

内涵（nèihán）：（语言、作品等）所包含的内容。

[3] 攥：握；握住。

[4] 危言耸听：故意夸大事实，说吓人的话使人吃惊。

· 21 ·

会现象解读、网红人物的八卦、游走在道德或法律边缘的内容等。此外，网络短视频内容发布的低门槛在一定程度上方便了受众进行信息传播，但是也导致平台的内容质量参差不齐[5]，获取优质内容的难度加大，同时在网络视频传播的过程中可能存在价值导向不正确、言论不**严谨**等内容。这些必定会给受众带来很多视觉冲击和情绪的负面影响，而处在价值观形成、性格**塑造**关键时刻的青少年受众群体则首当其冲会受到影响。这一群体对社会现实有极大的好奇心和探索精神，这些平台内容极有可能影响到青少年的成长，影响他们价值观的形成。

因此，在网络短视频的传播过程中，要加强对平台的**监管**，做好把关人[6]的角色；把控产品内容的优质传播，塑造充满正能量的社会价值观，体现媒体的责任和担当。据统计，截至 2020 年，**权威**媒体在抖音的账号数量多达 294 个，省级账号数量多达 5716 个。这充分证明，媒体在服务大众、构建良好的社会关系，特别是对青少年一代的影响方面承担起了应有的一份责任。比如针对**诈骗**、禁毒等社会热点问题，多地警方在短视频平台以剧情片等形式进行宣传，这样做符合人们的接收习惯，能够更有效地将这些法律法规**贯彻**下去。再比如央视《主播说联播》创新主播讲新闻的形式，以**简洁**流行的传播形式在各大短视频平台进行投放，拓宽信息传播范围，收获了大批年轻一代受众。同时，在青少年使用网络短视频平台时，有关部门要加强有效引导，注重培养他们的辨识力。让青少年对现实社会和媒体传播的信息内容有**分辨**能力和分析能力，保证他们能有效获取实用信息，避免受到不良信息的干扰，更好地使用媒介参与社会生活。

严谨（yánjǐn）：严密谨慎。

塑造（sùzào）：用石膏或泥土等可塑材料塑成人物形象；用文字描写人物形象。

监管（jiānguǎn）：从旁密切察看并管理；察看、督促并管理。

权威（quánwēi）：使人信服的力量和威望；在某种范围里最有地位的人或事物。

诈骗（zhàpiàn）：骗取财物。

贯彻（guànchè）：彻底实现或体现（方针、政策、精神、方法等）。

简洁（jiǎnjié）：（说话、行文）简明扼要，没有多余的话。

分辨（fēnbiàn）：辨别。

[5] 参差不齐：参差，长短、高低、大小不一致。形容很不整齐或水平不一。

[6] 把关人：是传播学四位奠基人之一勒温（Lewin）在研究群体中信息流通的渠道时提出的一个概念，指大众传播媒介内部的工作人员。因为大众传播的一切信息都要经过这些工作人员的过滤或筛选，才能同公众见面，所以他们便是信息传播的"把关人"。

读后练习

一、根据文章内容判断正误（正确的画"√"，错误的画"×"）

1．近年来，随着科学技术的迅速发展和媒体环境的急剧变化，媒体产品呈现出单一化、个性化等特征。（　　）

2．网络短视频内容短小、要素多样，将各项信息分解开来，不需要受众花费过多的时间和精力了解信息来源，让人们迅速获取所需信息，满足了人们对碎片化的现实需求。（　　）

3．即时通信、搜索引擎、网络新闻、购物、支付、直播、视频等这些应用都存在于大众生活的方方面面。（　　）

4．青少年在紧张的学习空余能借助短视频的趣味性、实用性等功能释放学习压力和缓解情绪压力。（　　）

二、根据文章内容回答下列问题

1．短视频迅速发展的原因是什么？

2．网络短视频为何会吸引青少年？

3．短视频哪些方面的内容对于价值观形成、性格塑造关键时刻的青少年会造成较大的影响？

4．针对短视频存在的问题，媒体应该怎么做？

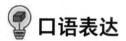
口语表达

自由谈

1．你每天都刷短视频吗？哪些类型的短视频你最感兴趣？

2．你认为短视频对你的生活和学习有什么影响？为什么？

3．谈一谈短视频流行的利弊。

演讲

1．分小组以"互联网，精彩而危险的世界"为题，准备演讲内容，由其中一位同学代表本小组进行演讲。

2. 演讲内容充实具体，结构严谨；演讲者吐字清晰，表达流畅自然，语速恰当，举止得体。

3. 在一个小组展示过程中，其他小组关注其完成情况，注意演讲者对语言形式的掌握、演讲技巧的表现等，评出最佳演讲小组和个人。

拓展阅读

网络空间命运共同体理念的价值分析

话题二

"物联网"联通你我

高级
汉语话题阅读与表达

导言

"物联网"概念的正式提出可追溯到1999年，20多年过去了，"物联网"如今已经逐渐深入中国人生活的方方面面。人们日常生活中接触到的"物联网"形态有很多——共享单车、手机订餐、网购快递等。"物联网"技术的广泛应用推动了中国社会、经济的全方位发展，也给现代生活带来了极大的便利。但这些新兴行业在蓬勃发展的同时，也存在不少问题：共享单车、快递行业的发展如何才能保量又保质？如何缓解外卖平台、劳动者、消费者三者之间的矛盾？如何更好地保障新兴从业者的劳动权益？……

话题阅读 2-1

共享单车如何"健康成长"？①

共享单车给人们的生活带来了很大的便利，解决了"最后一公里"的交通**接驳**问题，甚至有人称其为中国的"新四大发明[1]"之一，但同时陆续出现很多问题，如押金退款难、乱停乱放等。为了规范共享单车的发展，多个城市出台"控车"政策，交通运输部等10部门出台了《关于鼓励和规范互联网租赁自行车发展的指导意见》。今后共享单车的发展呈现什么样的变化？与共享经济的关系是怎样的？如何更好地促进共享单车行业健康发展？围绕这些问题，记者采访了相关专家。

生词

接驳（jiēbó）：这里特指公交线路相连接，便于换乘。

注释

[1] 新四大发明：网络流行词，具体是指"高速铁路、扫码支付、共享单车和网络购物"。

---

① 吴楠. 共享单车如何"健康成长"？[N/OL]. 中国社会科学报, 2018-01-19 [2022-07-06]. https://epaper.csstoday.net/epaper/read.do?m=i&iid=5236&eid=34546&sid=159955. 有改动。

话题二 "物联网"联通你我

进入平稳增长期

2017年12月17日，首份《共享单车行业发展指数[2]报告》发布。该报告显示，2017年第一季度至第三季度中国共享单车发展指数分别达到207、351、374（数值越高代表发展越景气），行业整体结束爆发式增长，步入平稳增长期。

谈到2017年的共享单车行业，中山大学政治与公共事务管理学院教授叶林认为2017年是行业调整整合的一年。一些小微共享单车企业慢慢退出市场，几家较大的共享单车公司逐渐占领市场并走出国门。共享单车产业已经从粗放式的占领市场逐渐走向精细化管理。共享单车是中国独创的公共服务模式，其走出国门可以说是"中国模式"公共服务的输出。

东南大学交通法治与发展研究中心执行副主任顾大松表示，共享单车是一种市场自发形成的新业态。自共享单车出现以来，各地政府多采取鼓励或包容政策，给予共享单车创新和发展的空间，相关部门逐步搭建起鼓励和规范共享单车行业发展的政策框架。但共享单车给交通管理和行业监管方面也带来了一些新挑战。

浙江工业大学城市发展研究中心主任吴伟强用"多重逻辑**悖论**"总结共享单车的机遇与挑战。随借随还的共享单车给人出行带来了方便，却可能因随意占道导致步行受阻；替代了部分步行，却加大了混合交通[3]的压力；号称"共享经

生词

悖论（bèilùn）：通常是指这样一种命题——按普遍认可的逻辑推理方式，可推导出两个对立的结论。

注释

[2] 发展指数：指的是衡量某一领域发展程度的一种数据标准。

[3] 混合交通：是指机动车、非机动车与行人在同一条公路混合行驶。

济[4]的典范"且备受资本**青睐**,却找不到盈利模式以至于部分共享单车企业连连倒闭。其最大的逻辑悖论在于:要克服弊端就会导致优势的丧失,比如,如果要"有序",就必须"有桩",但无论是有形的锁止器还是无形的电子围栏,都必将使其"灵活"的优势淡化。

特殊意义上的共享经济

目前,有人认为共享单车是共享经济,也有人认为共享单车并不是真正意义上的共享经济。顾大松表示,共享经济包含两种,一种是将闲置的资源整合利用起来;一种是利用大数据、互联网、物联网[5]技术,由相关企业提供产品给用户高效使用,推动消费者从注重所有权向注重使用权转变。前者是狭义的共享经济,后者是广义的共享经济。共享单车可以算作广义的共享经济。

对于这一问题,吴伟强认为,共享单车不是本来意义上的共享经济,如果一定要说它是共享经济,那也是具有特殊含义的共享经济。只要一个产品或者服务能供多人使用就是"共享经济",从这个角度来说,共享单车很典型。共享经济的本意是分享,目的是最大化利用现有资源,降低成本,提高效率,但以共享单车为代表的"共享经济"却在制造新的过剩。

对此,叶林提出,由于单车是一种**零排放**、无污染的公共产品,所以即使共享单车增加再多,也不会对环境造成压力,但会对城市管理提出更高的要求。如何更好地融入城市美好生活,不成为城市的"**牛皮癣**",仍然是共享单车努力的方向。

采取包容审慎态度

受访学者表示,当前,共享单车的主要问题是骑行和停放。在骑行方面,需要政府加强城市规划和道路建设;在停放方面,则要求社会各界共同努力。

青睐(qīnglài):用正眼相看,指喜爱或重视。

零排放(língpáifàng):无限地减少污染物和能源排放直至为零的活动。

牛皮癣(niúpíxuǎn):一种慢性皮肤病。在这里比喻困扰城市管理、影响城市美观的问题。

[4] 共享经济:sharing econmy,是指拥有闲置资源的机构或个人将资源使用权有偿让渡给他人,让渡者获取回报,分享者通过分享他人的闲置资源创造价值。以优步(Uber)、滴滴、爱彼迎(Airbnb)等为代表。

[5] 物联网:Internet of things,即"万物相连的互联网",是在互联网基础上的延伸和扩展的网络,将各种信息传感设备与网络结合起来而形成的一个巨大网络,可实现任何时间、任何地点,人、机、物的互联互通。

对于如何推进共享单车行业健康发展，叶林建议，政府有关部门应协调分工，加强共享单车行业的全流程监管，更好地发挥监管作用，如出台共享单车押金管理办法、建立共享单车企业退出机制等；共享单车企业应更好地进行管理，通过技术性手段引导用户规范停车，如结合智慧城市建设，通过空间定位功能设定电子围栏，在城市中划分鼓励停放、允许停放、限制停放和禁止停放四个区域，等等。共享单车的管理涉及钱、车、用户。推进共享单车行业的健康发展，不能从设备上固定它的停放，而应当从用户管理着手，激励用户合理停车。

顾大松总结了共享单车近年来的发展，认为其中最重要的经验是对新业态采取包容**审慎**的态度，只有这样，才能有更多的创新业态出现。共享单车要与互联网、物联网、大数据技术相结合，这样才有助于共享管理。由于共享单车具有准公共属性，其健康发展不仅需要企业承担规范管理的主要责任，守住法律的底线，还要求相关部门积极参与并及时出台投放或评价意见加以引导，社会组织或公众的参与也是必不可少的，因此要加强社会共治。

吴伟强表示，共享单车的出路在于真正回归交通本质，解决城市末端交通中的痛点。简而言之，就是让共享单车进入出行的最末端，如社区、学校、单位、商店。为此，就必须将大规模集中投放共享单车的经营模式改为分散化、小型化、差异化的投放。要做到这一点，就需要共享单车企业改变理念、思路、经营模式，尝试与社区、学校、单位、商店等投放点形成"费用分担，收益共享"的经营机制。"就政府而言，既然共享单车是交通工具，就应将其纳入整个城市的出行模式中，整体考虑其定位和数量，即要明确界定自行车出行的占比，而后才是怎么发展、怎么规范的问题。"吴伟强说。

审慎（shěnshèn）：考虑周详，小心谨慎。

读后练习

一、根据文章内容填空

1. 共享单车给人们的生活带来了很大的便利，但同时也陆续出现很多问题，如_____、_____等。

2. 中山大学教授叶林认为，2017年共享单车产业已经从粗放式的_____逐渐走向_____。

3. 东南大学交通法治与发展研究中心执行副主任顾大松总结了共享单车近年来的发展，认为其中最重要的经验是对新业态采取_____的态度。

4. 浙江工业大学城市发展研究中心主任吴伟强建议，将大规模集中投放共享单车的经营模式改为_____、_____、_____的投放。

二、根据文章内容判断正误（正确的画"√"，错误的画"×"）

1. 共享单车是中国独创的公共服务模式。（   ）

2. 即使共享单车增加再多，也不会对环境造成压力，但会对城市管理提出更高的要求。（   ）

3. 推进共享单车行业的健康发展，应该注重从设备上去固定它的停放。（   ）

三、根据文章内容回答下列问题

1. 为什么浙江工业大学吴伟强主任用"多重逻辑悖论"总结共享单车的机遇与挑战？

2. 什么是共享经济？共享单车是不是共享经济？

口语表达

自由谈

1. 你使用过共享单车吗？你平时在什么情况下会选择共享单车出行？

2. 你认为共享单车的便利体现在哪些方面？

3. 你认为中国的共享单车行业存在的问题有哪些？

分组讨论

如何推进共享单车行业健康发展？请为共享单车行业的健康发展提出建议。讨论结束后，每组推选一个代表，提出看法和建议。

🔍 写作训练

2010年前后，随着Uber、Airbnb等一系列实物共享平台的出现，共享开始从纯粹的无偿分享、信息分享走向以获得一定报酬为主要目的，基于陌生人且存在物品使用权暂时转移的"共享经济"。从狭义来讲，共享经济是指以获得一定报酬为主要目的，基于陌生人且存在物品使用权暂时转移的一种商业模式。共享经济的五个要素是闲置资源、使用权、连接、信息、流动性。

结合所学所思，请以"共享经济"为话题写一篇400字左右的文章，说明自己的观点并加以论证，题目自拟。

话题阅读 2-2

"风雨"里的外卖骑手①

来北京做外卖骑手的第二年，付磊觉得，这样的工作再干几年似乎也还不错。他刚满 20 岁。对于年轻的付磊而言，外卖员这个"灵活就业"的工种意味着在获得**可观**的薪水、充分自由的同时，存在许多不确定性。

付磊是灵活就业人员的一个**缩影**。根据中国国家统计局**披露**的数字，截至 2021 年年底，中国灵活就业者已有 2 亿人，其中约有 1300 万名外卖骑手，已经占到全国人口基数的近 1%。

不过，随着互联网时代的兴起，众包[1]平台也应运而生。一方面灵活就业，一方面却没有"五险一金[2]"，众包平台发展至今也被讨论至今。在专家看来，目前，灵活就业人员大部分没有被纳入劳动法保护范围，所以与从业平台之间的关系都是按民事法律规范调整。外卖骑手等灵活就业群体在劳动报酬等方面不存在太大问题，但工作时间普遍超长，此

可观（kěguān）：指达到的程度比较高。

缩影（suōyǐng）：指同一类型的人或事物中具有代表性的一个。

披露（pīlù）：发表，公布。

[1] 众包：即企业利用互联网将工作分配出去。外卖骑手有众包骑手和专送骑手。众包是给兼职送外卖的人做的，不属于公司的员工，上班时间自由，工资可以随时提现。在装备方面没有强制要求，公司不提供。而专送骑手属于正式员工，需要每天上下班打卡，每天有在线时长要求。专送骑手有保底工资，每单的提成也是固定的，工资按月发放。专送骑手需要配置专门的装备，上班就必须穿制服。

[2] 五险一金：指用人单位给予劳动者的几种保障性待遇的合称，包括养老保险、医疗保险、失业保险、工伤保险和生育保险，以及住房公积金。

---

① 陈维城，程子姣，李梦涵．"风雨"里的外卖骑手："单王"月入万元，众包之困待解 [N/OL]．新京报，2022-04-27[2022-07-08]．http://epaper.bjnews.com.cn/html/2022-04/27/content_817396.htm?div=-1. 有改动。

外工伤保险不完善,未来在医疗和养老方面也会存在问题。

次日到账的获得感

19岁高中毕业后,温俊进入一家小型企业工作,起初工资只有1500元。经过几年努力,踏实能干的温俊当上了小组组长,在厂里的日子**一如既往**地安稳又平静。转变发生在第4年,温俊结婚了,每月几千元的工资开始变得"寒酸",和妻子商量后,他辞去了稳定的工作,来到大城市谋生。

如今温俊35岁,在北京送了超过5年外卖。经过长时间经验积累,温俊现在能快速分辨订单配送的难易程度、商家的出餐速度以及配送过程中的最短路线。再加上日均10小时以上的工作强度,温俊每月收入都能过万。

"前几年行情好的时候,一单5元,我干得时间长点,有几个月收入在一万五左右。"

虽然一个人背井离乡[3],每天工作时间长达10个小时,但是温俊觉得很有成就感。作为两个孩子的爸爸,自己每月可以寄往家里7000多元,为孩子提供充足的教育经费。温俊说,他现在最大的愿望就是孩子可以上大学。

不过,像温俊这样月薪上万元的骑手并不算多。通常情况下,每天工作10小时以上的骑手才可以拿到1万元以上的工资,而大部分骑手会挑单或者隔几天休息一天。

37岁的张长林经常被骑友们称为"单王"。每天一大早,张长林骑上电动车开始一天的工作,晚上10点只有零星订单时才会下班。张长林回忆,自己曾经在工地上做过10来年工,风吹日晒,各个工种基本都尝试过,工资也不低。相比之下,外卖员的收入方式明显占优:工地上一般是有活就干,按照季度结账,家里急用钱的时候很难周转。

张长林已有三个孩子,妻子在家专职带孩子,近几年在老家县城买了一套大房子,每个月的房贷成了他不停奔波的动力。31岁那年,在工友推荐下,张长林开始送外卖,一送就是6年时间。在他看来,选择送外卖最大的好处就是工资

一如既往(yīrú-jìwǎng):
完全跟过去一样。

[3] 背井离乡:离开了故乡,在外地生活(多指不得已)。

次日到账，每天干多少心里有数。张长林基本全月无休，每次往家里汇钱，听到孩子们成绩又提升了一些，他心里美滋滋的。

众包"大军"：职业瓶颈与保障缺位

上午11点，北京一家美食广场楼下，付磊倚靠在电瓶车上，时不时用手机刷新一下派单软件，遇到好送的单子直接抢下。付磊觉得，不用给别人打工，当自己的"老板"很不错。

此前，付磊打过6份工——帮工，16岁进电子厂，饭店学徒，放弃厨艺转而去澡堂，最终辗转北京当保安。按时按点上下班成了**禁锢**，6份工作的更换频率维持在一两个月一换。

2020年《新京报》**智库**调查问卷显示，工作时间自由最让外卖骑手满意，占比高达63.58%；其次为收入稳定、收入高，占比达40%左右；门槛低、工作技能要求低也是一大诱惑。

不少外卖员初中毕业后便开始外出谋生。调查问卷显示，约40%的外卖骑手是初中学历，本科及以上学历仅占5.4%。此外，超60%外卖骑手已经成家立业。温俊念到高中毕业。他说，对于大多数学历层次较低且有一定家庭负担的男性来说，送外卖可能是他们力所能及的一份好工作。

拿着不错的收入，骑手们大多有着未来规划。多位骑手向记者表示，送外卖这份工作由于缺乏相关保障，很难作为长久的职业选择，只能作为一个过渡。"年轻人作为临时工送一阵子外卖还行，长时间干这个以后再想转型很难，还是要学会一项技能。"付磊正一边送外卖，一边寻找其他可以挣钱的门路。

记者了解到，无论是专送外卖的骑手还是众包骑手，都没有五险一金等保障，普遍仅缴纳工伤保险。2021年，众包骑手韩某于外卖配送途中**猝死**，因未与平台直接签署劳务合同，平台出于人道主义，给了2000元作为赔偿，这件事将灵活就业人员的安全保障推至台前。

"五险一金应该是必需的，全国现在从事外卖骑手这种

瓶颈（píngjǐng）：瓶子上部较细的部分。比喻事情进行中容易发生阻碍的关键环节。

禁锢（jìngù）：束缚。

智库（zhìkù）：指汇聚高级人才，能为政府机构、企业等提供咨询服务的组织或团体。

猝死（cùsǐ）：医学上指由体内潜在的疾病引起的突然死亡。

职业的人特别多，干几年后，这些人40～50岁以后怎么办？如果家里人生重病，连钱都掏不起。而且，发生交通事故的概率也很高。"张长林向记者列举了一系列担忧。

模式之争：谁来承担保障责任

职业的包容性使得外卖骑手规模不断扩大。美团财报数据显示，通过美团平台获得收入的骑手总数从2017年的220余万人增长至2021年的527万人。

骑手队伍迅速扩容只是灵活用工的一个缩影。外卖骑手等灵活就业形式，不管是劳动者时间和数量的灵活、雇佣形式或管理方式的灵活，都降低了"就业"的门槛，能够吸纳更多劳动者从业。但灵活用工人员由于工作周期较短，普遍不签订劳务合同，更加容易出现薪资纠纷，且出现纠纷后较难被支持处理。同时在保险上，无论是个人购买还是企业购买的流程都较为烦琐，导致购买比例也较低。整体来说，灵活就业人员的薪资保障和人身保险保障情况都较为一般。此外，职业发展路径不明、没有晋升通道也是普遍存在的问题。

北京市工商联副主席李志起认为，灵活就业因为劳动关系结构不一样，所以不能简单将社保全部交由平台方解决，不过从承担企业社会责任角度出发，平台方应该引导合作伙伴一同规范就业人群劳动权益。与此同时，新业态具有新特点，需要各方共同完善相关制度与法律，保障各类就业人群的合法劳动权益。

近年来，相关部门不断推进新就业形态劳动者劳动保障权益维护。北京市总工会相关负责人向记者表示，2021年9月，北京市总工会推出10项措施，切实维护新业态、新就业群体劳动保障权益。此外，2021年6月以来，北京市总工会推动京东、美团、滴滴等17家互联网平台头部企业和顺丰、"三通一达[4]"等14家品牌快递企业全部建立工会组织，累计发展27.4万名新就业形态劳动者会员，累计建成9000余家户外劳动者暖心驿站，为新就业形态劳动者等群体提供重大疾

[4] 三通一达：指中国常见的四家快递公司品牌：申通、圆通、中通和韵达。

病、意外伤害等五项免费保障。

2021年下半年，美团宣布推出助力骑手职业发展的"四大举措"，包括美团骑手职业培训与学历深造计划、站长培养计划、骑手转岗计划、骑手线上学习平台等职业发展措施，将为骑手提供全周期、多层次的职业发展路径，主动打破骑手群体既有的职业发展模式，不断拓宽骑手就业和择业途径。

读后练习

一、根据文章内容填空

1. 中国国家统计局披露的数字显示，截至2021年年底，中国灵活就业者已有_____人，其中约有_____名外卖骑手，已经占到全国人口基数的近_____。

2. 2020年《新京报》智库调查问卷显示，_____最让外卖骑手满意，占比高达63.58%；其次为_____，收入高，占比达40%左右；_____也是一大诱惑。

3. 无论是专送骑手还是众包骑手，都没有_____等保障，普遍仅缴纳_____。

二、根据文章内容判断正误（正确的画"√"，错误的画"×"）

1. 大部分外卖骑手的月薪上万元。（　　）
2. 灵活就业人员与从业平台之间的关系都是按民事法律规范调整。（　　）
3. 根据2020年《新京报》智库调查问卷统计，60%的外卖骑手都是单身。（　　）

三、根据文章内容回答下列问题。

1. 使外卖骑手对工作满意的因素有哪些？
2. 大部分外卖骑手会把送外卖作为长久的职业选择吗？为什么？
3. 2021年，美团推出的助力骑手职业发展的"四大举措"包括哪些内容？

口语表达

自由谈

1. 你在中国经常点外卖吗？为什么？

2. 在你们国家，点外卖普遍吗？从事外卖骑手职业的人大多是年轻人吗？他们的收入怎样？

3. 你认为应该怎样保障外卖骑手的劳动权益？

辩论

1. 每组分别选择 A 或者 B。

> 观点 A：点外卖利大于弊。
>
> 观点 B：点外卖弊大于利。

2. 每组陈述自身的观点，并阐释原因。

3. 两个小组就对方观点陈述中的不同意见进行回应以及反驳。

4. 在一组展示过程中，其他小组关注其完成情况，注意辩手对语言形式的掌握、辩论技巧的表现等，评出最佳辩论小组和辩手。

话题阅读 2-3

女骑手，"闯入"外卖系统①

外卖是这些年都市中迅速壮大的民间产业。中国互联网络信息中心的数据显示，外卖用户规模已经从 2016 年的 1.5 亿人发展到 2021 年的 5.44 亿人，占网民总数的 52.7%，而外卖员的数量也从 200 万人增长到 770 万人。他们中绝大多数是男性，而那些敢于一头扎进这个行当的女性，往往具备极强的韧性和生命力。

闯入者

近年来，女外卖员的身影在城市的大街小巷愈发常见：你常常能在某一次打开家门时，听到隐藏在头盔、口罩和某个外卖公司品牌制服的身体里的女性的声音："祝您用餐愉快。"但要真正找到她们又很难：商场里凑在一起聊天、打游戏、等待取餐的外卖员里，往往见不到女骑手的身影；把外卖送到家门口的女骑手，在你还没来得及看清她的脸时，她就转身跑了；即使在街头遇到一位女骑手，也很难和她们搭上话——她们像上满了**发条**，在新订单声音响起时，**一溜烟**儿就冲了出去。

发条（fātiáo）：是发动机器的一种装置，利用弹性作用逐渐松开时产生动力。机械钟、表和发条玩具里都装有发条。

一溜烟（yīliùyān）：形容跑得很快。

45 岁的田蕾就是这样一名女骑手。她在美团当外卖员，每天在北京通州万达广场附近接单、送餐。这个大商场和周围的步行街里聚集了大大小小上百家餐饮店。一到工作日中午，身穿黄色、蓝色工作服的外卖员脚步匆匆，让空气中弥漫着焦虑的气息。田蕾把她的黑色女式摩托车停在路边，一

---
① 吴淑斌. 女骑手，"闯入"外卖系统里 [EB/OL]. （2022-05-02）[2022-07-09]. http://old.lifeweek.com.cn/magazine/lifeweek/2022/1232/.
赵宇超，张仟煜. 她们如何跑外卖：平台劳动下的性别实践 [N/OL]. 中国妇女报，2022-01-11[2022-07-09]. http://epaper.cnwomen.com.cn/html/2022-01/11/nw.D110000zgfnb_20220111_2-6.htm. 有改动。

手拧钥匙锁车,一手点开手机屏幕上的四个订单。还好,四家店的位置都在同一层,"那家烤肉饭出餐慢,先过去催一遍,拿完其他三家再过来等"。她熟知这些餐饮店的位置和风格,快速规划出一条最省时的路线。

等待取餐的那几分钟,田蕾难得能让脑子和双腿都歇息片刻。不出所料,烤肉饭仍然是出餐最慢的一家,门口已经等了一群外卖员,绝大多数是男性。田蕾和他们一样,穿黑色长袖衫,套着带有外卖平台标志的坎肩,戴上头盔和口罩后,除了矮一些,几乎和其他人一样。店面很小,声音**嘈杂**,外卖员们不时地催促商家出餐,又相互抱怨系统新派的远距离订单。田蕾有意站得离厨房远一些。"天要是再热点,就更难受了,男人的烟味、汗味,厨房的饭菜味道,都混在一起。"她压低声音说。五六份外卖同时摆上桌,聊天声戛然而止[1]。田蕾迅速挤过去拎起自己的那一袋,和其他三袋外卖一同挂在左手手指上,小跑着往摩托车方向赶去,右手同时从口袋里往外掏钥匙。

孙萍是中国社科院新闻与传播研究所助理研究员,她的调研小组从 2017 年开始关注外卖骑手群体。用孙萍的话说,那时的女性骑手还是"稀有动物",想在城市街头找到可以访谈的女骑手十分困难。根据美团、饿了么两大平台的数据,2020 年以前,全国范围内的外卖女骑手比例一般低于 10%。但这几年,孙萍发现,从一线大城市到三四线小城市,女骑手的数量越来越多,尤其是疫情过后增长更快。她所在的课题组在对北京的外卖员进行调查后发现,2020 年,北京的外卖骑手里女性占 9.04%,与外卖平台的过往数据相当。但到了 2021 年,这一比例增长到 16.21%。

这是一群不算年轻的女性,大多在 30 岁以上,高中及以下学历,来自北京、深圳等大城市周边省市的农村,干外卖骑手前有着各自不同的人生经历,甚至处在不同的社会阶层。"这个群体是跨阶层的,像一个三棱镜,照进一束光,会折射出一道彩虹。有破产的老板,有曾经开路虎的'土豪',

---

生词

嘈杂(cáozá):(声音)杂乱;喧闹。

注释

[1] 戛然而止:形容声音突然停止。

也有家庭衰败的'富二代'。"孙萍说。她接触过的女骑手里，大约70%来自工厂、家政、农业生产等传统行业，剩下的30%是"五花八门、充满有趣故事的人"。疫情对经济的影响让这个群体的来源更加丰富。孙萍见过不少从旅游业、教培行业转行而来的女性，也有人曾是家庭主妇，因为丈夫公司裁员或降薪，不得不寻得一份工作补贴家用。如果为她们找到一个共同点，坚韧、有生命力或许是一个，她们在艰难处境中仍然不放弃自己的责任和希望，并敢于打破常规。

外卖行业被研究者称为"过渡经济"的一种——人们可以在生活遇到变数、需要暂时缓冲时选择它，直到找到更好的工作。而这种"过渡经济"因为综合了高强度、高回报和高压力，具有非常明显的"男性气质"。孙萍认为，这个结论包含两层相互关联的逻辑：首先是劳动逻辑，送外卖本质上是一个体力活儿，高强度、高压力，人在短时间内要消耗大量体能，男性在生理上比女性更有优势；其次是技术层面，系统的派单、考核、奖励都对体能占优势的男性更友好，送单量更多、用时更短的人，会得到更高的系统评价。"女性在里边就是闯入者的角色"。

成为女骑手：超越传统性别身份

在中国传统的社会性别文化中，女性被期待以家庭为重，可从事的职业集中于服务员、护士、幼儿园教师等情感性或辅助性强的领域，自身工作往往被认为是家务劳动的延伸。女性加入平台劳动，一定程度上挑战了这种单一的角色框架和性别认知。比如，在应对送餐高峰期的体力和耐力挑战时，女骑手们大多表示"别人能干自己也能干""跑外卖这个事，不能慢慢干，要跑、使劲跑"；在每天长时间风吹日晒的工作环境下，不少女骑手表示"挺好，省了买衣服的钱"；还有部分女骑手是受到丈夫送外卖后的耳濡目染[2]而萌生念头，在配偶的鼓励下进入了外卖行业。

[2] 耳濡目染：常听常看，无形中受到影响。

加入外卖行业后，一些女骑手不再固守家庭角色，"男主外、女主内"的劳动分工被打破。很多全职女骑手表示自己承担的家务劳动并不多，会与另一半进行协商，最大限度地节约彼此的时间，实现双方劳动效益的最大化。另外，祖辈照料的育儿模式也多出现在女骑手的生活中，她们会把孩子放在父母家照看。由此，很多女骑手都把"送外卖"的工作放在首位，职业身份而非性别身份成为其定义自我的重心。这种去性别化的劳动实践突破了女骑手为家庭和孩子牺牲的传统认知，也超越了男性凝视下"女性靠脸而不能靠能力吃饭"的刻板印象[3]。

除个人坚持和家庭支持外，平台中的劳动规定和技术准则也在客观上鼓励女性建立以"骑手"而非"性别"为核心的身份定位。当谈及应聘体验时，专送外卖员珊姐十分肯定站长没有因为自己是女性而不乐意录用。而通过后台自主注册的骑手们则更少意识到性别身份带来的入职差异。平台的数字化招聘在一定程度上促成了外卖行业在进入关卡时"性别平等"；以算法为核心的数字化监管则采用接单率、路线、准点率、好评率等数据标准维系劳动秩序，标准化、统一化、精准化的测算带来了几无差别的劳动体验。如兼职外卖员张希所言，"中午高峰期就没有男女差异了，都疯狂地跑"。

女骑手的劳动策略：在性别标签下发挥能动性

在女骑手的具体劳动实践中，女骑手对传统性别规范的遵循、协商和利用呈现出丰富的张力。在送外卖过程中，女骑手们不会一味选择证明自身不输男性的体力和能力，而会积极寻求帮助。例如，有的餐品是矿泉水、西瓜等大件货物时，女骑手会主动向顾客或周边热心人士求助；遇到路途较远或难以定位的情况时，女骑手们也会积极联系男同事请求支援。

同时，灵活利用交流技巧、社交技巧等"情感劳动"经验，也是女骑手们将性别优势转换为劳动优势的策略之一。

[3] 刻板印象：人们对某一类人或事物产生的比较固定、概括而笼统的看法，一般较难改变。

在取餐、送餐路上及与保安、顾客交流中的话语和行动中，如等餐着急时，女骑手倾向于用"慢慢说"赢得饭店的配合；当不被允许进小区时，女骑手会"嘴甜"地向保安解释；因送单超时引起顾客不满时，女骑手们大多笑脸迎人，通过专门发短信等方式耐心交流、获得谅解——展示了女骑手基于更强**共情**能力的劳动智慧。虽然女骑手的体力弱、有耐心、善于沟通、易妥协等是传统性别标签，但在平台**严苛**单一的算法管理下，这些标签反而为女骑手在复杂的劳动场景中发挥主观能动性提供了一定的便利条件。

共情（gòngqíng）：指的是一种能设身处地体验他人处境，从而达到感受和理解他人心情的能力。

严苛（yánkē）：严厉苛刻。

女骑手社群的建立：集体话语与身份认同

不同于男骑手的随处可见，女骑手较难在送餐途中发现女性同伴，加入的外卖群聊也较男性骑手更少。但女骑手往往会利用平台劳动中存在的连接机会，与其他女骑手建立紧密的、深度的社交关系，从日常有仪式感的互动分享中，获得对自身"女性+骑手"身份的认可。

在微信群里，她们几乎都以姐妹相称。清晨，伴着群里接龙似的"早上好"问候或群友的定位，女骑手陆续开工；午高峰过后，群里又会掀起一轮"晒单"高潮；遇到恶劣天气时，女骑手会嘱咐彼此注意安全；她们聊天的内容也不止和配送相关，还包括婚恋、养生、美容、育儿等丰富的话题。

此外，女骑手也会尝试用多媒体发声，向外界传递"自立自强"的集体话语。在深圳龙岗区，顾大娟用两年的时间组建了自己的"外卖娘子军"。这支配送团队由十几名女性外卖员组成，拥有自己的抖音、西瓜和快手账号，实现了随时随地为女骑手发声的文化（call-out culture）。短视频账号里发布的内容大部分是分享跑单策略和送单过程，经常也会穿插一些集体表演。比如，大娟会和队员们一起策划动作，配上精心挑选的音乐，在镜头前展现女性送外卖的酸甜苦辣。"努力工作，开心生活""没有什么能阻止你，除了你自己"之类的字幕也常在她们的视频中出现。

读后练习

一、根据文章内容填空

1. 孙萍发现，2020年北京的外卖骑手里女性占_____，但到了2021年，这一比例增长到_____。

2. 送外卖仍是一个以男性为主导的行业，女性外卖骑手是外卖系统里"_____"的角色。

3. 很多女骑手都把"送外卖"的工作放在首位，_____而非性别身份成为其定义自我的重心。

二、根据文章内容判断正误（正确的画"√"，错误的画"×"）

1. 女外卖骑手在应聘和工作中明显感受到"性别歧视"。（   ）
2. 2020年以前，中国的外卖女骑手比例一般低于10%。（   ）
3. 女外卖骑手年龄大多在30岁以下。（   ）

三、根据文章内容回答下列问题

1. 作者认为女外卖骑手的群体特征是怎样的？
2. 为什么外卖行业被称为"过渡经济"的一种？为什么外卖行业具有明显的"男性气质"？
3. 怎样理解女外卖骑手"在性别标签下发挥能动性"？

口语表达

自由谈

1. 在你们国家，从事送外卖职业的女性多吗？
2. 你认为女性从事送外卖工作的优势和劣势分别是什么？

话题阅读 2-4

快递不上门为何成了潜规则？[1]

大到中国经济，小到人们的生活方式，都已经深深刻上了快递行业的烙印。在行业产业链上，向上，快递业支撑了电商的蓬勃发展，使得中国迅速成为全球第一网购大国。2014年，中国的在线零售额就已经超越美国成为全球第一，如果没有快递业的支撑，中国的网络购物也不可能获得如此高速的增长。向下，快递业也改变了无数普通人的生活方式，人们足不出户就可以享受货物到家的便捷，这样的场景在20年前多少都还显得有些科幻。[2] 快递业在深刻改变中国的同时，自身也在发生新一轮巨变。快递业目前存在什么样的问题？应该如何解决？如何发展才能保量又保质？

2022年1月，中国国家邮政局就《快递市场管理办法（修订草案）》（征求意见稿）公开征求意见，其中提到，经营快递业务的企业未经用户同意，不得代为确认收到快件，不得**擅自**将快件投递到智能快递箱、快递服务站等快递末端服务设施。如有违反，责任人员将面临最高3000元的罚款，快递企业面临的罚款更是高达3万元。

消息一出，不少人拍手叫好，也有人对基层快递员的处境表示担忧。这个管理办法能否解决快递不上门、私自签收的问题呢？

有专家认为，最大的问题在于快递企业自身。随着新的管理办法出台，企业必须调整内部运营体系，如果无法适应

擅自（shànzì）：独断独行，自作主张。

---

[1] 王春晓. 快递不上门为何成了潜规则？[EB/OL]. （2022-01-18）[2022-07-13]. http://www.inewsweek.cn/society/2022-01-18/14933.shtml. 有改动。

[2] 谢九. 快递创富记[EB/OL]. （2017-03-16）[2022-07-12]. http://old.lifeweek.com.cn//2017/0316/48878.shtml.

新的需求，抓住市场机会，将会面临被淘汰的风险。

快递不上门成了习惯

经历了4次快递不送货上门事件之后，李嘉终于忍无可忍，投诉了快递公司。2022年"双十二"[1]期间，孕妇李嘉网购了不少家居用品。快递较重，她将收货偏好设置改为"需要送货上门"，并在快递开始派送时，提前给快递员打了电话。然而一个多小时后，快递没到家，物流信息却显示已签收，最终，她不得不到几百米之外的**驿站**领取包裹。

投诉时，李嘉希望"道歉、做出处罚、改善服务并送货上门"，但快递公司只做出"将核实处理"的回应。几天后，该公司的快递员再次擅自他投、私自签收，李嘉怒了："为什么我的快递每次都不联系我？"

未经过用户允许直接投递快递柜等取货点的现象几乎成了**潜规则**。社交平台上，和李嘉有同样经历的用户不在少数，不少网友提到，网购商品后，即便快递标明了"送货上门"，但等到的往往是一条通知取货的短信。

中国国家邮政局的数据显示，2013—2020年，中国快递业务单量从91.9亿件提升至833.6亿件，增长近10倍，至2021年，中国快递业务量已达到1085亿件。仅在2021年"618"活动期间（6月1日—20日），全行业揽收快件超65.9亿件，但另一方面，有超过70%的收件人对快递不送货上门的行为表示了极度不满。

代收点和快递柜的存在，原本是收件人不在家时，为了投递时更便捷、安全的备选，然而，如今却成了快递员的默认选项。与此同时，快递不上门，也带来一系列问题：快递丢失、无法当面验货、生鲜等货物损坏、寄件人信息被曝光等。李嘉说，疫情之后的一段时间，她所在小区的快递员甚至直接将包裹放在小区门口的货架上，接到短信后，住户只能对着快递包装单上的信息自行取件。有一次，她不小心取走了隔壁楼同一门牌号住户的快递，回家拆开后，才发现了问题。

生词

驿站（yìzhàn）：古代供传递政府文书的人及往来官员中途更换马匹或休息住宿的地方。在这里指代收快递，代为发件取件的场所。

潜规则（qiánguīzé）：规章制度之外的不成文、不公开的规则（多含贬义）。

[1] 双十二：即"双十二"购物狂欢节，是每年12月12日左右中国各大电商网站举行的网购促销活动。

她只能根据包裹上的电话联系收件人，还要解释自己的无心之举，"虽然是我看错了信息，但其实也是快递员不负责造成的。如果有人想浑水摸鱼[2]，快递丢了都不知道谁拿走了"。

被派单量困住的快递员

快递不上门的问题由来已久。林涛在北京从事快递行业多年，在他看来，这一问题背后是基层快递员的无奈和疲于奔命。林涛负责3个小区的快递配送，每日派单量在200单左右，电商平台促销期间，最多可达到500件。每单的派送费是1.1元，如果投至快递柜，还要支付0.3～0.5元。

一般情况下，如果收件人信息清楚，林涛倾向于上楼放到家门口，但到了电商平台促销期间，快递量激增，他也会选择投放到快递柜，"几个小区快递柜很紧张，货量大的时候得抢。但没办法，送不完会被罚款，一天就白干了"。

不过，无论是放到门口，还是放到快递柜等其他地点，林涛都是在投放后才给客户发短信，基本不会打电话，"根本没有时间电话沟通，确实也有客户不满意去投诉的"。**权衡**利弊，派单量成了快递员优先考虑的问题。林涛说，快递公司要求每天的派单量达到95%以上，否则每单派送费将被打折，同时还可能被罚款。他算了一笔账，如果按照公司规定，派单前给每个客户打电话沟通，他们每天只能完成一半的派单量。

为了尽可能减少客户投诉，另一家快递公司的于亮自掏腰包购买了云呼叫服务。当他将快递送至相应地点，客户会

生词

权衡（quánhéng）：秤锤和秤杆，借指衡量、考虑。

注释

[2] 浑水摸鱼：在浑浊的水中捞鱼。比喻趁混乱的时候从中捞取利益。

收到智能语音通知电话，拒接后，还会收到短信提醒。"但云呼叫只能起到通知作用，不能和客户对话征求意见，只能说尽可能让客户满意，尤其是给老人提供便捷。"

"如果快递员要给每个客户打电话确认，平均一单增加一分钟时间，要是遇上沟通不顺的客户，时间花得更长，一天下来根本送不完。按照现在的考核激励机制，这碗饭谁能吃得饱，谁还愿意吃？"于亮说。

不少网友提到，目前只有顺丰等少数快递公司提供上门服务，而多数快递公司都存在快递不上门的情况。于亮解释，这是两种不同的商业运营模式，是质和量的区别。"同样的配送区域，顺丰的快递员比我们多，而且一单的派送价格是我们的两倍多。"

物流行业专家杨达卿告诉记者，目前中国快递业务仍保持中高速增长，但预估从业者数量不会有太大变化，"可以预见一线快递人员承受的派送压力"。

快递行业专家赵小敏也表示，快递单量在高速增长的情况下，快递公司的商业模式、内部的激励机制等，在过去七八年里却没有大的变动，没有跟上市场的节奏，这也是一个重要的原因。

杨达卿分析，快递行业不得不面对三个现实：一是农村劳动力不再大规模涌入城市。随着人口出生率增幅下降，这个矛盾会日益突出。二是年轻人更愿意从事自由、轻松的工作，造成快递一线人员流失率高，部分地区流失率达60%～80%。三是快递行业长期以来的低价竞争使得部分企业急功近利，对一线人员待遇改善和薪资提高不积极，多数从业者月薪5000元左右，工作增量但难增收。

"这些因素决定了按照现有人力供给，将无法满足每件到门的配送需求。而网购消费中的多数工薪阶层收件时间正好和快递上门时间错配。"杨达卿说，这种情况下，必然会出现上门配送的矛盾。

快递行业亟待规范

《快递市场管理办法（修订草案）》（征求意见稿）公开向单位、个人征求意见的消息一经发出，不少网友表示，该管理办法将在日常管理中严格要求快递员规范派送。也有部分人担心，这同时也将增加快递员的压力。

赵小敏表示，此次意见稿是对2018年发布的《快递暂行条例》的进一步细化。目前，浙江、广东等地也已出台相关条例，这也是监管落实到了细则上。接下来，随着新的管理办法出台，快递行业也将进入一个高质量发展的新阶段。

在赵小敏看来，快递不上门最大的问题在于企业自身。他认为，快递企业的商业模式、快递网点的整合重塑问题、快递员的激励机制这三个问题一直以来没有解决，导致所有的问题集中爆发，这也是企业要考虑的问题。

新的管理办法出台，企业不必纠结于罚款的高低，而是要考虑如何调整内部运营体系。"要改变对快递员的激励机制，调动快递员的积极性，对送货上门和投放快递柜或驿站的快递采取不同的计件标准；要改变对快递网点的考核机制；等等。"赵小敏说。

赵小敏也提到，随着快递行业转向高质量发展，未来或将迎来洗牌[3]，行业内的整合、重组、并购也将加速。目前这一行业的竞争已经非常充分，用户的选择权也很多，如果无法适应新的需求，抓住市场机会，将会面临被淘汰的风险。

但无论如何，未经消费者同意私自存柜、投放的行为，都违反了《快递暂行条例》。上海市公益律师石红卫认为，一般情况下，派件员有义务将快递包裹准确地交付给收件人。派件员擅自将快递投放至快递柜或驿站的，属于违约行为，需要承担违约责任。

石红卫说，快递公司与寄件人之间成立的是服务合同关系。快递公司在收取快递费的同时，有义务根据与寄件人约

亟待（jídài）：急迫等待。

[3] 洗牌：玩牌时，每轮开始前把牌原来的顺序打乱，掺和整理，以便继续玩。在这里指在某一行业出现新的变化，对整个行业产生巨大的影响，即行业洗牌。

定的投递信息，将包裹准确地投递到指定的收件人手中。这里的投递信息，不仅仅包括收件人姓名，也包括收件地址，"若派件员单方面擅自将包裹投放至快递柜或驿站的，属于违约行为"。

读后练习

一、根据文章内容填空

1. 2013—2020 年，中国快递业务单量从 91.9 亿件提升至 833.6 亿件，增长近_____倍，至 2021 年，中国快递业务量已达到_____亿件。但另一方面，有超过 70% 的收件人对快递不送货上门的行为表示_____。

2. 快递不上门，带来的一系列问题有：_____、无法当面验货、生鲜等_____、寄件人信息_____等。

3. 在赵小敏看来，快递不上门最大的问题在于_____。他认为，快递企业的_____、快递网点的整合重塑问题、快递员的_____，这三个问题一直以来没有解决，导致所有的问题集中爆发。

二、根据文章内容回答下列问题

1. 在物流行业专家杨达卿看来，快递业现存哪三个问题导致"无法满足快递到门的配送需求"？

2. 从快递员的角度看，快递不送上门的原因是什么？

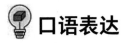口语表达

辩论

1. 每组分别选择 A 或者 B。

> 观点 A：快递应该送上门。
>
> 观点 B：快递不应该送上门。

2．每组陈述自身的观点，并阐释原因。

3．两个小组就对方观点陈述中的不同意见进行回应以及反驳。

4．在一组展示过程中，其他小组关注其完成情况，注意辩手对语言形式的掌握、辩论技巧的表现等，评出最佳辩论小组和辩手。

拓展阅读

互联网促进零工经济焕发生机

话题三

健康生活

导言

健康是指一个人在身体、精神和社会等方面都处于良好的状态。现代人的健康包括身体健康、心理健康、心灵健康、社会健康、智力健康、道德健康、环境健康等。健康是人的基本权利,也是人生的第一财富。体育健康促进是人们进行体育运动,预防常见慢性非传染性疾病和减少疾病症状的最有效途径,也是治疗某些慢性病的有效措施,更是提高生活质量和全面增进健康的有效手段。奥运会是实力比拼的竞技赛场,在比赛中,运动员们一个个挑战极限、超越自我的精彩瞬间给我们留下了深刻的印象。当然,心理健康也是一个人是否健康的重要指标。让我们加强体育锻炼,拥有健康的心态,努力做好生活中的每一件小事吧。

话题阅读 3-1

体育健康促进与健康城市建设[①]

建设健康城市(health city)是世界卫生组织(WHO)为应对快速的城市化趋势及人类健康所受到的威胁而提出的应对策略。世界卫生组织指出健康城市是指"能保障广大市民健康生活和工作,成为人类社会发展所必需的健康人群、健康环境和健康社会有机结合的发展整体"。也就是说,在建设健康城市中要动员城市的各方力量,为提高市民的身心健康和生活质量发挥更大作用。

[①] 吕东旭. 体育健康促进在建设健康城市中的作用研究 [J]. 北京体育大学学报,2009,32(7):20-22. 有改动。

体育健康促进的概念

我们将体育健康促进界定为：体育健康促进是以改善不同人群的健康状态为目的，以体育干预为手段，改善人们的体育生活方式；促使人们形成有益健康的体育意识；完善体育环境，提高生活质量的过程。

体育健康促进的目的是通过培养人们科学的体育行为和体育生活方式，满足不同人群的不同体育健康需求，全面提高生活质量，延长健康生命时程。

也就是说，体育健康促进是利用体育手段优化人们的行为和生活方式的过程；通过体育健康的宣传教育使人们形成符合健康要求的体育意识；通过对运动不足的行为和生活方式的干预，科学选择和开展针对不同人群特点的体育活动；对普通人群来讲，体育健康促进不仅**局限**在增强体质，而且要利用体育行为干预和控制某些慢性非传染性疾病的发病率，延长健康生存年龄。对于慢性病人群和**伤残**人群来讲，体育健康促进可以改善病人的病理状态，减少和控制并发症[1]的发生，提升其自理能力，提高生活质量。

体育健康促进的地位

体育健康促进是创建健康城市的重要一环。世界卫生组织提出的健康城市策略是以人的健康为切入点，把所有的与人的健康有关的问题都综合在一个整体的概念之中，是以人为本的具体体现。它把由各种措施组成的疾病控制、促进健康的活动**整合**成一体；也把影响城市居民行为并直接影响健康的各种政策和环境的支持整合成一体；更需要社会中不同部门之间互相合作产生网络系统作用，而绝非只是卫生部门的单独行动。只有这样，才能有效地发挥城市的健康资源，围绕着人的健康这个中心环节，成为人类社会发展所必需的健康人群、健康环境和健康社会有机结合的发展整体。

体育是面向社会全体成员的社会组成部分，在建设健康

局限（júxiàn）：限制在狭小的范围里。

伤残（shāngcán）：受伤致残。

整合（zhěnghé）：通过整顿、协调重新组合。

[1] 并发症：一种疾病在发展过程中引起另一种疾病或症状的发生。

城市中它的服务对象是以城市社区为基础的全体居民。居民健康水平的整体提高是构成健康城市策略中健康人群的基础。体育健康促进是针对不同人群特点开展的体育行为干预，使所有不同人群的健康素质都能在其原有的基础上有所改善，提高生活质量。

体育健康促进是常见慢性疾病的有效预防和控制手段。体育健康促进不仅能增强人的体质，提高人的健康素质，在某些慢性疾病尤其是各种现代"文明病"[2]的控制和积极防护中是其他医学手段无法替代的。

随着人类社会的发展、医学水平的提高和人民生活水平的不断改善，影响人类健康和导致人类死亡的主要原因已经由过去的以各种急性传染性疾病为主转变为以慢性非传染性疾病为主，尤其是在居民中的冠心病、高血压病、肥胖症和糖尿病等所谓的各种现代"文明病"正在严重地威胁着人们的健康。很多慢性病是一种长期**累积**性不能自愈也不可能**治愈**的终身性疾病，其疾病的发生、发展受多种因素影响，特别是与人们的生活方式密切相关。

体育具有健身、健心和提高人们社会适应能力的功能是不争的事实，这是人们的**共识**。运用体育手段干预人们的生活方式，通过形成良好、健康的体育生活方式预防和控制常见慢性疾病，是值得进一步强化和推介的，也是建设健康城市中健康促进的重要组成部分。

体育健康促进的作用

体育健康促进可以促进不同人群的健康。健康不仅仅体现在身体上，"健康是身体的、心理的和社会适应的完好状态"，世界卫生组织对健康的这一界定已被全世界广泛接受。通过科学、系统的体育活动不仅可以强身健体，而且能够通过调节现代社会人们生活中的各种压力、增加人与人之间的交往与合作的机会来提高身体健康、心理健康和社会适应能

累积（lěijī）：层层增加；积聚。

治愈（zhìyù）：使恢复。

共识（gòngshí）：共同的认识。

[2] 文明病：又叫生活方式病，是由于经济的日益发达，现代人生活水平的不断提升，致使人们过多地热爱享受，不注意自己的生活方式，从而引起的疾病。

力，全面提高人们的健康素质，提高生活质量。

体育健康促进不仅强调一般人群的健康，预防各种疾病的发生，更强调对其他患病人群疾病状态的干预和生活质量的改善。根据病理学理论，疾病发生、发展具有以下几个阶段：正常人→高危人群（亚临床状态[3]）→疾病→并发症→死亡。

针对这一过程，从任何一个阶段实施干预，都将产生明显的健康促进效果，干预越早，效果越好。通过健康促进（包括体育健康促进），针对不同阶段的人群特点实施干预，可以使不同人群的健康状态分别得到不同程度的提高和改善。

体育健康促进的开展有助于人们培养良好的体育行为习惯，为使其成为人们生活方式的一部分提供了可能，使无病人群能够在全面增进健康的基础上，不断提高身体素质，**抵御**各种疾病的侵蚀，保持自身良好的健康状态，延长健康生命期。

对于慢性病病人，体育健康促进也具有不可替代的作用。它可以通过干预病人的病理状态和心理状态改善和提高他们原有的健康水平，减少和控制并发症的发生，提高自身的自理能力，改善其生活质量，使其延年益寿[4]。

体育健康促进可以减少医疗开支。"慢性病多为终身性疾病，预后差，并常伴有严重并发症及残疾，使存活者的生存质量大大降低。"由这类慢性疾病导致的病痛和伤残不仅影响劳动能力和生活质量，而且医疗费用极其高昂，社会和家庭不堪重负。在中国，慢性非传染病医疗费用的增加直接造成了医疗费用的迅速攀升。

对个体而言，开展体育健康促进，使其经济上减少支出，在控制和预防各种慢性疾病的发生方面，尤其在改善病人的病理状态和精神状态，减少并发症的发生和提高生活质量方面具有不可替代的作用。

体育健康促进有助于参加体育活动的人数的增加。参加体育活动的人数是衡量一个国家和地区文明程度、国民素质

生词

抵御（dǐyù）：抵挡；抵抗。

[3] 亚临床状态：指在疾病发展过程中不仅有机体损害，发生紊乱的病理表现，而且有防御、适应、代偿生理性反应，又称之为"无症状疾病"。

[4] 延年益寿：增加岁数，延长寿命。

和现代社会发展的一个重要标志，也是对人们体育活动参与程度的反映。

体育健康促进将体育主动融入创建健康城市的健康促进运动中，通过倡导人人参与，将体育行为干预同提高不同人群的生活质量，预防、治疗和控制疾病联系在一起，引导居民根据自身的健康状况有针对性地选择从事相应的体育活动，促使人们将体育活动融入生活，养成体育行为习惯，优化生活方式。这无疑会增加参加体育活动的人数。

体育健康促进有助于健康城市及和谐社会的建设。世界卫生组织于1996年4月公布了健康城市的十条标准，其中包括为市民提供卫生和安全的环境；提供各种娱乐和休闲活动场所，以方便市民之间的沟通和联系；**赋予**市民选择有利于健康的行为的权利；使人们更健康长寿和少患疾病；等等。健康城市的指标体系不是一个达标指标，而是一种逐步改善的进展性动态指标，其核心是一切要围绕着人类的健康，使城市成为由健康市民和适合于人类生存的生活环境、社会环境组成的统一体。

通过体育健康促进活动的开展，动员居民广泛参与，各种类型的体育活动使城市更有活力、充满生机；为满足体育锻炼的需要所提供的各种体育设施**点缀**在城市公园、绿地、广场和各类健身活动点，不仅使城市生活更加方便，更成为城市生活的一道亮丽的风景线；这样优美、健康的生活环境正是健康城市的指标体系中的一个具体要求。

在体育健康促进活动中，尤其是在与同伴共同参与的体育活动中，居民可以平等地参加各类活动，通过相互间体育活动的交流，甚至通过各种生活琐事[5]的沟通，达到感情的**宣泄**和相互间的理解，丰富家庭生活内容，维系亲情；邻里在体育活动中相识并建立联系，相互帮助并建立友谊；在提高生活质量的同时提高社区的凝聚力。这有助于和谐社区、和谐社会的建设。

赋予（fùyǔ）：交给（重大任务、使命等）。

点缀（diǎnzhuì）：加以衬托或装饰，使原有事物更加美好。

宣泄（xuānxiè）：吐露；发泄。

[5] 琐事：细小零碎的事情。

读后练习

一、根据文章内容填空

1. 建设健康城市是世界卫生组织为应对_____及其_____而提出的应对策略。

2. WHO 指出健康城市是指_____。

3. WHO 提出的健康城市策略是以_____为切入点，把所有的_____问题都综合在一个整体的概念之中。

4. 体育是面向_____的社会组成部分，在建设健康城市中它的服务对象是_____。

二、根据文章内容选择正确答案（单选）

1. 科学、系统的体育活动的作用不包括下列哪项？（   ）

    A．强身健体

    B．能够调节现代社会人们生活中的各种压力

    C．人与人之间的交往与合作的机会减少

    D．提高身体健康、心理健康和社会适应能力

2. 开展体育健康促进的作用不包括（   ）。

    A．增加医疗支出

    B．控制和预防各种慢性疾病的发生

    C．改善病人的病理状态和精神状态，减少并发症的发生

    D．提高生活质量

三、根据文章内容回答下列问题

1. 什么是体育健康促进？

2. 体育健康促进的目的是什么？

3. 体育健康促进的作用是什么？

口语表达

自由谈

1．谈谈你最喜欢的运动项目。
2．你认为健康是什么？怎样才能收获健康？
3．体育和健康的关系是什么？
4．查阅资料，谈谈什么是"健康中国行动"？

话题阅读 3-2

无需奖牌，你就是冠军①

四五十岁高龄依然坚守赛场，是很多运动员想都不敢想的事情，但偏偏有人做到了。为了鼓励曾患白血病的儿子，也为了实现自己的梦想，48岁的乌兹别克斯坦体操老将丘索维金娜选择八战奥运，最后一跳无缘决赛的她哭成泪人，挥手告别体育**生涯**，现场掌声雷动，**经久不息**。昔日老将们将逐渐消失在大众视野中，他们是伟大的运动员，也是永不落幕的风景。

与此同时，另一位58岁的乒坛老将仍在奥运赛场上书写着自身的传奇。很多人亲切地称她为"上海老阿姨"，她就是曾经的国乒[1]荣耀——倪夏莲。经过长达二十余载五味杂陈的奥运征程，倪夏莲早已看淡输赢。此次她的胸前或许没有悬挂上耀眼的奖牌，可金银又如何能定义她的人生？

五征奥运，顺手的事儿

2021年7月25日的奥运乒乓赛场，一场"祖孙大战"让观众瞬间"血液逆流"。一边是来自韩国的17岁新星申裕斌，一边则是58岁的乒坛"活化石"[2]倪夏莲。起初，比分逐渐拉开，申裕斌面对这样的对手，一时之间还摸不着头脑[3]。遗憾的是，在苦战7局，经历了长达66分钟的比赛后，倪夏莲仍以3:4的比分惜败。落败后的倪夏莲面对空无一人的赛场，没有记者的镁光灯，没有鲜花和掌声的**簇拥**，但她仍如进场般灿烂。面带"倪氏"微笑，**潇洒**地挥了挥手，悄然离场。

生涯（shēngyá）：指从事某种活动或职业的生活。

经久不息（jīngjiǔ-bùxī）：很长时间不停止。多用于形容掌声、欢呼声等。

簇拥（cùyōng）：（许多人）紧紧围着。

潇洒（xiāosǎ）：（神情举止）自然大方。

[1] 国乒：中国国家乒乓球队。

[2] 活化石：living fossil，指任何生物其类似种只存在于化石中，而没有其他现存的近似种。这些种类曾经从远古的灭绝事件中存活下来，并保留过去原始的特性。这里指倪夏莲是一名有资历的运动员。

[3] 摸不着头脑：指弄不清楚怎么回事。

---

① 块冰. 无需奖牌，你就是冠军 [EB/OL]. （2021-07-18）[2022-07-19]. https://mp.weixin.qq.com/s/Raj4v2p5taUGslooV62OOg. 有改动。

或许她的步子变得沉重、动作也不如往日那般**敏捷**，但没有一个对手能轻松不吃力地迎战！申裕斌心惊胆战地回顾和"奶奶"级选手的对决："今天消耗巨大，嗓子都喊哑了。虽然倪夏莲年龄很大，但实力真的不容小觑，一手老练的打法，刚开始打得我很着急。"而倪夏莲落败后满脸笑容地接受赛后采访，云淡风轻地说出了极富杀伤力的话："反正运动总是要搞的，就顺手参加一下奥运会。虽然可惜，但最重要的就是开心，想想对面的孩子练得这么辛苦，她的训练条件和环境也是我完全不可比拟的，又觉得这个结果能接受。"这位上海阿姨乐观坦然地面对失败，岁月的沉淀让她看什么都"不是啥大事儿"。当问及她打算何时告别奥运时，一句"为什么要用年龄给自己设限"，道出了她势不可当的战斗力。

敏捷（mǐnjié）：（动作）迅速而灵敏。

年龄不重要，只要今天比明天还年轻一点就好了。我们总认为年轻时处在生命最重要的赛道，仿佛衰老的一个大浪就能覆灭整个青春年华，甚至一想到"衰老"二字就惶恐不安。在倪夏莲的人生中，没有"唯金牌论"，更没有"唯青春论"。因为真正的战斗，并非与时间、成就赛跑，而是在内心"开天辟地"。起起伏伏的体育生涯带给倪夏莲的恰恰是最宝贵的平和心态。风平浪静之下暗流汹涌。很多人以为这样的她历来无名，其实她过往的"杀手"人生一度让人闻风丧胆。

高龄老将也曾是天才"杀手"

1963年在上海普通工人家庭出生的倪夏莲在黑白电视转播的一幕幕乒乓球赛场中找到了此生的梦想。她上小学就秒杀一众校园乒乓球手，被体校看中后就扎根职业赛场。她也曾在年轻时水平高超，国家赢得了至高荣耀。15岁进上海队成为天才选手，16岁顺利入驻中国国家队阵营，成为主力军之一，20岁就和郭跃华合作拿下第37届世乒赛混双冠军……这时的她，乒乓之路刚刚开始。

众所周知，中国乒乓无可匹敌，国乒团队的竞争程度可想而知，随着像何智丽、焦志敏等新生力量的迅猛崛起，倪夏莲逐渐退出主力。1986年正式退役的倪夏莲也恰巧丧失了作为中国国手拼搏奥运的机会。因为乒乓首次被注入奥运赛事是在1988年的汉城（Seoul）奥运会，而此时的倪夏莲只能注视着队友在场上厮杀。一年后，倪夏莲结婚，落脚卢森堡，但她并没有停止自己的逐梦人生，还意外成了卢森堡的"国宝"，先后获得三次欧锦赛单打冠军、三次欧洲十二强赛冠军，可谓打遍欧洲无敌手。37岁，已为中年球手的倪夏莲轻松成为2000年悉尼奥运会的卢森堡主力。此后的北京、伦敦、里约站，她无一缺席，还曾以52岁的高龄球手身份打败福原爱。

在卢森堡征战的数年来，倪夏莲也多次萌生退役的念头，却被卢森堡奥委会三顾茅庐劝请出山[4]，本次获得资格出战东京的她笑称："如果不是我自己拒绝了两次，那我应该是七朝元老。38年前，我在东京拿到了自己的第一个世界冠军，现在能够以奥运选手的身份故地重游，我感到无比幸运。一个人能够做自己想做的事情不容易。对我来说，能够一直打球到今天，更是一种莫大的幸运。"乒坛"活化石"名不虚传，大将风范在她身上体现得淋漓尽致。

体育竞技不乏当打之年的年轻主力，而像倪夏莲这样近花甲之年[5]的身影，在奥运赛场实为一道别样的风景线。这背后支撑她的，不仅是对乒乓的热爱和坚持，还因她并不是独自战斗的孤行者。

我的生活和爱，都流动着乒乓血液

多少运动健儿在**巅峰**如潮水般退去时，便放下了"武器"。倪夏莲的同时代队友早已各奔东西，唯独她依旧坚守赛场。一张小小的球桌陪伴她走过了四十余载。当记者问她是否会有独自上场的凄凉感时，她笑着拉过一个人们眼熟的老外："我有他啊。"这个身影在赛场边为她提心吊胆，不仅给她递毛巾擦汗，**纵容**她的"任性"，递来她最爱喝的可乐，还

巅峰（diānfēng）：顶峰，多比喻最高的水平。

纵容（zòngróng）：对错误行为不加制止而任其发展。

[4] 出山：比喻出来做官或担任某种职务。此处指卢森堡奥委会邀请倪夏莲继续参加奥运会。

[5] 花甲之年：花甲，旧时用天干和地支相互配合作为纪年，六十年为一花甲，亦称一个甲子。花甲之年指六十岁。

指导着她更好地战斗，给予她精神上的陪伴。他便是倪夏莲的丈夫兼教练——尼尔森。**携手**征战，共住奥运村，一个冲锋陷阵，一个是最强后盾，这种配置在体坛相当罕见。

而倪夏莲更是世界独一份的全家上阵，连医学院毕业的儿子也作为专业体育理疗师被纳入了奥运服务团队。如果需要理疗师周末服务，是要提前预约的，有儿子在她能随时随地享受服务。与其说是倪夏莲对乒乓孤注一掷，不如说这是一个**痴迷**于体育的家庭作坊，在彼此扶持中向着共同的目标前进。她也很好地平衡了家庭和事业的关系，游走在多个生活角色中。

上有90岁的老母亲，下有两个飞速长大的孩子，平时和丈夫经营着自家的旅馆和公司，还拥有自己的健身房。对乒乓球的热爱没有占据她生活的全部，她用自身的能量不断探索生活的边界。疫情造成的东京奥运会延期给了无数运动员沉重一击，无形地考验着他们的生理和心理素质。倪夏莲在听到这个消息后却做了一个异于常人的大胆决定："我要出去度假！"反正57岁和58岁也没什么两样，我难得有这样大段可以旅游的时间。在这一年，倪夏莲观察着世界的不同角落。玩摩托车、学潜水、徒步登山……一次次的探险让她更好地调整自身状态，愉悦自己的同时也让她更加坚定了内心的想法："我一直觉得，去当冠军、去打名次、去攀高峰……这些其实都不是我人生计划中最重要的。"乒乓球运动和生活是她的左右手，缺一不可，而享受奥运，也只是她享受生活的一部分。

无需奖牌，你就是冠军

在此次东京奥运上，倪夏莲是上海媒体争先采访的对象，她还在采访中俏皮地用流利的上海话和记者对谈。每当听到有关上海的事，她的心中便升腾起强烈的思乡情愫。在她的影响下，丈夫和儿女对上海已是熟门熟路，甚至在卢森堡的

携手（xiéshǒu）：手拉着手。

痴迷（chīmí）：形容沉迷的神情。

家里也用上海话交流。2019年参加世乒赛的倪夏莲面对央视镜头自豪地说："我是倪夏莲，土生土长的上海人。没有中国队的培养，就没有我的今天。站在世乒赛的赛场上，我感到很荣幸，能和中国队一起展示中国人的风貌。"

走在异国他乡的街上，都会有路人主动询问："奥运会准备得怎样了？"甚至在倪夏莲每年生日的那天，广播电台都会特意为她送上生日祝福。在外界对她的评价中，她最喜欢的一句便是"她是中国的女儿，卢森堡的媳妇"。虽为卢森堡效力，她也将自己看作国球球手的形象大使："无论是打球，还是生活中的一言一行，我都在展示中国人的形象。我很幸运可以利用乒乓球在世界各地展示中国人的**魅力**和风彩。"

"是时候结束了"这样的想法在她每次离开奥运村时都会产生，但每次也会被强烈的不舍所**遏制**："这种不舍一方面来自卢森堡体育部门诚心诚意地一次又一次的邀请，另一方面来自自己心中对乒乓球的不灭的热情。怎么训练，什么时候训练，在哪里训练，这些都由我自己来决定，他们对我的要求其实只有一个——继续打下去。在成绩方面也从来没给我压力。"

祖国给了她真正的底气，让她的优秀被看到、被肯定、被尊敬，也向世界展示着中国人的国球**荣誉**。奥运看点不仅是奖牌，运动健儿们所传递的体育精神才是强大的内核。正如现代奥林匹克之父顾拜旦所言："奥运会最重要的不是赢，而是参与。人生中最本质的东西，不是凯旋，而是奋力拼搏。"

58岁的倪夏莲跨越国别、跨越年龄，用自己的乒乓人生让这颗国球在世界转动。无论她未来还会不会出现在大众视野中，我们都会记住这位"上海老阿姨"。无论是为国、为梦抑或为爱，倪夏莲都找到了精神的"一席之地[6]"。这样的她，本身便是赢家。

魅力（mèilì）：很能吸引人的力量。

遏制（èzhì）：制止。

荣誉（róngyù）：光荣的名誉。

[6] 一席之地：意思是放一个席位的地方。比喻应有的一个位置。

读后练习

一、根据文章内容判断正误（正确的画"√"，错误的画"×"）

1. 倪夏莲被称为"上海老阿姨"是因为年龄大。（ ）
2. 在比赛中韩国选手很轻松地赢了倪夏莲。（ ）
3. 倪夏莲认为参加比赛年龄和金牌不重要，重要的是拼搏。（ ）
4. 倪夏莲的家人都参与了她的比赛过程。（ ）
5. 倪夏莲计划年龄再大一点就不继续参加比赛了。（ ）

二、根据文章内容回答下列问题

1. 你认为倪夏莲最宝贵的品质是什么？
2. 为什么说倪夏莲"不是独自战斗的孤行者"？
3. 为什么说倪夏莲"本身便是赢家"？

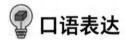 口语表达

辩论

现代奥林匹克之父顾拜旦说："奥运会最重要的不是赢，而是参与。人生中最本质的东西，不是凯旋，而是奋力拼搏。"

1. 每组分别选择 A 或者 B。

> 观点 A：参加奥运会就是要拿金牌。
>
> 观点 B：参加奥运会金牌不重要，重在参与。

2. 每组陈述自身的观点，并阐释原因。
3. 两个小组就对方观点陈述中的不同意见进行回应以及反驳。
4. 在一组展示过程中，其他小组关注其完成情况，注意辩手对语言形式的掌握、辩论技巧的表现等，评出最佳辩论小组和辩手。

话题阅读 3-3

停止"内耗"[1] ①

10年前我在北京报社上班时,有过一次难忘的经历。有一天上午开会,我没有准备,被领导问及采访一位重要人物的关键问题,没能答上来。虽然领导和同事没说什么,但从他们的眼神和动作中,我貌似察觉了很多隐藏的意思。然后不知不觉就往自己身上联想。他刚瞄了我一眼,是不是在看我笑话?领导**皱**了眉头,不会是对我有想法了吧?

带着各种心思和情绪,我**熬**到了下班。回家后躺在床上,原本已经关灯准备睡觉,但一想到今天在会上的表现和明天要面对的采访,忽然又变得很**焦虑**。翻来覆去,到了凌晨2点也睡不着。第二天的采访成了我记者生涯中的一个失败案例。经过这件使我内心感到极度煎熬和**自责**的事之后,我长期处于亚健康[2]状况。身体不好,内心焦虑,陷入了长久的自我贬低之中。我知道,再这么下去,会往更严重的方向发展,比如**抑郁**、社交障碍……之后我通过阅读相关书籍,明白了这是典型的精神内耗。心理学上把这种现象叫作"过度思虑"(overthinking)。它不但会耗尽你的精力,降低你的行动力,让你感到疲惫不堪,还会降低你对生活的满意度和幸福感,甚至影响你对自己存在意义的认知。

最近在书里看到一个故事,叫《一位校长的怪病》。这位校长就陷入了严重的精神内耗。校长原本头脑冷静,适应力也很强,可有一天忽然病倒了。整个人**头晕目眩**,只有躺下能让他觉得好一点。每当他试着坐起来的时候,头晕就会加重,甚至呕吐。原来,校长碍于面子,答应给朋友做贷款担保,

皱(zhòu):起皱纹。

熬(áo):忍受(疼痛或艰苦的生活等)。

焦虑(jiāolǜ):着急忧虑。

自责(zìzé):自己责备自己。

抑郁(yìyù):忧闷,心情很不舒服。

头晕目眩(tóuyūn-mùxuàn):头脑发晕,眼睛昏花。

[1] 内耗:社会或部门内部因不协调、闹矛盾等造成的人力、物力的无谓消耗。

[2] 亚健康:一种介于健康与疾病之间的状态。身体虽然没有明显疾病,但感觉到生理机能衰退、代谢水平低下。主要表现为疲乏无力、失眠多梦、烦躁易怒、注意力不集中或记忆力下降等。也作"第三状态"。

---

① 洞见. 停止"内耗"[EB/OL]. (2021-11-09) [2022-07-20]. https://baijiahao.baidu.com/s?id=1715956984709665579&wfr=spider&for=pc. 有改动。

但担保完后,校长后悔不已:"这笔贷款数目太大,我一直很犹豫,可我不能拒绝他,因为他是我的好朋友。但如果他还不起钱怎么办?那我所有的存款和房子岂不是都要化为乌有[3]了?"在巨大的不安与焦虑中,校长病倒了。去医院,医生也束手无策。但神奇的是,当朋友来探望他,告诉他已经还清了银行贷款时,校长一下就康复了,第二天就生龙活虎地去上班。校长担忧的所有事,一件都没发生,但他的内心上演了一部大戏。其实很多时候,一个人身体状况不好,很有可能和思虑过度有关。就像《装在套子里的人》的主人公一样,他总认为生活会出现乱子。所以他出门时,即使是晴朗的天气,也会带上雨具,穿好鞋套和大衣。他常活在自己臆想[4]的担忧里,最后在忧虑中逝去。世界卫生组织的研究表明,世界上90%的疾病都和情绪有关。中医也说,怒伤肝、喜伤心、思伤脾、忧伤肺、恐伤肾。精神一旦变得消极不安,就会对我们的身心健康造成一定的危害。人,千万不能让心生病。

知乎[5]上有人问:"养生的最高境界是什么?"获得最多赞的回答是:"养心。"现代人的养生方式多种多样,其实真正的养生在于养心。精神内耗小的人,会觉得生活越来越轻松;精神内耗大的人,会觉得生活越来越痛苦。不停止内耗,所有的养生都是徒劳的。看过一个故事:一位母亲一直在家做全职妈妈,照顾三个孩子,她总说自己一无是处:"我总是对孩子大吼大叫,我是最差的妈妈,我不配有孩子!"实际上呢?她经常陪孩子踢足球、玩游戏、做功课。她做得一手好菜,做家务也很有条理。可她生性敏感、自卑、悲观,对自己十分**苛刻**。长期的自我否定让原本健康的她出现了抑郁症状。不得不说,过于内耗的人,真的活得太辛苦了。曾在知乎上看到过一位网友的自述,她偶然加了一位让她非常崇拜的前辈的微信。一开始两个人聊得很愉快,可突然对方就不回她消息了。她就开始胡思乱想,觉得是不是自己说错什么话了,或是和自己聊天太无趣了,所以前辈不想再搭理

苛刻(kēkè):(条件、要求等)过高,过于严厉。

[3] 化为乌有:变得什么都没有。指全部消失或完全落空。

[4] 臆想:主观想象。

[5] 知乎:网络问答社区,连接各行各业的用户。用户相互分享彼此的知识、经验和见解,提供多种多样的信息服务。

自己了。可一个多小时后，她收到了前辈的微信："不好意思，刚刚手机没电了。"

杨绛曾说："我们曾如此期盼获得外界的认可，到最后才知道——世界是自己的，与他人毫无关系。"年纪越大越明白，其实一直和自己斗争的不是外界或他人，而是那个高敏感、低自尊、有完美主义倾向的自己。俗话说："破山中贼易，破心中贼难。"学会接纳自己，停止内耗，是一个人最好的生活方式。

柳宗元有一篇文章叫《蝜蝂（fù bǎn）传》。蝜蝂，是一种爱背东西的小虫。爬行时，无论遇到什么，都会放在背上，直到不堪重负跌倒摔死。很多人活得不幸福便是因为像蝜蝂一样，自己给自己太多压力，陷入内耗的怪圈。久而久之，内心的**包袱**越来越重，前进的脚步也越来越慢。下面我给大家几个停止内耗的建议。

立即行动，别犹豫不决。日本作家松浦弥太郎说："所谓人生困境，不过是你胡思乱想、自我设置的枷锁。"

琼斯是美国一家报社的普通记者。一天，上司叫他去约访大法官布兰德斯，琼斯连忙拒绝，并列举出一大堆不去采访的理由："不行不行！他根本就不认识我！我只是个无名小卒，经验不足，对方或许不会见我……或许别人去了会比我表现得更好，我还是别去了……"上司瞥了她一眼，拨通了对方的电话："你好，我是记者琼斯，我奉命采访布兰德斯法官，不知道他今天能否接见我几分钟？"琼斯一听，惶恐地说："他不会答应的！我的能力还不能采访他。"这时，电话那头传出声音："1点15分，请准时。"琼斯听后，愣在原地，他怎么也没想到自己反复挣扎、纠结很久的事情，对方竟想也没想就答应了。人生不像做菜，不能等所有材料都准备好了才下锅。停止对困难的**恐惧**，放下心中的执念，行动起来就能战胜一切内耗。

活在当下，别思虑太多。曾国藩年轻的时候极度焦虑，产生了严重的精神内耗。他为让自己减少胡思乱想，专门在

包袱（bāofu）：比喻影响思想或行动的负担。

恐惧（kǒngjù）：惧怕。

日记中写下了一句话，用以警示自己："物来顺应，未来不迎，当时不杂，既过不恋。"该读书的时候，就好好读书，心里不要想着还要见客人；该会见客人的时候，则专心接待客人，心里不要还想着读书的事。事情没发生之前不患得患失，如果事情来了，就坦然面对。

坚持运动，别**透支**身体。看过这样一句话："精神力要受体力的保护。"当我们有一个健康的身体，才有能力去安抚自己的精神。若身体一团糟，那只会给自己的精神增加负担。运动可以帮你排除身体和情绪的毒素，治愈疲惫的**灵魂**。有句老话说"晚上想想千条路，早上醒来走原路"，人生最痛苦的莫过于在坚持和放弃之间煎熬。好的人生，是从停止内耗去做真正有价值的事情开始的。从今天起，时刻提醒自己：物来顺应，未来不迎，当时不杂，既过不恋。

透支（tòuzhī）：存户经银行同意在一定限额之内提取超过存款数字的款项。这里比喻精神、体力过度消耗，超过所能承受的程度。

灵魂（línghún）：心灵；思想；人格。

读后练习

一、根据文章内容填空

1. 世界卫生组织的研究表明，世界上90%的疾病都和_____有关。中医也说，怒伤_____、喜伤_____、思伤_____、忧伤_____、恐伤_____。

2. "过度思虑"（overthinking）不但会耗尽你的_____，降低你的_____，让你感到疲惫不堪，还会降低你对生活的_____和_____，甚至影响_____。

二、根据文章内容回答下列问题

1. 养生的最高境界是什么？
2. 作者提出的停止内耗的建议包括哪几个方面？

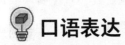 口语表达

自由谈

结合文章内容，谈一谈你对下面两句话的理解。

物来顺应，未来不迎，当时不杂，既过不恋。

——曾国藩

我们曾如此期盼外界的认可，到最后才知道——世界是自己的，与他人毫无关系。

——杨绛

演讲

1. 分小组以"什么是健康生活"为题，准备演讲内容，由其中一位同学代表本小组进行演讲。

2. 演讲内容充实具体，结构严谨；演讲者吐字清晰，表达流畅自然，语速恰当，举止得体。

3. 在一个小组展示过程中，其他小组关注其完成情况，注意演讲者对语言形式的掌握、演讲技巧的表现等，最终评出最佳演讲小组和个人。

话题阅读 3-4

生活中最值得坚持的 18 件小事[①]

作家毕淑敏说:"认真做好眼前的每一件事,你想要的都会有。"天下大事必作于细,小事做好也可以成就大事。好的人生需要经营,还需要养成一些好习惯,打牢生命的基础。成功从不是一蹴而就,而是厚积薄发。今天,和大家分享生活中最值得坚持的 18 件小事。别忽视做好小事的力量,默默努力的时光,终会让你发光。

早睡早起,保持充沛体力

快节奏的生活让夜晚如同白昼一样明亮。劳作了一天的人们总是舍不得属于自己的夜晚时光。殊不知晚上精神,白天萎靡。你透支的每个夜晚,以后都要加倍偿还。有研究表明:如果连续两周每天少睡 2 小时,大脑的认知功能就会降低。熬夜一晚,需要一周左右的时间才能恢复学习和记忆水平。失去的睡眠时间无法弥补。唯有规律作息,才有充沛体力。日出而作,日落而息。生活井然有序,从坚持早睡早起、规律作息开始。

充沛(chōngpèi):充足而旺盛。

遭殃(zāoyāng):遭受灾殃。

朴素(pǔsù):(颜色、样式等)不华丽;节约,不奢侈。

按时吃饭,认真对待一日三餐

老话说得好:"早吃饱,中吃好,晚吃少。"一日三餐,一顿也别少。但生活中,太多人不重视吃饭,搞不清工作和生活的重点。有人因为工作忙碌,没时间吃饭,结果把自己送进了医院。有人因为减肥,不敢多吃饭,结果没有变瘦,反而体重越来越重。饮食不注意,身体就**遭殃**。食物是身体能量的补给站,吃好吃饱,精神更好。平凡**朴素**的生活需要

[①] 子不语. 生活中最值得坚持的 18 件小事 [EB/OL].(2022-07-19) [2022-07-21]. https://mp.weixin.qq.com/s/SwV7dEMgCBECgTn4lWaB8g. 有改动。

热气腾腾的饭菜暖心暖胃。

坚持阅读，持续输入知识

读书是**拓宽**视野的捷径。人人都知读书好，但能坚持的真不多。有人算过这样一笔账：每天阅读10页书，一年就是3650页。每本书按300页来算，一年就读了12本书。一页页读书，养成阅读的习惯；一次次思考，发现思维的成长；一点点进步，相信时间的力量。平凡如你我，不妨借助书籍看更宽广的世界。

记录生活，捕捉美好瞬间

坚持记录生活的人都在用心经营自己的日子。等一朵花开，珍惜转瞬即逝的美好；拍一次晚霞，分享日常所见的景色；写一篇日记，记录平凡一天的幸福……和自己积极对话，**拯救**所有不开心。分享遇到的风景，提醒自己要知足。不把抱怨的话挂在嘴边，学着欣赏生活。没事时多存储一些幸福的回忆吧，那是你伤心难过时的解药。

拓宽（tuòkuān）：开拓使宽广。

瞬间（shùnjiān）：转眼之间。

拯救（zhěngjiù）：救。

坚持运动，拥有好身体

钟南山医生曾因一张照片引起热议。照片中，80多岁的他身体健壮，完全没有疲态。而这一切都源于他的生活习惯。不管工作多忙，他都会抽出时间做40～50分钟的运动。他说："锻炼就像吃饭，坚持了一辈子！"运动一时累，但一直锻炼，一生受益。有空时，在小区楼下跑跑步、房间里跳跳操、骑车、步行……这些都是不错的选择。现在好好运动，以后远离病痛。

定期体检，重视健康

人吃五谷杂粮，没有不生病的。身体这个机器，不要等零件坏了再去修理。小病不去治，大病就不好治，定期体检很有必要。长期处于生活和工作的高压下的人，很多都处于亚健康状态。到了40岁以后，各项身体机能逐渐退化，**潜在**疾病风险上升。要定期体检，时时注意自己的身体健康情况，及时调整。

热爱学习，让人生多一种选择

人生，努力提升自己永远比仰望别人有意义。羡慕别人不如深耕自己。鸟欲高飞先振翅，人求上进先学习。唯有保持终身学习的姿态，才能避免原地踏步。比金钱更重要的是时间，比时间更重要的是成长。汲取知识，能拓宽生命的边界，丰富自己的头脑。多学一种技能，还能提升抵御风险的能力，让人生多一种选择。

接触新事物，获得一份新体验

网上有人问：人是什么时候开始变老的？有个回答是：对这个世界停止了探索，把余生的每一天都过得如同一天。日复一日重复，活着如同死去。视野仅限眼前，生活也没有新鲜感。人生有限，更应多多体验。**繁华**人间，都去尝试一下才不会留下太多遗憾。不要把自己困在一方天地白白浪费了生命。当你试着接触新事物的时候，每一天都是全新的。

定期复盘[1]，总结经验教训

经历的宝贵之处在于能变成经验，为以后的人生铺路。学会定期复盘，吸取失败的教训，积累成功的方法，这样的人生更高效。每天睡前几分钟躺在床上回顾这一天发生的事情，问问自己有什么地方做得不对，需要改进优化；什么事

潜在（qiánzài）：存在于事物内部不容易被发现或发觉的。

繁华（fánhuá）：（城镇、街市）兴旺热闹。

[1] 复盘：一种贸易术语，通常用于项目或活动结束后，对已经进行的项目进行回顾，对经验和教训进行总结。

话题三　健康生活

做得对，可以继续推进。坚持一段时间，你会发现错误越来越少，事情越做越好。复盘是进步的捷径，改变是提升的关键。

经常反思，在思考中实现自我成长

乔布斯曾在一次演讲中说："33 年来，我几乎每天都会反思，是它帮助我战胜了自己的本能。"后来，他无论是公司遇到危机，还是被**驱逐**出董事会，都没有**消沉颓废**，而是在不断找自身原因。在一次次纠错中，补足自身短板，成就更好的自己。静坐常思己过，闲谈不论人非。怨天尤人，推卸责任，不进反退；善于自省，勇于纠错，突飞猛进。人贵自知，而后自省，最后自律。

学会理财，合理规划收入和支出

挣钱很辛苦，花钱需谨慎。生活中，钱虽不是万能的，但没钱是万万不能的，它是你抵抗生活风险的保护伞[2]，是你安全感的来源。钱不仅是挣出来的，也是管理出来的。养成记账的好习惯，学会开源节流，不乱花钱。定期存钱，积累财富，也是存下以后的生活保障。手中有钱，心中不慌。取之有度，用之有节，则衣食无忧。

懂得调节，让情绪保持在稳定的状态

酸甜苦辣是生活的滋味，喜怒哀乐是人的正常情绪。唯有懂得调节自己，才不会坠入负面情绪的深渊，形成内耗。试着做情绪的主人，时时调整心态。遇到烦心事，冷静几秒钟，不冲动才不会犯错。先解决情绪，再处理问题，理智应对才是上策。生气忍三刻，凡事等三天。情绪稳定，生活才稳定。

直面问题，逃避并不会让问题消失

有句话说得好："幸福不是人生常态，痛苦才是。"过日子就是处理一个问题接着一个问题。有时，还不给你准备时间，危机迎面而来。选择**逃避**，问题不仅不会消失，还会像滚雪球一样越滚越大。等拖到不得不处理的时候，人会身

生词

驱逐（qūzhú）：赶走。
消沉（xiāochén）：情绪低落。
颓废（tuífèi）：意志消沉，精神不振作。
逃避（táobì）：躲开不愿意或不敢接触的事物。

注释

[2] 保护伞：比喻赖以不受伤害的资本，是保护某些人或某一势力范围，使其利益不受损害或不受干涉的力量。

心俱疲。真正聪明的人，从来不会将逃避当作解决问题的办法。他们知道困境未必是绝境，那也是生活对自己的历练。唯有迎难而上，困难才能迎刃而解。

专注于自身，不攀比

生活的烦恼一半来自生存，一半来自攀比。尺有所短，寸有所长，不要总用别人的尺子衡量自己的生活。当你羡慕别人的时候，可能也有人正在羡慕你。记住，人生是一场特殊的马拉松，每个人的赛程不同、节奏不同，根本没有可比性。与其盲目攀比，不如欣赏自己。幸福的人总能看到自己拥有的；不幸的人只能看到别人拥有的。人啊，不要总想着自己没有的，要多想想自己有什么，惜福才有福。

保持独立，有自己的思考和想法

一个人最重要的能力是什么？是独立思考的能力。尤其是在这个信息爆炸的时代，人们更需要有自己的判断。从众是一种本能，但人云亦云，很容易被别人牵着鼻子走[3]。成大事者不从众，始终保持独立思考，有自己的见解和认知。人生只有一次，不要随波逐流，照抄别人的答案。唯有听从内心的声音，遵从本心的选择，才能活出自我。

不依附他人，找到属于自己的生活节奏

有人三分钟泡面，有人三小时煲汤。人和人的生活节奏不一样，不必焦虑，不必慌张。在人生的漫长赛程中，慢一步不算慢，快一步不算快。我们需要百米**冲刺**的精神，更需要匀速前进的耐心。不要因为别人的节奏扰乱自己的生活秩序。真正有价值的生活，是找到属于你自己的生活节奏。当快则快，当慢则慢。不要依附别人，只要走好脚下每一步，也能靠自己得到稳稳的幸福。

懂得规划，有方向的努力更容易完成目标

哲学家康德说："没有目标而生活，恰如没有罗盘而航行。"

冲刺（chōngcì）：赛跑临近终点时全力向前冲，比喻接近目标或快要成功时做最大的努力。

[3] 牵着鼻子走：俗语，牛总是被人牵着鼻子走的。比喻受人支配，盲目地听命于人。

话题三　健康生活

生词

拖延（tuōyán）：把时间延长，不迅速办理。

注释

[4] 巧劲：巧妙的手法；也指凑巧的事。

[5] 铁杵成针：比喻只要有毅力，肯下苦功，事情就能成功。

生活中，有很多人低头赶路，埋头苦干，不懂得抬头看方向。总以为越努力越幸运，结果却是年复一年，庸庸碌碌，一事无成。不懂规划，往错误的方向努力，就是在南辕北辙，最终只会事与愿违。比努力更重要的，是明确努力的方向。做任何事，都要学会化蛮力为巧劲[4]。凡事提前规划，定好目标，事半功倍。

管理时间，提高学习和工作效率

每个人一天都只有 24 小时，人与人之间最大的差距在于你如何利用时间。有人把 24 小时过成 48 小时，而有人只能过成 1 小时，还抱怨时间不够用。懂得管理时间的人才会收获更多。早起，简单规划并安排好一天的事项，列好清单，按重要程度分出优先等级。要把最高效的时间段用于最重要的事情，才能出成绩。晚上，对完成情况复盘总结，找出适合自己的时间分配方式。用好你的 24 小时，别让**拖延**毁掉你的人生。

坚持是这个世界上最简单同时也是最困难的事情。滴水穿石，铁杵成针[5]，千万别小看坚持的力量。一年过半，还有多少目标没有实现？一生过半，还有多少心愿没有完成？别给自己找借口，也别给人生留遗憾。人生只有一次，请试着坚持做好这 18 件小事。相信一段时间后，你会收获意想不到的惊喜。

读后练习

一、根据文章内容填空

1. 成功从不是_____，而是_____。

2. 日出而作，_____。生活井然有序，从坚持早睡早起，_____作息开始。

3. 老话说得好："早吃_____，中吃_____，晚吃_____。"

4. _____是进步的捷径，_____是提升的关键。

二、根据文章内容选择正确答案（单选）

1. 根据作者的意思，遇到烦心事，不应该怎么做？（　　）

    A．冷静几秒钟

    B．理智应对

    C．先解决情绪，再处理问题

    D．冲动处理

2. 根据文章内容，一个人最重要的能力是什么？（　　）

    A．学习能力

    B．独立思考的能力

    C．创新能力

    D．沟通能力

3. 作者认为真正有价值的生活是什么样的？（　　）

    A．轻松快乐

    B．艰难前行

    C．找到属于你自己的生活节奏

    D．获得成功

4. 文中认为比努力更重要的是什么？（　　）

    A．勤奋

    B．机会

    C．别人的帮助

    D．明确努力的方向

三、根据文章内容回答下列问题

1. 文中认为，我们为什么要热爱学习？

2. 为什么要定期复盘？可以怎么复盘？

3. 如何让情绪保持稳定？

4. 文中认为攀比能获得幸福吗？为什么？

口语表达

自由谈

1. 文章中提到的 18 件小事你做过几件？哪几件事情你做得最好？为什么？
2. 你认为这些小事中哪几件是最难做到的？为什么？
3. 你认为独立思考的能力在一个人成长的过程中能起到什么作用？
4. 你能做到知足常乐，不与他人攀比吗？试举例说明。
5. 你能很好地控制你的情绪吗？试举例说明。

写作训练

> "坚持是这个世界上最简单同时也是最困难的事情。
> 滴水穿石，铁杵成针，千万别小看坚持的力量。
> 一年过半，还有多少目标没有实现？
> 一生过半，还有多少心愿没有完成？
> 别给自己找借口，也别给人生留遗憾。"

阅读以上材料，结合所学所思，请以"坚持"为题，写一篇 400 字左右的文章，对自身所持观点进行论证并阐述理由；题目自拟。

拓展阅读

女排精神：不止于"夺冠"

话题四

婚育与家庭

话题四　婚育与家庭

导言

随着中国家庭结构、人口流动和社会观念的变化，青年的婚恋观念从保守逐渐向开放转变，这些转变在相亲角里展现得尤为明显：父母将孩子的年龄、学历、户口、收入、工作等条件一一列出，以寻求最佳匹配，青年婚恋问题开始进入"公众视野"。近年来，中国老龄人口所占比重逐年攀升，老龄化程度也日渐加剧，而老年人的心理健康问题也日益凸显。为了积极应对人口老龄化，中国政府对生育政策进行了战略调整。2021年5月，中国全面放开三孩生育，独生子女政策退出历史舞台。但当职场女性生育三胎时，她们会面临怎样的困境？

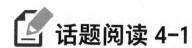
话题阅读 4-1

都市相亲背后的现代性焦虑①

每逢周末和法定节日，上海市黄浦区南京路附近人民公园的北角人头攒动，熙熙攘攘。一群中老年人三三两两，或立或坐，以品评的目光相互打量。这些人或是拿着写满信息的纸牌四处游走，或是站在自己的"摊位"前面。这里就是上海相亲角——一个特殊的公共聚会场所。

相亲角中上演的并不是"剩男剩女"的戏码，真正的主角是他们的父母——当年的"知青[1]一代"。市场化对日常生活的浸润，以及国家对住房、医疗、教育等社会保障性领域的改制，迫使城市居民凡事依靠自己的程度达到了前所未

注释

[1] 知青："知识青年"的简称，中国特定历史时期人群的称谓。指从1968年代开始一直到1978年代末期自愿从城市到农村和农垦兵团务农或建设保卫边疆的年轻人，这些人中的大多数实际上只接受了初中或高中教育。

---

① 吴小英. 都市相亲背后的现代性焦虑 [N/OL]. 中国社会科学报，2013-03-18 [2022-07-15]. https://epaper.csstoday.net/epaper/read.do?m=i&iid=4302&eid=25323&sid=114508. 有改动。

有的高度，父母们的集体性焦虑在相亲角中展露无遗。

现代性焦虑的呈现有许多面向，对现阶段尚处于转型期的中国社会来说，常常表现为相互纠结的两个方面：一是担心被奔驰而过的现代化这驾马车抛在身后，继而永失机会的恐慌感；二是坐上这驾马车后，无法控制的节奏和欲望对个体梦想和精神家园的**侵蚀**造成的失落感。这种**悖谬**的情境，实际上呈现的是传统与现代的张力所带来的紧张关系和总体上的不安全感。

生词

侵蚀（qīnshí）：逐渐侵害使变坏。

悖谬（bèimiù）：不合道理。

"白发相亲"呈现中国式的现代性焦虑

西方晚近的社会学家将现代人的这种尴尬处境归结为对风险产生的不确定性和焦虑感，其核心在于现代人自我认同的危机。在风险社会中，个体究竟应如何应对才可自保？如何在理性算计的同时保持个体的自主性和相对自由？在传统的家庭或婚姻关系模式变得脆弱的今天，如何在个人自主与持久稳定的亲密关系中建立起协调与均衡？这些让许多中国人在对人生进行规划时变得谨小慎微、患得患失，也使得普通民众对于媒体所追问的"你幸福吗？"只能做出模棱两可[2]的回答。

孙沛东在《谁来娶我的女儿：上海相亲角与"白发相亲"》（中国社会科学出版社，2012年）一书中，将现代中国人的这种生存处境归纳为"中国式焦虑"。与以往有关择偶和婚恋现象的同类研究最大的不同是，该研究对上海某公园的人气相亲角以父母为主体的"白发相亲"现象进行田野调查，

注释

[2] 模棱两可：对一件事情没有明确的态度或主张，这样也行，那样也行。

在此基础上，将都市相亲现象置于中国社会结构整体变迁以及现代化转型的视野中，从而摆脱了既往的婚恋主题研究局限于个体的性别与家庭价值观的**狭隘**视角。在作者看来，上海相亲角中许多父母发出的"谁来娶我的女儿"这一呼号背后，难以**按捺**与排解的正是这种"中国式焦虑"。

"门当户对"与"条件先行"

相亲角在该项研究中不仅仅代表了一种新型的、市场化的择偶平台，同时也是展示阶层、**代际**、性别、户口、地域文化等不同社会结构差异与冲突的微观世界。它是一个舞台，用来观察中国社会变迁，尤其是市场化转型给普通民众日常生活带来的冲击和影响，并展示这些普通民众通过婚恋选择过程和偏好所体现的个体和家庭的应对策略。相亲过程**蕴含**各种复杂而微妙的权力关系，如白发相亲者之间的斗智斗勇、男孩女孩婚房问题上的潜规则及本地家长的"上海中心主义"等。这恰恰揭示了普通民众对"门当户对"观念的追捧，也就是作者所谓的"同质婚[3]的回潮"现象。与之相联系的是两个重要的社会变迁趋势：一是转型期社会结构开放度的降低和阶层的固化；二是家庭越来越成为抵御个人风险的共同体。

这种分析为时下各类"条件先行"的媒体征婚秀、网络或民间相亲活动的风行提供了某种合理性依据。上海相亲角上演的白发相亲剧，首先意味着当事者对传统"门当户对"观的默认或首肯，因而相亲角的未婚男女和他们的父母实际上形成了"共识"。在获得普遍共识的以"条件对""有感觉""谈得拢"为准则的"找对象"文化中，两代人的差异仅在于对构成门户条件和个人身份条件的指标体系的认可度偏差，年轻人更强调个人主观感受性，即"看对眼"或"有眼缘"。因此，现代都市人在风险社会中对于婚姻规划的精妙算计，隐含了理性化需求与个体化情感之间的分离或**相悖**。

狭隘（xiá'ài）：宽度小。
按捺（ànnà）：向下压，多比喻控制（情绪）。
代际（dàijì）：两代人之间。
蕴含（yùnhán）：包含。
相悖（xiāngbèi）：相违背。

[3] 同质婚：从教育水平、阶层、种族、种姓或经济地位等相同或相似的阶层群体中挑选配偶，这种门当户对式婚姻匹配，被称为"同质婚"。简单来讲就是相似的人组成家庭。

用市场方式无法解决情感问题

该研究将上海相亲角"人气旺"而"效率低"的原因更多地归结于代际因素和市场化因素，认为"白发相亲"是有过特殊经历的父辈试图帮助其子辈解决婚恋问题，而这两代人有着他们"各自的怕和爱"。作为"50后"的"知青一代"父母，坎坷的个人经历导致他们对子女婚姻的集体焦虑，而"试图以一种市场的方式去解决情感的问题"注定了结果的失败。事实上，这些表面上源自代际**鸿沟**或市场风险的无效算计和匹配，并非仅属于"知青一代"和他们的子女。随着"90后"群体逐渐步入传统婚恋年龄，越来越多的"60后"也加入了此类父母群体，他们共同的担忧是害怕子女因"被耽误"而被甩出主流生活轨道，媒体与大众文化中"剩男剩女"话题的长盛不衰就是明证。它指向身处现代性焦虑中的年轻人的内心冲突：结婚，还是不结婚，这是个问题。

鸿沟（hónggōu）：比喻明显的界线。

中国学者关于家庭和婚姻的研究长期以来形成了一种习惯，即将选择婚姻作为不加考证的前提，而将不婚作为社会问题。因此，有关婚恋问题的研究，很少追问被访者这样的问题：为什么要结婚？想过不结婚吗？若我们放眼世界，随着家庭功能的变迁、传统家庭价值观的衰落及对个人情感和自主性的强调，有关家庭危机的呼声及家庭何去何从的讨论，早在20世纪末或更早就已经开始。尽管这一问题在学界至今仍争论不休，但一个明显的趋势是，世界范围内家庭和婚姻的形式越来越多样化。中国社会近30年来家庭和婚姻模式的变迁也呈现出同样趋势，除核心家庭外，单亲家庭、丁克家庭、空巢家庭等多种形式的家庭不断涌现。对年轻一代来说，在这个充满风险和压力却又崇尚个体和多元化生存方式的时代，结婚与否成了一个需要追问、思考、权衡和选择的个体化过程。

都市相亲角聚集的是单一地追求以结婚为目标的人群，因此《谁来娶我的女儿：上海相亲角与"白发相亲"》并未将婚还是不婚作为问题列入考察范围。虽然访谈中也涉及个别独身或不婚的被访者，但作者只是借助材料讨论了所谓主动单身和被动单身的问题，分析了现代"三高"女性[4]遭遇的择偶困境，重点分析通向传统婚姻道路上的难，即婚姻之"不可得性"，而没有探讨与"剩女"问题紧密相关却常常被忽略的另一个问题，即婚姻之"不可欲性"，因此也无法解答为何那些认为"干得好不如不嫁"的女性，却常常被认为"有一颗恨嫁[5]的心"。该书作者在接受一家媒体采访时曾谈道："'剩女'只是被社会建构的一个伪命题，其背后隐含一个二元对立的性别价值体系：男主外，女主内。'剩女'话题的盛行，彰显了作为规制手段的婚姻和家庭的权威。"这种权威在现代性的重压下是否面临崩塌的风险？作为规制手段，在年轻一代又将对其做怎样的**解构**？在这个过程中，国家、市场、家庭及个人各自充当着怎样的角色，拥有什么资源而又应采取怎样的行动策略？这些或许是更需要深入探究的问题。因此，都市相亲角带给我们的不仅是关于现代性的思考，也为日常生活研究提供了进一步探讨的空间。

解构（jiěgòu）：对某种事物的结构和内容进行剖析。

[4]"三高"女性：拥有高学历、高收入、年龄大的职业女性。

[5]恨嫁：恨不得早日出嫁。

读后练习

一、根据文章内容填空

1. 孙沛东在《谁来娶我的女儿：上海相亲角与"白发相亲"》一书中，将现代中国人的这种生存处境归纳为_____。

2. 现代性焦虑的呈现常常表现为相互纠结的两个方面：一是担心被现代化抛在身后，继而永失机会的_____；二是无法控制的现代化节奏和欲望对个体梦想和精神家园的侵蚀造成的_____。

3. 中国社会近30年来家庭和婚姻模式发生了很大变化，除_____之外，单亲家庭、_____、_____等多种形式的家庭不断涌现。

二、根据文章内容判断正误（正确的画"√"，错误的画"×"）

1. 有关家庭危机的呼声及家庭何去何从的讨论21世纪才开始出现。（　）
2. 国内学者长期把选择婚姻作为不加考证的前提，而将不婚作为社会问题。（　）
3. 相亲角的未婚男女和他们的父母并不会达成"共识"。（　）

三、根据文章内容回答下列问题

1. 上海相亲角"人气旺"而"效率低"的原因是什么？
2. 相亲过程蕴含各种复杂而微妙的权力关系，如男孩女孩的婚房问题及本地家长的"上海中心主义"等，背后揭示了普通民众的什么心理？

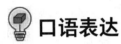口语表达

自由谈

1. 在你们国家，如果子女大龄未婚，父母会焦虑并催婚吗？
2. 在你们国家，未婚男女采用相亲的方式谈恋爱普遍吗？相亲的方式有哪些？
3. 你认可"相亲"这种恋爱形式吗？

话题阅读 4-2

新兴家庭情境影响老年人心理健康[1]

2001年，65岁以上人口超过7%，中国进入老龄化社会。2022年，65岁及以上人口占比可能超过14%，这意味着，中国步入了深度老龄社会。变老意味着什么？对个人而言，它意味着身体的衰老，意味着罹患多重疾病的可能，意味着更少的收入、更沉重的照护负担。对社会而言，人口学家和经济学家常常使用老年人口抚养比的概念描绘未来的图景。老年人口抚养比指每100名劳动年龄人口要负担多少名老年人。2020年，中国的老年抚养比为19.7%，预计2050年将突破50%。[2]

近年来，中国养老模式不断完善，但受传统价值取向的影响，居家养老依然是当前老年人选择的主要养老形式。因此，家庭环境对于老年人心理健康的影响尤为重要。例如，关于空巢老人[1]心理健康的研究显示，空巢老人的心理健康水平要低于非空巢老人，这其中最关键的因素就是空巢家庭情境的影响。

隔代抚养、失独[2]、啃老[3]：三种新兴家庭情境

随着中国社会的发展，一些新兴家庭情境的出现给老年人的心理健康提出了新的挑战。

一是隔代抚养情境。国外研究显示，隔代抚养对于老年人的消极影响较为明显。相比而言，国内研究者对该群体的

[1] 空巢老人：一般是指子女离家后独居的中老年人。

[2] 失独：指由于独生子女意外亡故引发的家里老人养老送终成问题的社会现象。

[3] 啃老：指已成年的年轻人由于不思进取，不想努力而选择靠父母供养的社会现象。

---

[1] 张田. 新兴家庭情境影响老年人心理健康 [N/OL]. 中国社会科学报，2017-11-27 [2022-07-18]. https://epaper.csstoday.net/epaper/read.do?m=i&iid=5198&eid=34244&sid=158375. 有改动。

[2] 徐菁菁. 规划老年 [EB/OL]. （2022-06-16）[2022-07-16]. https://www.lifeweek.com.cn/article/164458.

关注较少。在已有的研究中，学者基于访谈而进行的研究显示，老年人在隔代抚养关系中的心理状态各不相同，既有积极的心理状态，也有消极的心理状态，还包括矛盾的心理状态。这种心理状态的差异受多重因素的影响，其中家庭关系是关键因素。

国外研究认为隔代抚养对于老年人的心理健康不利，而中国国内研究则认为，隔代抚养对于老年人心理健康的影响不能**一概而论**。这种差异可能源于中西方家庭观念的差异，西方的家庭讲求独立性，老人对于成年子女和孙辈并无法定或**伦理**上的抚养责任。而在中国，家族取向是中国人社会取向的主要内涵之一。子女在抚养下一代问题上对于老年父母的依赖，能使老人感受到存在的价值，这也是他们拥有积极心态的重要方面。

但部分老年人在隔代抚养关系中依然存在消极心态。社会和家庭都应给予更多的关注。有学者指出，政府和社会给予的经济帮扶、疾病诊疗、心理咨询等对于隔代抚养关系中的老年人有着明显的积极作用。此外，构建积极的家庭关系也是帮助隔代抚养关系中的老年群体建立积极心态的重要途径。

二是失独情境。"失独"对于老年群体而言是一个巨大的冲击，其中，最为明显的是对该老年群体心理上的打击，主要表现为焦虑和抑郁情绪明显、社会支持度偏低、严重**更年期**综合征等，甚至出现包括创伤后应激障碍（PTSD）等在内的严重精神创伤。

此外，失独家庭的家庭功能受损也是不可忽视的问题。一方面，家庭结构的变化导致失独家庭的核心功能受损，子女的去世导致家庭对于子女的抚育功能无法实现；"失独"导致家庭经济功能受损，或因为缺少了子女收入的来源，或因为子女去世而负债累累，或老人因为精神创伤而无法继续工作。另一方面，当失独家庭的父母失去他们唯一的孩子时，他们作为父母的角色就遭遇了矛盾和障碍，甚至会因子女的

生词

一概而论（yīgài'érlùn）：用同一标准对待或处理。

伦理（lúnlǐ）：人与人相处的各种道德准则。

更年期（gēngniánqī）：人由成年期向老年期过渡的一个时期。通常女子在45～55岁，男子在55～65岁。

去世而产生自责情绪。此外，"失独"通常还会导致失独家庭的老年人社会交往缺失，最终导致该群体其他社会角色出现**失调**。

三是啃老情境。国内有的研究与西方研究结论一致，即认为"啃老"对于"被啃"的老年人而言，无论在经济上还是精神上都有不利的影响。但也有研究发现，"啃老"对于中国老年人的消极影响似乎并不明显，一些老年人甚至心甘情愿[4]地被子女"啃"。与西方的家庭讲求独立性，老人对于成年子女没有法定或伦理上的抚养责任不同，中国社会关注家族和家庭，即使子女已成年，父母也将其视为家庭的成员，从而愿意给予帮助。此外，子女在生活上对于父母的依赖能使得老人感受到存在的价值，这也**印证**了老年人存在的价值感和尊严是他们积极心态的重要内容。

"啃老"对于老年人的消极影响主要体现在两个方面：一是对自己今后生活的担忧，当子女连自己都养活不了时，无疑会给老年人造成物质与精神上的双重负担。二是对子女今后生活的担忧，就像一项访谈研究中一名母亲反复念叨的那样，"到时候我老了，做不动了，他还这个样子，怎么办哦"。

"三助"结合的老年心理援助体系

对于不同家庭情境下老年人的心理帮扶可以从"自助""互助""专业帮助"三个方面出发，建立"三助"结合的老年心理援助体系。具体而言，可以从以下几个方面入手。

通过宣传，提高老年人心理自助的能力。所有人都是自己心理健康的第一负责人，老年人也不例外。因此，专业团队或社区可以通过各种宣传，帮助老年人掌握心理健康的基本知识，提高其进行自我心理保健的能力。

通过培训，提高朋辈心理陪护的能力。这里的朋辈主要包括三类人群：一是亲人，对很多老年人来说，亲情缺失造成的孤独感是产生心理问题的重要因素之一，因此亲人的陪伴是其他任何心理援助都代替不了的；二是社区工作者，他

失调（shītiáo）：失去平衡。
印证（yìnzhèng）：证明与事实相符。

[4]心甘情愿：心里愿意，一点儿也不勉强。

们不仅了解老年人的心理，更有一定的权威性；三是社区志愿者，目前很多社区都有志愿者帮助老年人解决生活中的困难，这些志愿者是与老人接触最多的人之一，因此也是能够及早发现并解决问题的人。

通过对接，提高社区医生干预的能力。当前，一些老年人对"心理问题""精神疾病"等还存在一定的偏见，因此贸然地将专业人士推向社区开展心理治疗，不仅不会得到良好的效果，甚至可能让老年人对心理援助产生排斥感。基于此，可以让专业心理治疗人员与社区医生对接，通过社区医生对老年人进行心理干预，打消他们的顾虑。当然，遇到严重的心理问题，如患有抑郁症的老人有自杀的倾向，那么专业人员也要及时介入进行直接、有效的干预。

"三助"之间相互联系、彼此融合。例如，在"互助"中，作为朋辈的老年人，其对于其他老年人陪伴的同时也成了自己"自助"的一条途径。有心理学研究显示，相比普通老年人，那些从事朋辈志愿者工作的老年人的心理更加健康，也更加长寿。由此可见，"互助"与"自助"是相互**融汇**的。再如，相比单一的专业治疗而言，综合治疗（包括朋辈辅导、心理咨询等）对于心理疾病的作用更有效，因此在专业人员对老年人进行专业治疗时，朋辈的"互助"也是必不可少的。

融汇（rónghuì）：融合汇聚。

未来应重视老年群体心理健康

隔代抚养、失独、啃老等都是随着社会发展而产生的新兴家庭情境，我们不能因为这些新兴家庭情境是社会发展的产物而忽视它们对于老年人心理健康的影响，而应在研究与实践中对其加倍重视，从而促进老年群体的心理健康。

心理学要重视家庭情境对于老年群体心理健康影响的机制研究。目前已有大量的研究关注到了家庭情境对于老年群体心理健康的影响，但多限于不同群体间的差异比较，例如失独家庭与非失独家庭的比较，却鲜有研究关注这些家庭情境是如何影响老年群体心理健康的。如不能厘清这些关系与机制，那么当这些老年人需要心理援助时，即使是专业人士也必然无从下手。

　　从老年心理帮扶实践的层面而言，一方面，一些适合中国文化的因素应当被合理运用于老年心理帮扶的实践，例如重视中国传统文化和家庭观念对于老年群体心理健康的作用。正如上文所言，中国的很多家庭情境对于老年人心理健康既有消极作用，也有积极作用，而这多源于我们的传统文化和家庭观念。因此，如能探索传统文化和家庭观念对于老年群体心理健康的作用，也能为老年群体的心理援助提供新的思路。另一方面，重视老年心理援助体系的建立。对于老年人的心理援助应多方面结合，而"三助"结合的老年心理援助体系正是在这一背景下产生的。

读后练习

一、根据文章内容选择正确答案（单选）

1. 中国老年人采取的主要养老形式是（　　）。

　　A. 社区养老

　　B. 居家养老

　　C. 机构养老

　　D. 异地养老

2. 文章中提到的三种新兴家庭情境不包括（　　）。

　　A. 隔代抚养情境

　　B. 失独情境

　　C. 联合家庭情境

　　D. 啃老情境

3. 关爱老年人心理健康，"需要提高朋辈心理陪护的能力"。文章中的"朋辈"不包括下面哪类人群（　　）。

　　A. 同学

B. 亲人

C. 社区工作者

D. 社区志愿者

二、根据文章内容判断正误（正确的画"√"，错误的画"×"）

1. 中国国内研究认为，隔代抚养对于老年人的心理健康不利。（   ）

2. 构建积极的家庭关系可帮助隔代抚养关系中的老年人建立积极心态。（   ）

3. 中国的老年人都心甘情愿地被子女"啃老"。（   ）

4. 研究显示，那些从事朋辈志愿者工作的老年人的心理更加健康。（   ）

三、根据文章内容回答下列问题

1. "失独"对于老年群体心理上的打击主要表现在哪些方面？

2. 什么是"三助"结合的老年心理援助体系？"三助"之间的关系是怎样的？

写作训练

"啃老族"，指一些不升学、不就业、不进修或不参加就业辅导，终日无所事事、靠父母供养的年轻人。"啃老族"大都并非找不到工作，而是主动放弃了就业的机会，赋闲在家，不仅衣食住行全靠父母，而且花销往往不菲。

结合所学所思，请以"啃老族"为话题写一篇400字左右的文章，说明自己的观点并论证，题目自拟。

话题阅读 4-3

当职场女性决定生三胎[①]

城市普通中产阶层里，很少能遇到三胎妈妈。准三孩妈妈李薇一直到流产手术开始前，才不再犹豫，决定生下这第三胎。对普通家庭来说，生三胎一定是笔经济账，而对职场女性来说，还要承受工作与三个孩子对她时间的争夺。

三胎的"代价"

得知意外怀上第三胎那天，李薇在医院门口足足坐了两个小时。在此之前，为了前两个孩子，她失去晋升机会，从工作10年的外企辞职。职业理想被现实击碎后，她调转人生航向，找到一份普通但有更多时间育儿的工作。如今，一双儿女小的6岁，大的8岁，都过了需要母亲贴身照管的年纪，生活好不容易达到了平衡。可眼下，她仿佛又要回到长路的起点。看着医院门前来往的人群，她不得不再次思考那道人生命题：生还是不生？

李薇第一次怀孕是在2014年，她工作的第五年。2009年她从某"985"大学[1]日语专业毕业，来到北京，进入一家日资企业工作。那时外企是炙手可热[2]的毕业去向，对当时20多岁的李薇来说，外企除了收入高，还有她更在意的现代企业理念、人性化的管理方式等——从很多方面看，这里都是她成为独立、自由的职业女性的理想平台。

工作上她足够努力，生产前一天还在上班，休完产假也很快重返岗位。几个月后，到了晋升时间段。日企比较讲究论资排辈，职位与职级的晋升通常需要3～5年时间。当时，

注释

[1] "985"大学：指入选了"985工程"的中国大学。1998年5月4日，时任中国国家主席江泽民在庆祝北京大学建校100周年大会上提出："为了实现现代化，我国要有若干所具有世界先进水平的一流大学。"因为提出的时间是在1998年5月，所以被称为"985工程"。

[2] 炙（zhì）手可热：手一靠近就觉得热。比喻气焰很盛，权势很大。

---

① 驳静. 当职场女性决定生三胎 [EB/OL]. （2022-04-29）[2022-07-19]. https://www.lifeweek.com.cn/h5/article/detail.do?artId=159102. 有改动。

在李薇所在的部门里，她工作年限最长，并且也已经在代行管理职责。但老板非常直白地告诉她，考虑到她的孩子还需要哺乳，作为一个妈妈，也会把时间与精力放在家庭上，所以这次晋升会把机会给部门里的一位男同事。

在李薇看来，这位男同事无论是工作能力还是工作投入度，都表现平平。她跟老板谈判，如果能涨薪，晋升结果也不是不能接受，但老板最后只同意涨薪5%。她对公司彻底失望，曾经的理想变得苍白无力，最后索性提出离职。离职前，她把过去几年感受到的性别不平等对待一股脑儿地跟老板谈了——面对不公，这几乎是她唯一能做的事。

沈洋听过很多与李薇类似的故事。沈洋是上海交通大学国际与公共事务学院副教授，从2017年开始，她访谈过20多位上海的二胎妈妈。沈洋在研究中发现，大多数女性在二胎后虽然仍旧从事全职工作，但工作性质发生了很大的变化。她们面临的共同局限和问题包括托育机构可及性不足、丈夫育儿参与度低以及因二孩增加的体力和认知劳动。这是职场妈妈除了"留在/退出劳动力市场"的压力之外，容易被忽略的困境。

她们身份各异，但有着几乎相同的遭遇：面试时被盘问"有无二胎计划"，晋升面谈时老板直白告知"优先考虑男性"，生了老三才顿悟"从此职场理想彻底泡汤"。

企业的经济账

李薇曾以一胎小孩妈妈的身份"海投[3]"过简历。面试时，也常有面试官问她是否有二胎计划。通常，李薇都会说"暂时没有"，尽管她不喜欢这个问题——这是自己的私事，并且生育也是自己的权利。

但在王占林看来，公司这么做不是为了"剥削"谁，而是出于对生存发展的现实**考量**。王占林是北京一家科技公司的人力资源总监，从2006年开始，他先后在国企、外企担任过人力资源职务。现在他所在的公司有200多人，多

考量（kǎoliáng）：考虑，思量。

[3] 海投：指不加选择地向各大公司投递简历。

以李薇这个年龄段以及更年轻的员工为主，其中女性占比在45%～50%。

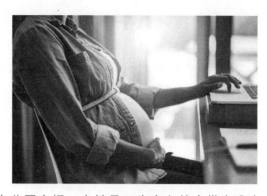

站在公司立场，女性员工生育必然会带来成本。"如果一位女性候选人30岁上下，说马上要结婚，想要三个孩子，那么这个人大概率通不过任何一场面试，没人敢雇，除非她优秀到**碾压**所有人。"别说三胎，员工有两个孩子，企业都会觉得头疼，"她今天说大儿子病了，明天说小女儿要开家长会，你准假还是不准假？她要提前下班去接孩子，你是同意还是不同意？"当一家企业有大量这样的员工，其他员工怎么平衡心态？长此以往，整个公司就没人加班了，大家的工作热情都会减退。这就是育产女员工给企业造成的隐性成本。

当然，还有显性成本。假如一位女员工去休产假，大概率意味着企业需要专门聘用新人，在北京，一个人一年的人力成本至少要十几万元。后续等员工产假休完回岗，新招来的人又会出现安置问题。对中小企业来说这种负担显得更为突出，"因为小企业本身可能还在生死线上挣扎，工作岗位一个萝卜一个坑，没有管理**冗余**"。如果是大企业，可调配更多人力资源，面对女员工育产假，倒是会比小企业从容一些。

王占林提供了一份详细的账单。他以一个月平均工资2万元的公司为例计算女员工生育带来的成本。先是工时损失上，产前检查、**妊娠**反应、生育假、哺乳期加在一起，一共185天。增加的管理成本中，把招聘新人、新员工学习适应期、上级管理、女员工交接期、女员工恢复适应期等加在一起，又有大约60天的工时损失。他最后给出结论，如果是一个普

碾压（niǎnyā）：指通过外力改变物体形态，使某种物体产生"扁"的状态。在这里指相对于对手在某些方面很有优势。

冗余（rǒngyú）：多余，不必要的。

妊娠（rènshēn）：怀孕。

通女员工生育，大概会产生18万元的成本，女性中层管理者则是63万元。

不过，企业在为一个具体岗位招聘员工时，眼里并非只有成本。企业与员工之间其实并不只有劳动契约，还有心理契约。企业最担心的是"来了就怀孕"，情感上企业不容易接受，"我招你是为了让你来怀孕的吗？"所以招聘时，王占林的方法是让部门主管与候选人沟通，尽量在工作上手、运行稳定后再考虑怀孕。"虽是口头承诺，企业与员工之间也要将心比心[4]，一方想要忠诚度，一方想要关注与回报。"王占林将产假与员工年假类比，无论男女员工，一入职就请年假是不合适的，在心理契约这个层面上，产假也是一样的道理。

2016年1月1日，中国开始实施"全面二孩"政策；2021年5月，中国又全面放开三孩。对王占林他们这样的中小企业来说，无论是招聘新员工还是内部提拔，实际操作中并不会考虑三胎因素。原因很简单，"在北京这样的大城市，还想在职场打拼的女性三胎意愿很低"。王占林公司里的女员工几乎没有生两个的。公司倒是有一位女性合伙人怀了二胎，产假期间，由她一位男下属代岗，等她回来，该下属又升一级，成了她的上级。

与此同时，各地又有政策，规定女性可以延长产假，男性也有相应的陪产假。王占林认为，如果社会真想减少女性职场歧视，国家可以适当给企业补贴，或者减税。这也是学者的观点。北京大学社会学系教授陆杰华指出，目前鼓励生育的政策比较零碎，光凭增加15天、30天的假期，起到的作用有限。政策需要关注生育全周期、就业、托幼服务等，要一环扣一环地进行。目前单独且零碎地增加产假而不同时给予企业税收或贷款等方面的优惠，企业作为经济发展的主体，自然没办法主动而意愿强烈地雇用女性员工。

2020年，中国城镇单位女性就业人员占比为43.5%，与亚洲其他国家相比，中国女性就业率在过去5年里降幅最大。有人口学家提出，这可能与"全面二孩"政策有关。在家庭内

注释

[4] 将（jiāng）心比心：拿自己的心去比照别人的心，指遇事设身处地替别人着想。

部,职业女性要面临工作与家庭平衡这个最艰难的选择。陆杰华认为,"逐步开放二孩、三孩政策之后,我们整个政策都是适当鼓励,比如产假、育儿假、男性陪产假,甚至适当延长婚假,这些看上去是人文关怀,但现在是政府立法,买单的却是用人单位。它可能就会受到不同程度的抵触"。

女员工的经济账究竟怎么算?王占林说,其实企业很少会真正去量化成本,因为如果企业不愿意承担成本,那么它完全可以不雇用女性员工,毕竟中国目前还不像有的国家那样,法律规定企业必须雇用一定比例的女性。

王占林说,他所在的公司虽然规模还小,但考虑到未来寻找投资等原因,很注重雇主品牌,也愿意承担社会责任。王占林将这种责任定义为"时代给的包袱",大家都需要为人口政策的转型付出成本。对职场女性来说,真正值得担忧的雇主是那些完全不在乎社会形象的公司。

在王占林的招聘经验里,雇主其实经常看到男性的"性别缺点",比如更有职业抱负,这很可能导致他们不够稳定,企业往往会发现,同等薪酬下,招聘女员工更合适。

"私领域"

除了经济负担,李薇还比较在意的是,当孩子的数量变为三个,当爸爸的必须负起更多责任。在这之前,何山作为父亲"非常缺席",偶尔陪儿子玩一会儿还会"莫名其妙地吵起架来,最后不欢而散"。这一方面是因为家里有上一代老人在出力,另一方面也是因为"懒"。"他是很喜欢打游戏的,每天回家都会打游戏。这两年是刷抖音,没事就抓着手机刷。"李薇说,"以前我总开玩笑,跟他说,你就是我的大儿子。这个时候不行了,必须承担起做爸爸的责任,家务得做,学习也得辅导,不能每天我催着你再去干什么。"

经济状况、老人的态度、对两个孩子的影响等这些因素里,对李薇来说,最大的定心丸还是何山作为父亲的承诺——他愿意多承担责任。李薇现在怀孕六个月,距离许诺已过去了四五个月，孩子爸爸表现如何？李薇说："刚说完的时候挺好的，这段时间又有点反复了。"

在外人听来，这位爸爸的表现挺"典型"，但听李薇聊起这些父职缺失时刻，她似乎并没有太大怨言。这似乎是一些妻子的"共识"，她们在谈到孩子爸爸的缺席时，有一种习以为常的语气。男性很少与妻子共同承担家务和育儿责任，并不是社会对男性的刻板印象。

陆杰华教授分析说，现在职场女性遇到的困境总是难以解决，是因为我们习惯性地忽略了家庭内部的性别平等。也就是说，相较于公领域，"私领域"内很少有人会谈及性别平等。

从新中国成立起，便倡导男女平等，鼓励女性走出家庭，走向社会。经过多年实践，无论是受教育年限还是劳动参与率，性别差距的确有明显缩小，性别平等取得了很大的进步。但是，我们一直都在忽略"私领域"。"在私领域，性别平等停滞不前。我们很少鼓励男性回归家庭，很少鼓励男性承担更多的家庭责任，这么多年过去了，男性仍然扮演过去父权社会的角色"，而女性却在公私两边分身乏术，"女性职责是走向了公领域，但她的母职、生育养育的职责，家庭内部教育没有变化，观念中，她们也认为这是自己的义务，无形中就在自我增加压力"。

李薇在生完第一个孩子后，考虑过干脆辞职当全职妈妈。而她却在生完二胎后转型到出版社工作，这是她丈夫多年游说的结果。何山毕业后就在一家事业单位工作，他的观点是，外企不值得李薇付出那么多，倒不如换单位，做那种不用经常加班的工作，可以把时间留给孩子。

看起来，丈夫的思路通常是如何让妻子更多地投入家庭，而不是将变化的目光投向自己。但这种性别观念的落差可能需要几代人去逐渐**弥合**，也不能依赖法律，还得从文化观念入手。陆教授举例说："比如从孩子开始，我们的教材上就倾向于男女分工，对性别的不同期望也非常明显，这些都是

弥合（míhé）：使愈合。

造成我们现在的问题的原因。"虽然为男性增设陪产假对促进生育起不了太大的作用，但它至少是个进步，从某种意义上来说，它在鼓励男性走向"私领域"去承担更多的育儿责任。

　　从意外怀上三胎开始，大约挣扎了两个月后，李薇与丈夫终于下定决心去做流产手术。没想到在医院，她丈夫又反悔了，决定留下孩子。从医院出来，夫妻二人才第一次真正面对这个考题，第一次针对要三胎后将会面临的问题一条一条地进行讨论。其中李薇比较在意的一条是，产后她只能负责小的，两个大孩子的照顾需要爸爸负起责任。

读后练习

一、根据文章内容填空

1. 2016年1月1日，中国开始实施＿＿＿＿＿＿政策；＿＿＿＿＿＿年5月，中国又全面放开三孩。

2. 李薇大学毕业后，先在一家＿＿＿＿＿＿企业工作，生完二胎后转型到＿＿＿＿＿＿＿＿＿＿＿工作。

3. 王占林认为，如果社会真想减少女性职场歧视，国家可以＿＿＿＿＿＿＿＿，或者＿＿＿＿＿＿＿＿。

4. 陆杰华教授认为中国的性别平等在"＿＿＿＿＿＿"取得了很大的进步，但是在"＿＿＿＿＿＿"却停滞不前。

二、根据文章内容判断正误（正确的画"√"，错误的画"×"）

1. 李薇在大学学的专业是日语。　　　　　　　　　　　　　（　　）

2. 沈洋副教授在研究中发现，大多数女性在生育二胎后工作性质没有发生变化。　　　　　　　　　　　　　　　　　　　　　（　　）

3. 与亚洲其他国家相比，中国女性就业率在过去五年里降幅最小。（　　）

4. 在北京等大城市，职场女性生三胎的意愿很低。　　　　　（　　）

5. 王占林发现，同等薪酬下，中小企业招聘女员工更合适。　（　　）

三、根据文章内容回答下列问题

1. 李薇为什么从日资企业辞职？她在生二胎后转到出版社工作的原因是什么？
2. 王占林认为，女性员工生育给企业带来的隐性成本和显性成本分别是什么？
3. 陆杰华教授认为，职场女性遇到的困境难以解决的原因在于"我们习惯性地忽略了家庭内部的性别平等"。这种"不平等"的表现是什么？原因是什么？

口语表达

自由谈

1. 近年来，中国的人口生育政策发生了哪些变化？
2. 在你们国家，大多数的家庭会生育几个孩子？你认可"多子多福"这种观念吗？
3. 职场女性生育后会面临什么样的困境？
4. 在你们国家，男性会与妻子共同承担家务和育儿责任吗？
5. 在你们国家，育龄女性求职会遭遇歧视吗？如果会，解决这一问题的措施有哪些？另外，你还有哪些建议？

拓展阅读

中国正在经历快速婚姻变革

话题五

流动的中国

导言

当今的中国，犹如一幅流动的水彩画。无论是穿梭于各大城市求职的高校毕业生，还是奔波于不同城市打工的"农二代"，还有为了下一辈牺牲自己老年时光的"老漂族"和跨越大半个中国抱团养老的老人们。他们从内陆到沿海，从乡村到城市，从田间到工厂……人们已不再固守出生成长的家乡，而是为了生活、机遇、事业奋力奔跑、努力奋斗，这些都是人们命运的流动、理想的流动。流动的中国体现了平凡中国人的追梦经历，同时也体现了这个时代的温度。

话题阅读 5-1

毕业生就业需要"安全感"[1]

"我原来以为，一眼望得到头的生活是一种平庸的生活，是一种很可怕的生活。但我现在忽然发现，对很多年轻人来说，一眼望得到头的生活，是一种特别有安全感的生活，是一种很奢侈的生活。"这是作家蒋方舟[1]在2018年《圆桌派》节目中说的一段话。如今，这段话反复被年轻人提起。

受疫情影响的3年，我们的工作生活节奏被打乱，尤其对于大学生而言，求学不得不频频转为网课的模式，向往的大学校园时光被无情"偷走"。转眼间，毕业季来临，他们不得不拖着行李箱走出校门，走进受到冲击的就业市场寻找一份工作。

[1] 蒋方舟：女，1989年10月27日出生于湖北襄阳，中国青年作家。她自7岁开始写作，9岁写成散文集《打开天窗》；2008年被清华大学"破格"录取；2009年10月由《人民文学》杂志社主办的第七届人民文学奖评奖中获得散文奖。曾任《新周刊》杂志副主编。

---

① 澎湃新闻. 毕业生找工作向体制内卷？[EB/OL]. （2022-06-12）[2022-07-22]. https://baijiahao.baidu.com/s?id=1735403882761776005&wfr=spider&for=pc. 有改动。

"疫情下,大学生就业价值观具有明显向**体制**内卷的特征。"华中科技大学社会学院副院长刘成斌教授在发表的论文中指出。这个结论是通过对深圳市 368 位大学生的问卷分析得出的,求稳成了大学生求职颇为看重的指标。

上述研究指出,在疫情风险冲击下,所在地区风险级别越高的大学生,就业价值观具有越强的稳定性意识。出于风险回避、逃避心理,大学生就业会越来越扎堆于政府、事业单位、国有企业等单位。这不仅不能有效缓解大学生的就业压力,甚至会进一步加剧大学生就业竞争的"白热化"和向体制内卷的从众化。

对此,研究提出多项建议:国家应增强对中小企业、自主创业的扶持力度;扩大公务员、事业单位的招考规模,增加应届高校毕业生专项岗位的数量;国有企业应切实**履行**社会责任,扩大录用高校毕业生规模;高校应加强大学生职业选择教育,培养正确的价值观和择业观;大学生自身应树立多维度的竞争意识和多元的自我实现精神。

增强就业的安全感,首先还是要拉动经济。中国面临从经济大国向经济强国的转变,这既要保持经济规模的稳定,更要进行产业升级和社会转型,所以只有经济可持续增长、社会良性稳定运行,每个人才能有安全感。安全感不单是就业的问题,更多是指整个社会的发展情况和人们的心理**氛围**。大学生就业流向体制、人才流向县域地区有其特定的原因。对高等教育和社会发展趋势有清醒的认知,是缓解教育焦虑的关键。

大学生就业首选"体制内"?

大学生更倾向于选择在体制内就业,实际上是求稳心态,经不起**折腾**或者更倾向回避风险。受疫情影响,用人单位招聘计划**冻结**、招聘需求**萎缩**,不少中小企业经营异常困难,很多大企业的待遇也不如以前,反映到求职上就是,大家害怕去"冒险"。

生词

体制(tǐzhì):机关、企业、事业单位等的组织制度。

履行(lǚxíng):实践(自己答应做的或应该做的事)。

氛围(fēnwéi):周围的气氛和情调。

折腾(zhēteng):翻过来倒过去;反复做(某事);折磨。

冻结(dòngjié):液体遇冷凝结。这里比喻阻止流动或变动(指人员、资金等)。

萎缩(wěisuō):干枯,身体器官等功能减退并缩小;经济衰退。

相对于如中小企业、自主创业等其他就业选择，大学生宁愿通过"慢就业"的方式达到最终进入"体制内"的目的，这进一步加剧了本就**严峻**的毕业生就业形势。例如很多人考公务员，"一战"不行就"二战"[2]。"慢就业"是指部分毕业生不急于就业，一方面是家庭经济条件好，没有那么急迫的经济压力；另一方面，社会转型**磨合**的过程复杂化，以前是社会整合个体，现在很多人反过来主动选择，人的主体性、个体化的需求彰显。总体来说，以后大学生短期内"不就业"变得更寻常。

严峻（yánjùn）：严厉、严肃；严重。

磨合（móhé）：在彼此合作的过程中逐渐相互适应，协调。

另外，人才相对过剩导致就业格局发生变化。随着高等教育扩招，中国高等教育从精英型转向大众化，高校毕业生不像以前那么抢手了，也不会大多数集中在大城市，部分人毕业了会有缓冲期，不会立马就业，这些都是必然的趋势。就算没有疫情的发生，这种现象迟早也会到来。过分追捧稳定性和回到体制内的就业观念，对于现代社会的市场化就业体系来说其实是"开倒车"[3]。长期来看，市场化还是我们坚定不移的方向，无论是中国还是其他国家，不可能逆市场而动，不可能逆历史而动。如果大家都去追求体制内的工作，都去追求稳定，市场的动力就消失了，那整个社会就没有了动力，靠什么发展？

严格来说，中国现在没有"铁饭碗"[4]，公务员、教师等岗位也不是"铁饭碗"，只是相对稳定，不是从前意义上的那种"铁饭碗"。

[2] 二战：是指首次（"一战"）考公务员或研究生失败之后继续准备下一次的考试。

[3] 开倒车：比喻违反事物发展的方向、向后倒退。

[4] 铁饭碗：比喻非常稳固的职业或生活费收入。

人才流向县域地区是必然趋势？

近年来硕博毕业生回流到小县城体制内就业的现象也颇为常见。很多人说是疫情的原因，其实它只是加剧了就业难，加剧了硕士、博士毕业生向县城的流动。就业形势实质上是以人才体系和经济社会转型为大背景的。

有个现象值得注意，有些县城的事业单位招聘要求至少研究生学历，这首先要看地方，比如江浙一带很多县城的岗位、深圳的中小学教师岗位，给出了较高的年薪，这是社会转型自然而然向基层**渗透**的过程。

但如果基层政府宁愿招不到人也要招高学历的人，这是不太合理的。本来硕博人才流向县城，向基层渗透，是好现象，是社会发展和进步转型的标志，但反过来县城不能要求必须是研究生才有资格来工作，县城作为主体提出这个要求是不合理的。

人才流向基层是一个缓慢的过程，如果变成必要条件，其实是一刀切了。县城事业单位招聘不应只看学历，而是应该以专业技能的水平与能力为依据。我国人社部自2006年以来一直在推进的"三支一扶"计划，就表明农村教育、医疗等领域的人才短缺仍然是一个难题，县城怎么**保障**人才留得住，牵涉到用人体制、乡村振兴等，是社会系统工程。

如何缓解教育焦虑，增强就业安全感？

中南民族大学王水珍副教授认为，教育焦虑不是简单的群体心理问题，而是根植于社会大环境的转变。教育焦虑是怎么引起的？高等教育大众化、普及化之后，大学生不再是"天之骄子"[5]，特别是高等教育扩招以来，越来越多大学毕业生不再属于金字塔顶端的精英，也可以理解成"教育贬值"。

但很多人的教育观念还是精英化、拔尖化。很多家长都希望自己的孩子是拔尖的，望子成龙，望女成凤[6]，希望孩子成为精英。这导致了人们的心理**落差**。特别是最近两年，

渗透（shèntòu）：液体从物体的细小空隙中透过。比喻一种事物或势力逐渐进入其他方面（多用于抽象事物）。

保障（bǎozhàng）：保护（生命、财产、权利等）不受侵犯；起保障作用的事物。

落差（luòchā）：由于河床高度的变化所产生的水位的差数。比喻对比中的差距或差异。

[5] 天之骄子：受宠爱的孩子。上天的宠儿。现特指有才能、有影响或条件优越、特别幸运的人。

[6] 望子成龙、望女成凤：希望儿女能成为出人头地、有作为的人。

出国的大环境有变化,导致出国留学规模锐减,这种情况更加剧了国内高等教育领域的竞争,这种竞争压力已传递到中学生家长人群。教育焦虑逐渐加剧的现象应当在一定范围内存在。

很多人"鸡娃"[7]实际上是把自己发展的不如意投射到孩子身上,希望通过孩子来改变家庭命运,很多时候这是不现实的。教育并不是用钱"堆砌"或者"鸡娃"就能做好的,孩子也并不是增加教育成本就能成才,很多人即使上了名校,仍然成不了一流的人才。

一个国家的政治精英、科技精英、商业精英更多时候是从社会中磨炼出来的,每个人的**天赋**不一样。普及化教育下,上重点小学、中学确实对上好大学有帮助,但这只是获得初级的高等教育,并不决定这个人能够成为社会精英。这是两码事。

"鸡娃"也好,教育焦虑也好,其实是因为对高等教育普及化的发展趋势没有清醒的认知。如果对高等教育有清醒的认知,适应社会发展趋势,那么教育焦虑就可以得到缓解。以前在精英教育模式下,"千军万马过独木桥"[8],现在高考的综合录取率已经超过90%。从这个角度来说,家长不必太焦虑。

以前培养出来的人才主要留在大城市发展,现在很多人才都到中小城市去了,大学生要"放低身段"。不仅是即将就业的毕业生,在职的很多人可能也没有安全感。增强就业的安全感,首先还是要拉动经济。只有经济增长、社会发展形势稳定,人们才能有安全感。安全感来自整个社会的氛围,不仅与就业相关,它是生存的需要、社会交往的需要,是社会的基本需求,是全社会性的,是整体性的。

鉴于近年疫情的影响,高校毕业生可以放松心态,不要过于紧张,中国有信心也有实力进行经济恢复和社会修复。政府当然要进行实事求是的务实的改革,对不利于社会发展的各类弊端,要加大力度整治,丝毫不手软。该治理的治理,

天赋(tiānfù):自然赋予;生来就具备;天资。

[7] 鸡娃:网络流行词,指的是父母给孩子"打鸡血",为了使孩子能读好书、考出好成绩,不断给孩子安排学习和活动,不停地让孩子去拼搏的行为。

[8] 千军万马过独木桥:形容"中考""高考"等考试竞争激烈的状况。

该发展的发展。大环境好了，小环境自然也就好了。就业不仅是大学生找工作的问题，还是体现整个社会经济发展节奏和运行状况的一环，把经济建设搞好，各方面工作做好，就业的很多问题就会逐步得到解决。

读后练习

一、根据文章内容填空

1．"慢就业"是指_____，一方面是_____；另一方面，社会转型磨合的过程_____，以前是社会整合个体，现在很多人反过来主动选择，人的_____、_____的需求彰显。

2．随着高等教育扩招，中国高等教育从_____转向了_____。

3．大学生就业的安全感来自_____。

二、根据文章内容判断正误（正确的画"√"，错误的画"×"）

1．教育焦虑不是简单的群体心理问题，而是根植于社会经济水平的转变。（　　）

2．增强大学生就业的安全感，首先要拉动经济的增长。（　　）

3．高等教育大众化、普及化之后，大学生仍旧是"天之骄子"，属于金字塔顶端的精英。（　　）

口语表达

自由谈

1．你毕业之后想找哪方面的工作？

2．你认为找工作应该以兴趣为主还是以收入为主？

3．你有"就业焦虑"吗？你认为政府和社会应该如何提高毕业生的就业"安全感"？

话题阅读 5-2

从乡土中国到城乡中国：农二代的城市梦[①]

进城买房是一个标志性事件

这几年，在城市买房的亲友多起来了。当时，全国楼市**低迷**，而家乡这个"十八线[1]"小城的楼市并没有萎靡，也没有房价**下跌**的趋势。进城买房的主体是"80后"和"90后"，他们是第二代农民工。他们的共同特点是离开学校后就直接进城居住和就业，没有深度融入农村的社会、经济和文化**体系**中。无论是辍学打工的农二代，还是通过考学在城市安家的青年，都有着从农村人转变为城市人的相似经历。

从农二代的角度看，进城买房是一个标志性事件，它首先意味着农二代将城市化作为目标。第一代农民工普遍将城市作为赚钱的场所，农村是**归属**。第二代农民工则不同，他们将进城居住和生活作为目标。这不仅因为他们一离开学校就进入城市，不存在城乡生活方式转变的心理隔阂，还因为在与同龄人的交流和比较中，城市化已经成为一个普遍的目标。

进城买房还意味着农二代向城市**跨越**了一大步。父代仍然居住在农村，进入城市居住的是年轻的子代。解决了住房问题后，年轻子代只需要维持核心家庭三四口人的生活开支即可，留在农村的父代甚至还可以提供支持。购房后，不少二代农民工力图回到本地就业。这给产业从发达地区转移到中西部地区、从大城市转移到小城市提供了内在动力。

在这次**史无前例**的城市化进程中，农二代是城市化的主体，实现从农村人向城市人的转变。于个人，这意味着命运

生词

低迷（dīmí）：不景气，不振作。

下跌（xiàdiē）：（水位、价格等）下降；贬值。

体系（tǐxì）：若干有关事物或某些意识互相联系而构成的一个整体。

归属（guīshǔ）：属于；划定从属关系。

跨越（kuàyuè）：越过地区或时期的界限。

史无前例（shǐwú-qiánlì）：历史上从来没有过这类先例。

注释

[1] 十八线：指人气和知名度都很低的公众人物或事物，通常带有嘲讽、自嘲、自谦的意思。

[①] 王海娟. 农二代的城市梦：从乡土中国到城乡中国 [EB/OL]. （2019-10-15）[2022-07-26]. https://mp.weixin.qq.com/s/BBxyYHjuVrARGN40kKhKAw. 有改动。

改变了。数量庞大的农民工怀揣着城市梦，推动从乡土中国向城乡中国的转变。这也意味着一个新时代的开启。

哪些农二代能够抓住这次历史机遇？

一是父代可以提供支持的农二代。年轻的农二代难以完全**凭借**自己的力量实现城市化，需要父代的支持。支持大体分两个层面：一部分仅指父代能够维持自己的生活，不**拖累**子代；另一部分则指父代还可以帮忙带小孩、买房时出资。总体上，父代的支持力度决定了农二代的进城速度。

我的家乡是宗族性地区，父代的共同体意识较强，缺乏支持子女城市化的意识。并且，父代的责任意识不是很强，给予子女的资金支持不多。因此，在购房费用上，父辈提供的支持不多。在村里的5户购房者中，只有1户获得了父代的资金支持。也是因为如此，村里的购房比例只有25%。相比较而言，在原子化地区，父代的共同体意识较弱，具有很强的支持子女城市化的意识，因此给予子代的资金支持较多。我5年前在江汉平原调研时就发现，该地一般是父代支付房子的首付，农民工进城买房的比例超过了50%。

二是教育水平较高的农二代。教育是二代农民工实现城市化的最主要路径。在我们村里的5户买房户和3户计划买房户中，只有2户是高中以下文化水平，其他都是大专以上文化水平。当二代农民工想进一步向上流动时，发现文化水平不高是最主要的障碍。因此，二代农民工对子女教育非常重视。尤其是那些难以实现城市化的二代农民工，更重视让子女进城上学，试图让子代实现他们的城市梦。我的一个姨娘在黄石市购买了新房，姨夫继续在上海打工，姨娘今年秋季从上海市返回黄石市照管小孩读书。这在江汉平原地区是一个普遍的现象，当子女10岁左右，爷爷奶奶管不住，也很难辅导作业的时候，很多二代农民工都回到本地务工，照管小孩上学。如果第三代能够考上好大学，就可以真正在城市**扎根**。

凭借（píngjiè）：依靠。
拖累（tuōlèi）：使受牵累。
扎根（zhāgēn）：植物的根向土壤里生长。比喻深入人或事物中去，打下基础。

实现城市化是三代人共同努力的结果。一代农民工提供资金积累，支付购房费用；二代农民工让子女接受城市教育；三代获得在城市居住和就业的能力，真正融入城市经济、社会和制度体系。当然，一些农民工的运气较好和能力较强，在一代人的时间里就实现了城市梦。一个家庭中，任何一代人"掉链子[2]"，都将延缓乃至阻碍城市化梦想的实现。

农二代城市梦的实现依赖经济社会的大发展

个人机遇与时代**脉搏**紧密相关。农二代城市梦的实现依赖经济社会的大发展。

一方面需要工业化带动城市化迅速发展。进城买房是表象，城市化的内核是农民工获得支持其在城市居住和生活的经济收入。GDP持续增长，使得农民工获得实现城市化的经济能力。当农民工的城市就业收入能够支持其在城市购房、生活和实现家庭再生产（主要是抚育小孩和**赡养**老人），才真正实现了城市化。因此，在根本上，是工业化推动了从乡土中国到城乡中国的转变。

目前，大部分农民工处于半城市化状态。农二代虽然能够在中西部县城买房，但大部分人只能在沿海发达地区就业。即便这种就业和生活分离的状态也算一种城市化形态，随着年龄的增长，二代农民工是否能够继续在城市居住和就业，现在还很不确定。这在很大程度上依赖于中国经济实力的进

生词

脉搏（màibó）：心脏收缩时，由于输出血液的冲击引起的动脉的跳动。

赡养（shànyǎng）：供给生活所需，特指子女满足父母物质需求以及在生活上提供照顾。

注释

[2]掉链子：原是东北方言，意思是关键时刻或者是比较重要的事情没做好，或者说做"砸"了。

一步增强。

另一方面,需要稳定的农村社会环境。有了农村社会的支持,农二代可以"轻装上阵[3]"。农民进城并没有"连根拔起[4]",父代未来仍然居住在农村,在农村养老。这样,年轻的子代就不需要将父代带到城市中生活,赡养的压力较小。农二代只需要支付核心小家庭的住房和生活成本。稳定的农村社会环境为代际合力提供了空间。农村保留土地和住房,一代农民工进城务工,不需要支付城市住房和生活成本,最大**限度**地积累资金;二代农民工城市化失败可以返回农村,继续支持子代城市化,而不是落入城市贫民窟[5]。如此,代际合力可以一直持续下去。

限度（xiàndù）：范围的极限；最高或最低的数量或程度。

[3] 轻装上阵：原指古代战士不披铁甲上阵作战。现多用来比喻放下思想包袱投入工作。

[4] 连根拔起：植物植株等带着根一起拽出来。比喻彻底铲除或消灭。

[5] 贫民窟：指城市中穷人聚居的地方。

读后练习

一、根据文章内容填空

1. 从农二代的角度,进城买房是一个标志性事件,它首先意味着农二代将_____作为目标。

2. 数量庞大的农民工怀揣着城市梦,推动从_____向_____的转变。这也意味着一个新时代的开启。

3. _____是二代农民工实现城市化的最主要路径。

4. 实现城市化是三代人共同努力的结果。一代农民工_____；二代农民工_____；第三代_____。

5. 农二代城市梦的实现依赖于_____的大发展。一方面需要_____。另一方面,需要_____。

二、根据文章内容回答下列问题

1. 文章认为,哪些农二代能够抓住这次历史机遇?

2. 文章认为,父代对农二代的支持包括哪些层面?

3. 文章认为，二代农民工为什么对教育特别重视？

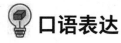 **口语表达**

自由谈

1. 农二代是中国现代化进程中比较特殊的一个群体，你们国家有没有类似的群体？
2. 移民是怎么产生的？你们国家历史上有没有比较大的移民潮？
3. 谈一谈人口流动与城市化的关系。
4. 查找资料，简要谈谈中国城镇化发展的历程和意义。

话题阅读 5-3

谁能给"老漂族[1]"一个幸福的晚年?①

子女已成家立业,本该安享晚年的老人们却离开家乡,动身前往一座完全陌生的城市,帮着料理孩子和孙子辈的生活。重阳节,让我们关注一个特殊的群体——"老漂族"。

重阳节这几天,记者通过走访潍坊城区小区、街头等与老年人聊天了解到,缺少朋友、想家、孤独是"老漂族"的普遍生活状态。网络调查结果显示,74% 的网友身边有"老漂族";而"没有朋友""精神上缺乏慰藉""想家"被认为是漂妈、漂爸[2]们最大的**烦恼**。

95%"老漂族"聊天靠电话

由于子女在异乡奋斗,工作都十分**繁忙**,孤单**寂寞**的老人们要照顾孙子,也无法和老朋友、老同事聚会。95% 的老人说,和以前的朋友联系少了,原因一是退休后见面机会变少,二是每个同事都搬到不同城市,平时要沟通也只能通过电话。

一个人"画圈"的生活

只要郑玉芬在家,家里的**水龙头**总是滴答滴答响,那是老人为省钱接水的特殊方式。郑玉芬的城里生活也像这滴答的流水,没有起伏。从早上 5 点多起床开始,买菜、做饭、看孩子……她的生活似乎是一个圈。没有其他娱乐活动,她每天早早睡觉,第二天又是一个新的圆圈。

儿媳妇[3]嫌太脏,租房子给老人住

在郑州颍河港湾小区给儿子带孩子的邓玉英说,儿媳妇

生词

烦恼(fánnǎo):烦闷苦恼。
繁忙(fánmáng):事情多、不得空。
寂寞(jìmò):孤单冷清。
水龙头(shuǐlóngtóu):自来水管上的开关。

注释

[1] 老漂族:指的是为支持儿女事业、照顾孙子孙女而离开家乡,来到子女工作的城市的老年人。
[2] 漂妈、漂爸:许多老人为了孩子和孙子,从外地、乡下"漂"到城市,却因为不适应城市生活,而与周围环境格格不入。
[3] 儿媳妇:儿子的妻子。

---

① 谁能给"老漂族"一个幸福的晚年?[EB/OL].(2013-10-12)[2022-07-28].
http://opinion.people.com.cn/GB/363551/369947/. 有改动。

特别爱干净，而且**挑剔**。家里两个孩子，大孙子上小学，小孙女刚刚一岁多，家里的房子是两室一厅的。儿媳妇嫌老人不讲卫生，不让老人在家住，在附近给老人租了一间单间住。每天邓玉英一大早起床来到儿子家做早饭，白天带孩子、做家务，晚上吃过晚饭做完家务再回到出租房，提到这些，老人忍不住掉眼泪。

生词

挑剔（tiāoti）：过分严格地在细节上找问题。

报销（bàoxiāo）：把领用款项或收支账目开列清单附上有关单据，报告主管部门核销。

易忽视的"老漂族"四大苦闷

城里带孙子，老友聚会难。今年63岁的鲁婆婆3年前为了孙子来到城里，原来在农村生活，一个村的人互相认识，总有人聊天说话，现在就是围着孙子转。鲁婆婆开玩笑地说："每天我只能对着小孙子讲话。"如果想和老朋友见面，鲁婆婆还得根据儿子媳妇的休息时间而定。

在外地遭遇医疗**报销**难题。50多岁的高玉萍离开潍坊到上海帮女儿带孩子，除地域环境的改变让她很纠结外，发生的一件意外让她意识到，身在外地，医疗报销更是一个大问题。潍坊市社会保险管理中心工作人员告诉她，需要去潍坊市人力资源社会保障中心官方网站下载异地保险申报表格，填好后带上相关证件到上海当地有关部门签字盖章即可。申请成功后可以在当地选择一至三家医院进行报销。

跟着女儿搬了三个城市。很多老人为了让儿女能安心工作，一路追随，甘当子女的"后勤部长"[4]。从新洲来到武汉的乐阿姨,女儿是一家**批发**公司的总经理。为了事业发展,女儿搬了两次家,从广州迁到东莞,再从东莞迁到武汉,她和老伴一路追随,"用这种方法支持女儿"。

老两口的"新分居时代"。在众多"老漂族"中,两地分居的老夫妻也不在少数。王阿姨从东北到福州带孙子已经快两年了,老家的亲戚都对她羡慕不已,认为能够居住在沿海城市,且有儿孙陪伴,该有多**安逸**。然而,王阿姨不这样认为。老伴退休后被单位返聘,两人一辈子没有分开过,到了这个年纪竟然开始"新分居时代[5]",自己在福州觉得孤独。

如何抚慰"老漂族"的忧伤?

当下快节奏中国的一个阶段性现象。"'老漂族'出现,是因为中国人有强烈的家庭观念。父母觉得有义务尽全力支持子女,因此有许多老人离开家乡来到上海等大城市。"华东师范大学社会学研究所所长文军这样认为,这也是当下快节奏中国的一个阶段性现象。心理专家林紫谈到,在处理三代人的家庭问题咨询时,她也发现"老漂族"因为感觉为了子女的家庭付出很多,老人会对子女的某一句话非常敏感,"容易受伤"。"孤独感来源于缺乏归属感。"

"心理空巢"值得**警惕**。"老漂族"的精神现状就是心理空巢或精神空巢。如果子女对他们关心不够,就会产生很多心理问题,甚至是身体上的疾病。失落感、孤独感、衰老感、抑郁、焦虑等不良情绪都会影响老年人的身心,如果儿女能够理解父母、**体谅**父母、帮助父母,让他们的精神之根扎下来,那么即使"漂"在他乡,"老漂族"依然能够活得幸福。

"精神赡养"更需给力。"精神赡养问题已经构成了老龄化问题的深层挑战。"北京大学人口研究所教授、老龄化问题专家穆光宗表示,随着社会保障制度的完善,经济上具备自我养老能力的老年人在逐步增多。不过,他们精神和心理健康方面的强烈需求还不能得到及时满足,子女应更加重视"精神敬老",家庭决策多听取老人意见,多帮老人培养

批发(pīfā):成批地出售商品。

安逸(ānyì):安闲舒适。

警惕(jǐngtì):对可能发生的危险情况或错误倾向保持敏锐的感觉。

体谅(tǐliàng):设身处地为人着想,给以谅解。

[4] 后勤部长:后方对前方的一切供应工作的负责人,也指机关、团体等的行政事务性工作的负责人。

[5] 新分居时代:由于各种原因,夫妻两人分开居住。此处指为了照顾孙子孙女,夫妻俩不得不分居两地。

兴趣爱好，使老人尽快适应城市生活。

"漂族老人"考量政府公共服务。对于出现"漂族老人"这一社会现象，社会学专家认为，这是劳动力转移的**伴生**现象，也是城市人口流动的组成部分。政府有关部门要积极探索养老服务业的体制、机制创新，适应社会主义市场经济发展要求，探索运用公建民营、民办公助、政府补贴、购买服务等多元化资金投入和经营运作方式兴办养老服务业。动员社会力量，逐步建立和完善社会救助体系，加大帮扶力度，切实解决"漂族老人"的生活和医疗保障问题。

伴生（bànshēng）：一种事物伴随着另一种事物一起存在（多指次要的伴随着主要的）。

读后练习

一、根据文章内容选择正确答案（单选）

1. 以下哪些因素不能影响老年人的身心？（　　　）

    A．孤独感

    B．焦虑抑郁

    C．衰老感

    D．获得感

2. 以下哪个因素不属于"精神赡养"？（　　　）

    A．满足老人精神和心理健康方面的强烈需求

    B．子女应更加重视"精神敬老"

    C．老人不需要参与家庭的决策

    D．多帮老人培养兴趣爱好

3. 以下对于"漂族老人"的说法错误的是（　　　）。

    A．这是劳动力转移的伴生现象，也是城市人口流动的组成部分

    B．"漂族老人"对于政府公共服务制度是否完善参考价值较小

    C．政府有关部门要积极探索养老服务业的体制、机制创新，探索运用多元化资金投入和经营运作方式兴办养老服务业

D．逐步建立和完善社会救助体系，切实解决"漂族老人"的生活和医疗保障问题

二、根据文章内容回答下列问题

1．"老漂族"问题的产生根源有哪些？
2．"老漂族"在城市面临哪些困境？
3．应该如何解决"老漂族"的问题？

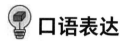口语表达

自由谈

1．你会请父母帮助你照顾孩子吗？为什么？
2．你的父母是否愿意到你工作、生活的地方帮你照顾孩子？为什么？
3．你认为应该如何解决"老漂族"所遇到的一系列问题？
4．你们国家的年轻父母如何解决照顾孩子的问题？

演讲

1．分小组以"中国式父母"为题准备演讲内容，由其中一位同学代表本小组进行演讲。
2．演讲内容充实具体，结构严谨；演讲者吐字清晰，表达流畅自然，语速恰当，举止得体。
3．在一个小组展示过程中，其他小组关注其完成情况，注意演讲者对语言形式的掌握、演讲技巧的表现等，最终评出最佳演讲小组和个人。

写作训练

"爱"是人类的必修课，这世界上最深的爱是父母的爱。"父爱如山，母爱如水。"爱犹如阳光，照耀着我们的心田，让我们快乐地成长。

请以"父母的爱"为题，写一篇400字左右的文章，说明自己的观点并论证，题目自拟。

话题阅读 5-4

"候鸟式"异地养老方式[①]

截至 2017 年年底,中国 65 岁以上人口数量为 1.58 亿,60 岁以上人口数量为 2.41 亿,相较于其他国家,中国面临着更大的养老压力,养老方式的多样化更为重要。近年来兴起一种"候鸟式"异地养老模式,即老年人季节性前往气候和环境更舒适的地区养老。"候鸟式"异地养老人口规模逐年扩大,但这种养老方式的特征决定了其只能是一部分有条件、有意愿的老年人的选择,是对传统养老方式的一种补充,而非替代。

照料(zhàoliào):关心料理。

"候鸟式"异地养老方式与传统养老方式的差异

"候鸟式"异地养老与家庭养老、社区养老和机构养老既有相似之处,又有明显不同。"候鸟式"异地养老方式往往建立在一系列客观条件基础之上,如经济基础、身体状况、出行习惯、对新事物的适应能力、新居所的环境条件等,是对家庭养老、社区养老和机构养老等养老方式的补充。

与传统家庭养老方式的差异。中国传统的家庭养老是以亲情为基础,家庭成员对家庭中老年成员进行**照料**的一种养老方式,这种照料既包括经济上的,也包括精神和生活上的。在传统的家庭养老模式下,老年父母对子女的依赖性比较强。农村家庭的老年父母对子女的经济依赖比较明显,而城市空巢老人对于子女的精神慰藉需求更为突出。相对而言,高龄老年人对于子女的生活照料需求更为明显。绝大部分"候鸟式"异地养老者具有年龄偏低、身体相对健康、有一定的收入和

[①] 李雨潼. "候鸟式"异地养老方式研究 [J]. 社会科学战线,2018,278(8):276-280. 有改动。

受教育水平较高等特征。"候鸟式"异地养老人口的这些基本特征决定了这种养老方式与传统的家庭养老方式必然存在很大的不同。第一,"候鸟式"异地养老者以城市老年人为主,有稳定的收入支撑自己晚年的基本生活**开销**,通常在经济上对子女没有明显的依赖。第二,"候鸟式"异地养老人口在形成一定的迁居规律后,会慢慢适应每年在两个气候、环境、接触人群均**截然不同**的地区各居住一段时间的生活状态,两种生活方式和环境定期转换。在新迁入的养老地区会形成新的生活格局和新的社交圈,最终会形成一种全新的生活方式,而这种转变丰富了老年人的生活,大大降低了精神方面对于子女的依赖。第三,"候鸟式"异地养老者的季节性迁移,绝大多数都是没有子女陪伴的,在新的迁入地居住和生活期间,往往是夫妻之间、朋友之间或亲人之间互相照顾,在生活照料方面对子女的依赖度也非常低。

与社区居家养老方式的差异。常见的社区居家养老,即老年人仍然居住在各自家中,社区尽可能为老年人提供养老相关服务。社区养老服务受社区管理水平、社区建设、社区服务人员素质的影响非常大。社区在满足老年人健康医疗和休闲娱乐需求等方面,以及在对有特殊困难的家庭关照方面发挥着重要作用。"候鸟式"异地养老者往往在选择这种养老方式之前,通过亲友介绍对新居住地产生兴趣,之后通过旅游或者拜访亲友等方式先了解新居住地。在决定采取"候鸟式"养老并在新居住地安顿下来后,又会鼓励其他亲友加入此行列,并尽力为亲友提供各种便利条件。经过这种层层叠加的**辐射**效应,就会逐渐在区域内形成一个沾亲带故的关系网,相互之间或者直接或者间接地都是亲友关系,最终形成社区内亲友互助式的居家养老方式。采取"候鸟式"养老方式之后,虽然老人们远离了多年居住的原居所,但因为重新选择居住地反而能够与亲近的朋友或亲人生活在同一个小区域内,方便互相照顾和结伴养老。"候鸟式"异地养老者之间在迁入新居住地社区之前就已经存在的亲密关系,使得

开销(kāixiāo):支付的费用。

截然不同(jiérán-bùtóng):两种事物毫无共同之处。

辐射(fúshè):radiation,这里指从中心向各个方向沿着直线伸展出去。

他们在迁入地的社区中形成了一个个以多年感情基础为纽带的小团体。这样的亲友互助式社区居家养老与传统的社区居家养老相比较，亲友之间互相照顾，经常组织各种集体活动，减少了老年人对于社区养老服务的需求，无论是医疗服务、家政服务，还是节日聚餐、短途旅游等休闲娱乐活动，绝大部分小团体都能自行组织，社区只需提供必要的便利和配合。由于各小团体内部容易沟通和达成共识，向社区**反馈**各项服务需求也更准确，有效提高了社区工作的实效性。在"候鸟式"异地养老过程中形成的这种亲友互助的居家养老方式，是一种能够切实保障老年人老有所养、老有所乐[1]的新型社区居家养老方式。

反馈（fǎnkuì）：指信息返回。

配偶（pèi'ǒu）：指丈夫或妻子（多用于法令文件）。

与传统社会机构养老方式的差异。老年人选择传统社会机构养老的意愿主要受年龄、婚姻状况、健康状况等影响。相对而言，年龄大、无**配偶**和自理能力较差的老年人更倾向于选择社会机构养老。"候鸟式"异地养老者也有部分选择进入迁入地的养老机构，但在新居住地的养老机构养老与在传统的养老机构养老有着明显不同。总的说来，"候鸟式"异地养老中的机构养老相对而言经济成本更高，对养老机构在生活照料方面的要求更低。第一，以"候鸟式"异地养老者为主的养老机构，运营过程中季节性非常明显，淡旺季的入住率差异极大，甚至会在淡季出现公共设施闲置的现象。第二，相对而言"候鸟式"异地养老者选择的养老机构价格更贵、服务更好、档次更高，对老年人的经济条件提出了更高的要求。第三，与传统的机构养老方式相比，"候鸟式"异地养老中的机构养老，老年人有配偶的比例更高。第四，与传统机构养老方式相比，候鸟老人入住异地养老机构时年龄更低，生活自理能力更强，入住养老机构的原因更多是减少在异地生活中的不便，而非生活自理能力差需要被照料。

[1] 老有所养、老有所乐：老了之后能够有人赡养，老了之后能够有值得高兴的事情。

"候鸟式"异地养老方式产生的影响

"候鸟式"异地养老方式日趋普遍，产生的影响也越来越大，这种影响既包括对迁入迁出地区的影响，也包括对老年人自身的影响。

对迁入地经济、社会、文化的影响。行为适应是衡量流动者在流入地融入与否及融入程度的显性指标，具体指流动者不仅**理念**上认同，而且行为上按照流入地认可的规矩和习俗办事，实践着流入地认可的行为规范，言行举止向当地人靠拢。总体而言，"候鸟式"异地养老者在迁入地生活了一段时间后，对于地形地貌、自然环境、气候条件逐渐适应，却一般不会较深地融入迁入地的区域文化。相反，随着占迁入地人口比重逐年提高，"候鸟式"异地养老者对迁入地的经济、社会、文化等均造成了重要影响。从经济层面看，"候鸟式"异地养老人口规模越来越大，对迁入地的消费结构和物价水平产生了重大影响。"候鸟式"异地养老者喜欢呼朋引伴[2]入住同一个区域以便互相照应，经过若干年的积累就会形成一些以某一地区人口为主的区域。这样的区域往往就会催生相应的配套服务，商品供应结构也随人口来源的区域结构而改变。如以东北地区"候鸟式"异地养老者为主的区域，周边就会有很多东北特产店铺；以河南省"候鸟式"异地养老者为主的区域，周边就会有河南地方特色饭店等。迁入地的物价水平受"候鸟式"异地养老者的影响极大，如最受"候鸟式"异地养老者欢迎的迁入地之一的海南省三亚市，近年来的物价水平呈现明显的季节性变化特征，价格波动在一些四季产出量无甚差别的青菜类商品上极为明显。除日常生活用品的价格受到巨大影响之外，另一个明显的影响体现在节节**攀升**的房价上。从区域文化层面来看，"候鸟式"异地养老者在迁入地常常选择与原住地的亲朋好友居住在一起，形成一个个独立的小区域。由于区域内某一地区的人口数量占了绝对优势，所以这一区域往往被当地人口头上以迁入者原居住区域命名，如"黑龙江村""河南村""北京村"等。在这样的小区域内，迁入地本土的社会文化对"候鸟式"异地养老者影响非常小，不同文化的**碰撞**、融合也不明显。"候

生词

理念（lǐniàn）：思想观念（强调对目标、原则、方法等的认定和追求）。

攀升（pānshēng）：（数量等）向上升。

碰撞（pèngzhuàng）：撞击；冲犯。

注释

[2] 呼朋引伴：招引同类的人。

鸟式"异地养老者通常只是换了个地方生活，仍然保持着原有的生活习惯，并没有进入和融入一个全新的区域文化体系。相反，"候鸟式"异地养老者却把几十年积累的原住地区域文化带入了迁入地，对迁入地的区域文化冲击十分明显。

对"候鸟式"异地养老者健康水平的影响。"候鸟式"异地养老使老人远离了原来的生活圈子，少了很多人情[3]往来，除节省了大量的人情费用之外，也少了在原有环境中与老同事、老相识之间不自觉的攀比，衣着、出行、生活水准、儿女婚嫁、日常活动都不用再考虑是否会惹人品评，新的心理状态和生活模式让心理上无形的压力骤减[4]。另外，当传来相识多年的熟人或朋友出现意外、重病甚至身故的负面消息时，心境会因为距离遥远受影响较小。这些变化均对老年人的心理健康十分有利。"候鸟式"异地养老者的原居住地，或者冬季寒冷漫长，或者夏季曝晒酷热，大大限制了室外活动的方便程度和活动**频率**。"候鸟式"生活**躲避**了极端的天气，温和的气候条件促使老人们明显增加了室外活动时间和运动量，这对老年人的健康有极大的好处。在"候鸟式"异地养老者中比较常见的疾病主要包括心血管类疾病、糖尿病、风湿类疾病、呼吸道类疾病等，受外界自然环境的影响很大，在气候环境明显改善的情况下，身体健康水平能够获得一定程度的改善。生活空间的转变和生活环境的变化给"候鸟式"异地养老者带来了巨大的改变，很多人在新居住地有了新的爱好，如短途旅游、游泳、打牌、徒步、聚会、跳舞、打球、钓鱼、打太极拳、泡温泉等。新增的爱好丰富了老年人的生活，提升了他们的身体健康水平，也扩大了他们的社交圈。"候鸟式"生活导致生活空间和生活方式的改变，使多数老人的生活状态和身体状态相较于迁居前或多或少有所改善。

对养老方式选择和养老产业发展的影响。"候鸟式"异地养老最初是一个非常小众的养老方式，经过多年发展规模不断扩大。"候鸟式"异地养老者在新居住地安顿下来后，

频率（pínlǜ）：物体每秒振动的次数，单位是赫兹。一般指在单位时间内某种事情发生的次数。

躲避（duǒbì）：故意离开或隐蔽起来，使人看不见。

[3] 人情：人的感情；情面。
[4] 骤减：突然减少。

话题五　流动的中国

往往会鼓励亲人和朋友跟他们一起进行"候鸟式"异地养老。一方面，"候鸟式"异地养老者确实体会到了这种养老方式带来的益处，希望自己亲近的人也能享受这样的晚年生活；另一方面，"候鸟式"异地养老者希望在新居住地多一些朋友彼此照应，增加一些小团体的休闲娱乐活动。采取"候鸟式"异地养老，对老年人而言无疑是个重大的决定，预估的困难、不确定的风险，以及对经济支出的**预算**均会形成阻力，降低老年人采取"候鸟式"异地养老的意愿。通常情况下，已经选择"候鸟式"异地养老者会帮助即将采取"候鸟式"养老的亲友寻找住处、提供到达时的接送服务、帮助解决日常生活中的一些小困难，他们的帮助会减少预估的困难和不确定的风险，提高老年人采取这种养老方式的意愿。

预算（yùsuàn）：国家机关、团体和企事业单位等对于未来的一定时期内的收入和支出的计划。

[5] 口口相传：一传十、十传百、口头上一个人传给另一个人。

"候鸟式"异地养老者定期往返于两个居住地之间，在返回原居住地后，会与身边的亲人和朋友分享"候鸟式"异地养老生活中的点点滴滴，再经过亲友间的口口相传[5]，"候鸟式"异地养老方式逐渐为更多的老年人所熟悉和接受。老年人可以根据自身的身体条件、兴趣爱好、养老预算和时间安排等，考虑是否要采取"候鸟式"异地养老。当前正处于老年中后期的老年人的养老观念比较传统，可能偏好家庭养老或社区居家养老，而独生子女一代的父母以及中青年群体的养老观念则发生了很大变化，对养老服务的需求更加多样化，养老模式多元化是大势所趋。在养老方式需求多元化的背景下，"候鸟式"异地养老从一个相对比较陌生的养老方

· 121 ·

式转变成一个常见的养老方式，给老年人提供了更多的养老方式选择。

多样化的养老方式选择是人民日益增长的对美好生活需要的一种体现。相较于其他国家而言，中国需要面对数量更加**庞大**的老年人口群体，养老方式的多样化更为迫切。家庭养老、社区养老和机构养老是中国当前的主要养老方式，"候鸟式"异地养老与这几种养老方式既有相似之处，又有明显不同。这种新型养老方式的日渐普遍既有社会整体进步的原因，也有环境、经济、科技、文化等方面的原因，产生的影响既包括对迁入迁出地区的影响，又包括对"候鸟式"异地养老者自身的影响。"候鸟式"异地养老方式是对中国现阶段几种主要养老方式的很好补充。

庞大（pángdà）：极大（常含过大或大而无当的意思，指形体、组织或数量等）。

读后练习

一、根据文章内容判断正误（正确的画"√"，错误的画"×"）

1. "候鸟式养老"是中国目前主要的养老形式。（　　）
2. "候鸟式"异地养老方式与传统养老方式毫无差异。（　　）
3. "候鸟式"异地养老者对迁入地的经济、社会、文化等均造成了重要影响。（　　）
4. "候鸟式"生活对老年人的健康有极大的好处。（　　）
5. 这种新型养老方式的日渐普遍主要是社会整体进步的原因，不包括环境、经济、科技、文化等方面的原因。（　　）

二、根据文章内容回答下列问题

1. "候鸟式"异地养老方式与传统家庭养老方式的差异有哪些？
2. "候鸟式"异地养老方式与社区养老方式的差异有哪些？
3. "候鸟式"异地养老方式与传统社会机构养老方式的差异有哪些？
4. "候鸟式"异地养老方式产生的影响是什么？

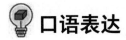 **口语表达**

自由谈

1. 你认为"候鸟式养老"有哪些利弊？
2. 你们国家有类似"候鸟式养老"的方式吗？此外，还主要有哪些养老形式？
3. 如果条件允许，你以后会采用"候鸟式"抱团养老的模式吗？为什么？

辩论

1. 每组分别选择 A 或者 B。

   观点 A："候鸟式养老"一定有利于老年人的身心健康。
   观点 B："候鸟式养老"未必有利于老年人的身心健康。

2. 每组陈述自身的观点，并阐释原因。
3. 两个小组就对方观点陈述中的不同意见进行回应以及反驳。
4. 在一组展示过程中，其他小组关注其完成情况，注意辩手对语言形式的掌握、辩论技巧的表现等，评出最佳辩论小组和辩手。

拓展阅读

承继式累积：新生代农民工的购房型社会融入

话题六

品味书香

话题六　品味书香

 导言

书可以使人跨越时空，可"思接千载"，可"视通万里"。从龟甲兽骨到竹简、木牍，从线装卷轴到电子书籍，知识的呈现形式因时而异。书籍可以连接古人与今人，连接此地与远方，连接一种文字与另一种文字，也承载着知识的积累与文化的延展。当代，随着社会生活的变迁，阅读方式也展现出了多种样态，展示了当代人对时代的感受与认知……

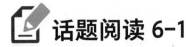 话题阅读 6-1

实体书店回暖[①]

在过去十多年，淮海路的无印良品、大悦城的西西弗、申活馆连锁店、朱家角的三联书店、中图公司的现代分店……2015 年，上海的实体书店逆势而增，一家接着一家开张，还有**蔓延**之势。比如钟书阁已经在和芮欧百货洽谈第二家分店，南京的先锋书店也有意进军上海。种种**迹象**，都与此前人们印象中的"书店寒冬"之景不大一致。

为什么人们还到书店买书

如今，互联网购书和实体店购书已经不是此消彼长的"竞争对手"，而是同行的伙伴。

网络购书刚刚兴起时，消费者纷纷点赞，因为它低价、便捷。有人甚至以为，从此人们买书都靠互联网，实体书店

生词

蔓延（mànyán）：如蔓草滋生，连绵不断。引申为延伸，扩展。

迹象（jìxiàng）：表露出的不明显的痕迹、现象。

[①] 龚丹韵. 实体书店回暖：书不再是书店的主角 [EB/OL]. （2016-01-14）[2022-07-07]. https://www.sohu.com/a/55802225_120078003. 有改动。

· 125 ·

日渐**萧条**似乎是顺理成章[1]的事情。

然而近几年情况有了新变化。网络购书的缺点开始显现。上海市新闻出版局局长徐炯把它概括为"畅销书集中度问题"。网络上，屏幕对图书的展示空间有限，为了经济效益，商家总会把最畅销的几本书放在首页，或者大的出版社出钱打首页广告。读者翻页不会太多，看几页就过去了，翻来覆去总是这些畅销书。最终导致两极分化：畅销的越畅销，**冷门**的越冷门，阅读呈现单一化。

这使真正的爱书人难以在网上**淘**到心仪的好书。网上买书，必须先知道名字，输入搜索。然而读书的乐趣之一就在于发现，发现新的未知的好书和作者。这只有在实体书店能实现。一些爱书人会抱怨：网上翻个三五页，没找到自己想买的书，反而是在实体书店书架上扫一眼，发现很多本都想看。

徐炯认为，生活就像钟摆，会偏到某一边，又会偏回来。

经济刚刚腾飞时，人们喜欢吃吃喝喝。然而现在，大家开始注意饮食清淡，锻炼身体，跑步成为一种流行的生活方式。同样，互联网作为新生事物，一开始它的优点会被放大。然而随着时间推移，渐渐地，人们会回归理性，平静地看待它的优点和缺点。

如今，互联网购书和实体店购书已经不是此消彼长的"竞争对手"，而是同行的伙伴。不同的人有不同的阅读需求。即使是同一个人，也会既在网上买书，又去实体店慢慢挖掘"冷门"的好书。

另一个"摆"回来的，是阅读需求。如果说锻炼是养身，那么读书就是养心。人们的阅读需求正在回归。近几年读书会此起彼伏，就是一个很好的例证。比如由新华传媒的发行机构主办的知本读书会，联合几家单位，其构成员中有出版社、传媒公司、咨询企业、民营公司等。每个机构承担一期读书会费用，每月推荐一本好书。会员收到书以后，再请专家讲解。

由于读书会的会员定位是"有深度阅读需求、有影响力和传播力的人"，所以推荐的书籍偏重社会科学、思想文化，

萧条（xiāotiáo）：经济等不景气；衰微；衰退。

冷门（lěngmén）：指很少有人注意的或意料不到的事物。

淘（táo）：寻觅购买，寻觅。

[1] 顺理成章：形容写文章或做事顺着条理就能做好。比喻某种情况合乎情理，自然产生某种结果。

并不全是畅销书。读书会曾经请葛兆光讲《宅兹中国》，请张汝伦讲《西方哲学简史》，请何怀宏讲《理想国》。每一期，100多个位子座无虚席[2]。许多人慕名而来[3]，除了固定的会员粉丝，也有不请自来的人士。

有意思的是，读者的提问环节非常精彩。会员来自各行各业，问题五花八门，提问的耗时和演讲几乎持平，有时候提问更多一些。"这是真正的读书会，不是单纯的讲座。大家在读书过程中，确实产生了种种**疑惑**。"读书会负责人李爽说。

在图书产业链中，只有两头不会消失，那就是作者和读者，其中的诸多环节都可能被跳过。比如，自媒体人就可以直接卖书。然而每年图书市场的出版物实在太多，鱼龙混杂，那些真正的好书未必能跳出来。实体书店和读书会可以起到荐书**导航**的作用。

为什么实体书店里年轻人多

书店并不是文化高地，它只是台阶，站在这样的台阶上，你能看到更大的文化风景。

在新天地的言几又书店，一位挺着大肚子的女士正悠闲地斜躺在沙发上，身旁5岁的女儿正在看图画书，对面的孩子爸爸正端着笔记本浏览网页。一家三口，各玩各的，偶有几句对话。"双休日一家子去公园搭帐篷还不如来书店泡着。"这位母亲说。

每到双休日，各大商场的实体书店挤满了年轻人。我们曾经以为实体书店是中老年人才会逛的地方，但事实恰恰相反。尤其是那些提供座位的书店，放眼望去，很多都是安静翻书的小家庭。每到休息日，许多父母最乐意带孩子去的就是实体书店，这几乎成为一些城市家庭的生活习惯。

曾经有人这样形容：书店并不是文化高地，它只是台阶，站在这样的台阶上，你能看到更大的文化风景。

生词

疑惑（yíhuò）：对人和事物有疑虑和困惑。

导航（dǎoháng）：利用航行标志、雷达、无线电装置等引导飞机或轮船等航行。这里指帮助人们找到想要查找的信息。

注释

[2] 座无虚席：座位没有空着的，形容观众、听众或出席的人很多。

[3] 慕名而来：指仰慕名声而来。

换句话说,除了公园、展览馆、电影院等,书店也被看成休闲文化的活动空间。其中一个隐含的改变是,年轻人越来越喜欢户外。运动、健身、郊游、逛街。"未来,宅男宅女说不定会转为'身体的一代'。"复旦大学教授顾晓鸣如此预言。

"人的身体是有节奏、有需要的,有时不在于买东西多方便,而在于特别想亲身体验。"顾晓鸣说。他认为,新媒体的作用被过度夸大了,人们终归需要回到物理的社交空间。即使是互联网,如今也在研究如何通过特殊的手段感知网店那头衣服的面料;一些 App 软件正在设计如何把虚拟衣服套在人身上;到宜家买家具,可以把家里的情况输入电脑……以身体为媒介,去感知、去触摸,这是互联网正在走的道路。

断言实体店铺走下坡路[4]是懒汉的借口。现在一些大型商圈,由于发展模式趋同,品牌高度重复,显得冷冷清清。然而与此相反的是,在长乐路、陕西路、大沽路、衡山路等马路上,自发形成的旺铺林立,人气很高,年轻人逛逛吃吃,非常热闹。还有许多微信公众号每天都在推送"双休日去哪里玩",可见年轻人的需求正在改变。

如果双休日上街逛一圈,你会发现很多人依然在逛街,人聚人散,好不热闹。只是有些人逛完后,回家上网买。说白了,仅仅是价格的差异。如果未来线上线下价格差得不多,以后说不定反过来,淘宝店开得好,去大沽路再开一家实体店。

 注释

[4] 走下坡路:往衰落或坏的方向发展。

沪上小有名气的独立书店半层书店的创始人赵琦说:"我对实体书店未来的前景还是看好的,人最终还是要回归到可触摸的空间中,意识到文化体验、空间感受、活动交流的重要性。我们明年就计划在书店里做一些微展览,把半层打造成一个文化品牌。"

现在有心的实体书店几乎都在往"文化空间"方面靠拢,推行年费会员制,定期举办新书发布会、名人讲座、读书交流等活动。

似乎所有人忽然都达成了一种共识:实体书店不再简单地"卖书",更是一个"文化交流的场所"。

为什么独立书店如雨后春笋

维持个性化、高品质的文化感,时常需要牺牲一些经济利益。这需要创业者有坚守,对梦想有执念[5]。偌大[6]的市场,仅靠逐利的商业资本,最后做出的文化产品往往单调趋同、格式化。

几个月前,站在上海虹口区哈尔滨路上,望着小小楼面上的小小"夹层",赵琦默默做了一个决定。

作为1982年出生的法学硕士,赵琦可以想见的未来曾经让很多人艳羡。当她决定辞职与好友合开一家小书店时,遭到亲朋好友的**竭力**阻拦。在大家的印象中,背靠大山[7]的实体书店尚且活不下去,何况个人经营的小书店。但是赵琦很淡定。合伙人是她的书友,也是一名建筑师。两个人都觉得到了一定年纪,有了一定积累,开一家梦想中的书店是水到渠成[8]的事情。她们一起把"夹层"布置成空间别致的书店,取名"半层书店"。每个**光顾**这家书店的人,第一印象就是:书店怎么如此狭小,又如此有趣。

每一家独立书店都标志着店主的个性化品位。半层的3人选书团队中有两人是建筑师,这就意味着建筑设计是半层书店的主打,这方面的选书独到而专业。为了淘到满意的书,赵琦和她的好友们花了几个月时间,先把各大出版社10年来

生词

竭力(jiélì):尽自己最大的努力,用尽全力。

光顾(guānggù):最初是主人对宾客来访时讲的敬语,后来多用作商店或服务性行业欢迎顾客上门时讲的客套话。

[5] 执念:因执着而产生的不可动摇的念头。

[6] 偌(nuò)大:这么大,那么大。

[7] 背靠大山:比喻足以凭借和依靠的重要人物或势力。

[8] 水到渠成:水一流过来,沟渠自然形成。比喻条件成熟,事情就会自然成功。

的书目都扫了一遍，最终挑选出 5000 种喜欢的书上架。她们的挑书品位果然受到消费者欢迎。一些建筑和设计领域的同行渐渐成为熟客，固定每月来此淘书。

赵琦给自己立了一个**规矩**：力求店里的每本书都是读者心中的好书。为此，她们把大量精力花费在打理书籍上。上千本书每天检查，装帧[9]不合格的——**淘汰**。每周都有新书上架供熟客们挑选。

有一些消费者在半层看到了好书回头在互联网上买。赵琦并不阻止："我们的目标客户是中年知识分子，对他们来说，重要的不是钱，而是时间。"她渐渐发现，半层书店的买书人主体集中在 35～45 岁。现在书店 65% 左右的营收是靠卖书。

没能享受租金减免的半层书店目前仍没有**盈利**。但是随着熟客、粉丝[10]日渐增多，每月的亏损正在缩小。赵琦相信，未来是令人乐观的。

徐炯分析，得益于当下的创业大潮，现在有一批年轻、高素质的文化人愿意投身实体书店这个低盈利的行业。这些独立书店各有特色，黏住了自己的特定粉丝，积累出一定的文化口碑。

此外，还有一些民营资本则颇为创新，想出了各种主意。比如，在甜品旁边放一个书架卖商业类书籍，在论坛茶歇[11]中此类书籍销路往往很好。

"这是一个分众的时代。"徐炯说，"一家书店已经不可能让所有人都满意。你只能服务好你的目标客户，并把自己的特色做到极致。"

而这样做，有时候未必遵循商业逻辑。比如半层书店收到了不少商圈邀请，然而看了一圈以后，赵琦还是拒绝了。因为半层的特色在于独特的建筑空间。大型商场提供的空间往往模式化，怎么装修设计都很难独特，这会稀释半层的品牌个性，"免租也没有吸引力"。

规矩（guīju）：规定的法则、标准和习惯。

淘汰（táotài）：去掉坏的留下好的，去掉不合适的留下合适的。

盈利（yínglì）：获得利润。

[9] 装帧（zhēn）：一部书稿在印刷之前，对书的形态、用料和制作等方面所进行的艺术和工艺设计。

[10] 粉丝：源自英文词"fan"的复数形式，主要用来指某个人或者某种事物的崇拜者。

[11] 茶歇：工作期间片刻的休闲，是在平时工作和会议进程休息中提供一些饮料（以咖啡、茶为主）和一些甜品、水果等。

酝酿（yùnniàng）：本指造酒时的发酵过程，常用来比喻使事物达到成熟的各种准备活动。

[12] 妙趣横生：洋溢着美妙意趣（多指语言、文章或美术品）。

文化产业充满悖论。维持个性化、高品质的文化感时常需要牺牲一些经济利益。这需要创业者能坚守，对梦想有执念。偌大的市场，如果光靠逐利的商业资本，最后做出的文化产品往往单调趋同，而唯有个体的个性加入，独立书店如雨后春笋般冒出，才能真正让整个文化生态变得丰富多元，妙趣横生[12]。

幸运的是，当下年轻人的创业梦想正好**酝酿**到一定阶段。大家已经不再觉得创业是件不可思议的难事。而消费者这一方，分众的小圈子、有个性的文化消费品位也逐渐培养起来。两者叠加，最终促成了一批独立书店的出现。这正是当前文化生态的点睛之笔。

读后练习

一、根据文章内容填空

1. 沪上小有名气的独立书店半层书店的创始人赵琦说："我对实体书店未来的前景还是看好的，人最终还是要回归到可触摸的空间中，意识到_____、空间感受、_____的重要。"

2. 现在有心的_____书店，几乎都在往"文化空间"方面靠拢，推行_____会员制，定期举办新书发布会、名人讲座、读书交流等活动。

3. 似乎所有人忽然达成了一种共识：实体书店不再是简单的"卖书"，更是一个"_____的场所"。

4. 文化产业充满_____。维持个性化、高品质的文化感，时常需要牺牲一些经济利益。

二、根据文章内容判断正误（正确的画"√"，错误的画"×"）

1. 如今，互联网购书和实体店购书已经不是此消彼长的"竞争对手"，而是同行的伙伴。（　　）

2. 实体书店是中老年人才会逛的地方。（　　）

3. 徐炯分析，得益于当下的创业大潮，现在有一批年轻、高素质的文化人愿意投身实体书店这个低盈利的行业。这些独立书店各有各的特色，黏住了自己的特定粉丝，积累了一定的文化口碑。　　　　　　　　　　　　　　　　（　　）

三、根据文章内容回答下列问题

1. 为什么人们还愿意到实体书店买书？
2. 为什么实体书店能够吸引这么多年轻人？
3. 为什么独立书店如雨后春笋般冒出？

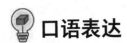口语表达

分组讨论

现代社会"书"的形式愈发多样，阅读的方式也不拘于前。有人喜欢读纸的安然，有人钟情读屏的便捷；有人钟情目治看书、读书，有人选择听有声书；有人坚持花时间认真埋头书卷，有人习惯了即时刷取的轻量阅读。

你平时更喜欢什么样的阅读形式？不同的阅读方式有哪些不同的阅读体验？请结合课文，采用分组讨论的形式谈谈你的观点和看法。讨论结束后，每组推选一个代表发言。

话题六　品味书香

话题阅读 6-2

当代读书谈[①]

人间四月天，最美读书时。

在 4 月 23 日世界读书日到来之际，《北京青年报·天天副刊》推出《问卷·第三季》，希望在碎片化信息时代，人们不要放弃纸质阅读；在电子化的趋势下，依然保有对纸质书的热爱。

与前两季问卷不同的是，本季特请出史航、郑渊洁、肖复兴、唐小兵、傅光明、李冬君和袁一丹[②] 七位《天天副刊》的老朋友、资深爱书人士作为问卷"出题人"，他们把对于阅读的思索融入题目，在高质量的提问与回答中，读者可以领略阅读给人类带来的喜悦与力量。

阅读是世界上回报率最高的投资行为，希望本版的问卷能够启迪、润泽每一位爱书人士的心灵。

（1）"世界读书日"这一天，你觉得自己应该加倍读书还是可以休息一天？

郑渊洁：由于我只有小学四年级学历，底气不足，对于我来说，每天都是"世界读书日"。学校教育可能给了学生一个**误区**，认为拿到**文凭**就毕业了。其实人的毕业文凭只有一个，谁也看不到，就是死亡证书。知识更新这么快，人只能活到老学到老，天天学。

傅光明：我现在常用"日子如飞"四个字慨叹时光转瞬即逝，因此，恨不得每天都加倍读书，理由十二分简单：越

生词

误区（wùqū）：由于某种原因而形成的不正确的认识或看法。

文凭（wénpíng）：学校发给学生的毕业证书。

[①] 郭佳，王勉，张嘉. 实体书店回暖：碎片化阅读的时代，你还读书吗？[EB/OL].（2022-04-18）[2022-07-08]. https://m.gmw.cn/baijia/2022-04-18/35666905.html. 有改动。

[②] 史航：编剧、策划人；郑渊洁：著名童话作家；傅光明：首都师范大学外语学院教授；袁一丹：首都师范大学文学院副教授。

读越觉得自己浅薄；深感在知识面前，自己永远是一名小学生。也因此，如果说"世界读书日"这一天对我有什么特殊意义，那就是：它是莎士比亚的生日和忌日。近10年来，因与莎翁结缘，新译莎剧，且译研合一，译完一部，写一篇导读，几乎每天与之相伴，实在辛苦，却又苦中作乐，乐此不疲[1]。所以，真希望"读书日"这一天可以休息。书是读不完的，我想说，"加倍"意在表达求知若渴[2]的心绪。

袁一丹："世界读书日"对于天天困于书城中的学者而言，似乎没有特别的意义。读书既是休息，也是日常的劳作，不必刻意挑日子读书或不读书。以学术为业，会牺牲一部分杂览的乐趣。在科研压力下，偷得一日半日之闲乱翻书，竟成了**奢侈**的事。读闲书是学术生活中必要的喘息和逃避，也是对自己的犒劳和嘉奖。

（2）如果有人列出了"不必读书目"，你会有兴趣点击看一下吗？你自己有没有"不必读书目"？能否列出三本？

郑渊洁：我认为世界上没有任何一本书是所有人都必须读的。人和人的遗传基因不一样，生长环境不一样，受教育质量不一样，爱好不一样，最佳才能区不一样，怎么可能有适合所有人的必读书？对于我来说，开卷有益。就算看了垃圾书，也能增强自己的写作自信。

傅光明：因有一份"不必读书目"为复旦大学严锋教授所列，自然有兴趣点击拜展，一读之下，颇以为然[3]。回首这几十年的读书生活，尤其在宝贵的青涩岁月，的确读了不少严锋兄所说的"不必读书目"，悔之晚矣。这也是成长的代价。当然，并非谁列个"不必读书目"我都有兴趣点击。故而，我自己不具体列了。

袁一丹：20世纪20年代《京报副刊》曾组织过"青年必读书"活动，胡适、梁启超、周作人等名学者纷纷开出自己的必读书单，江绍原交了一份白卷，说不相信有哪十部书能给青年最低限度的智识，此类活动征求到的不过是一些"海内外名流硕彦及中学大学教员"爱读的书目而已。

奢侈（shēchǐ）：指挥霍浪费钱财，过分追求享受。

[1] 乐此不疲：因酷爱做某事而不感觉厌烦、沉浸其中。

[2] 求知若渴：探求知识像口渴想喝水一样迫切。形容求知愿望十分迫切。

[3] 颇（pō）以为然：相当地认同或肯定。

生词

得罪（dézuì）：使人不快或怀恨；冒犯；获罪。

注释

[4] 吐槽：对话语、事物等予以犀利的批评，带有戏谑和玩笑的成分或有挖苦、抱怨等意味。

[5] 时过境迁：随着时间的推移，境况发生变化。

开"不必读"书目，比开"必读书"更有自我暴露的风险。目前出版界不缺各类软广及排行榜，缺的是敢说真话且有品位的批评家或职业读书人。我不会给人开"不必读书目"，偶尔读到倒胃口的书，就像嗑瓜子嗑到发霉的，赶紧读几页好书换换口味。我会关注乔纳森的新书过眼录，根据他的吐槽[4]把一些书拉进黑名单。

（3）有没有你曾经很喜欢但现在重读感到非常失望的作家或作品？

郑渊洁：我还没有遇到过早年阅读时是阴性后来再读阴转阳的作家或作品。这可能也说明我的审美还停留在童年。我前几年测过心理年龄，是6岁。

傅光明：不止一位这样的作家。名字不说了，怕**得罪**人。我只想说，作为一个喜欢读书的人，要学会并努力把有限的时间、精力花在真正值得一读的书上，越早越好。

袁一丹：从前喜欢的作家，就像年轻时无话不谈、知根知底的老友，时过境迁[5]之后，最好不要重逢。

（4）如果可以与一位已故的作家相处一小时，不考虑语言问题，你会选择哪一位？中国的外国的皆可，他叫什么名字？

郑渊洁：我想和慈禧聊聊，问她一个问题：不以写作为职业的她是如何偶尔一写就写出"可怜天下父母心"这样的千古名句的？写作是不是属于"有意栽花花不开，无心插柳柳成荫"？

傅光明：我希望能跟莎士比亚聊上一小时，请他亲口回答：是否上过8年拉丁文法学校？十四行诗里写的那个"黑女郎"到底是谁？与南安普顿伯爵到底啥关系？"To be, or not to be"说的到底是不是哈姆雷特自己的"活，还是不活"？当初写戏时，到底是不是一心想挣钱、买房子置地，从没想过青史留名？对自己被后世封圣，是不是心里超爽……希望到时能延时10分钟。

袁一丹：外国作家中，我会选日本小说家远藤周作，跟他聊聊如何才能找到生命中那条"深河"，洗涤自己的污垢，使自己因信仰而得解脱。我们聊天的背景音乐是莱昂纳德·科恩的 Suzanne，我特别喜欢这一段：And Jesus was a sailor（耶稣是个水手）/When he walked upon the water（当他在水上行走）/And he spent a long time watching（他花费了很长时间去看）/From his lonely wooden tower（从他孤独的木质塔楼）/And when he knew for certain（当他确信）/Only drowning men could see him（只有快淹死的人才看得到他）/He said all men will be sailors then（他说：所有人都会变成水手）/Until the sea shall free them（直到海洋解放了他们）/……And you want to travel with him（你想和他去旅行）/And you want to travel blind（你想盲目地去旅行）/And you think maybe you'll trust him（你想你能信赖他）/For he's touched your perfect body with his mind（因为他曾用思想触及你曼妙的身躯）。

内幕（nèimù）：内部情况（多指不好的）。

门槛（ménkǎn）：比喻标准或条件，常用儿化。

中国作家中，我会选周作人。我想问他一些他不愿谈起的事，比如兄弟失和的**内幕**，又比如1939年元旦枪击事件对他产生的心理冲击。我想他多半会重复那一套"一说便俗"的老话，但这些在我心中萦绕不去的谜题，还是想跟当事人当面求证。

（5）你现在还能记得的中学语文课文，可以说出一篇的篇名吗？

郑渊洁：不好意思我只上过小学。如果这个问题可以降低**门槛**，我能说出篇名的小学语文课文是《刘文学》。印象深刻，刘文学为了保护人民公社的财产献出了宝贵的生命。

傅光明：《鸿门宴》。老师讲得激情四溢，神采飞扬，刻在脑子里了，终生难忘。近些年，每逢给研究生上"口述历史"课，都会拿"鸿门宴"举例说事儿：为什么《鸿门宴》刻画得最出彩的人物是樊哙，而非项羽、刘邦？原来，司马迁跟樊哙的后辈是铁哥们儿，樊哙之所以在《鸿门宴》里最鲜活，是因为那是司马迁亲耳听来的。

袁一丹：那些记忆已经被覆盖或自动格式化了。

（6）如果在一个影视剧中出现一本书的封面特写，你会

话题六　品味书香

特别关注那是一本什么书吗？

郑渊洁：不会。我看影视剧不充会员，会关注广告。因为广告拍得比很多影视剧精彩。

傅光明：现在没有这样的机会，早就不看影视剧了。如果有，我想会的。

袁一丹：书在影视剧中虽然只是道具或摆设，但可以看出导演或编剧对时代的认知程度。封面是读者对书的第一印象，它传递的信息的重要程度不亚于书的具体内容。不仅是封面，书籍的物质形态，如开本、版式、横直排、分段、标点、字体字号、纸质、插图、题签、装订、切边，甚至轻重厚薄，都会影响读者对这本书的整体认知。

有心的作者不仅提供书的文字内容，还会在不同程度上参与书籍的装帧设计与文本编排，比如鲁迅。书籍的物质形态是文本意义得以生成的基础。作者意图、出版策略、读者期待都交织在文本形态上。这是电子书目前无法取代纸质书的原因之一。

（7）如果有一天你被邀请到一个朗读会上，在10分钟之内读一篇文章或一段作品，你会选择谁写的什么？

郑渊洁：我曾经被北京鼓楼西朗诵会邀请朗诵。2021年8月28日，我在北京鼓楼西朗诵会朗诵了我在北京知识产权[6]法院开庭审理侵犯我的知识产权案件时的法庭陈述词。这是第一次有人在著名的鼓楼西朗诵会朗诵自己的法庭陈述词。同年9月，我收到北京市高级人民法院终审判决书，北京市高级人民法院终审判决侵权成立，商标注册无效。

傅光明：我一定要读上10分钟莎士比亚"四大悲剧"之一的《李尔王》，而且要读这样几个角色：在暴风雨中发疯的老李尔，变成瞎子的格罗斯特，扮成疯乞丐的埃德加，乔装易容的肯特，想想都觉得**过瘾**。期待这一时刻！

袁一丹：我会选择读沈从文20世纪50年代初赴四川内江参加土改工作时所写的家书[7]。这批家书比他1934年返乡时所写的"湘行书简"更耐人回味[8]。我欣赏的是其中风景

过瘾（guò//yǐn）：指满足某种特别深的癖好，泛指满足爱好。

[6] 知识产权：intellectual property，指人类在社会实践中创造的智力劳动成果的专有权利，一般只在有限时间内有效。

[7] 家书：家庭成员之间来往的书信。

[8] 耐人回味：值得人仔细体会琢磨。

与人事的错综,看沈从文如何娴熟地运用静与动的辩证法,在特别平静的自然背景中暗示人事的变动、历史的变动。

家书中描摹的巴蜀地区的山川风物常勾起我的思乡之情,比如:"但见四野丘陵连亘,到处是褐土和淡绿色甘蔗林相间相映。空气透明,而微带潮湿……各处山坡上都有人在点豌豆,远处人小如米点,白布包头蓝长衫,还看得清清楚楚。……山凹间冲里都是水田,一层层的返着明光。有些田面淡绿,有些浅紫。四望无际天边渐渐漾成一片青雾。……一切静,可是在这个自然静默中,却正**蕴藏**历史上所没有的人事的变动。"

如果是和更亲密的青年朋友在一起,我会跟他们分享冯至翻译的里尔克《给一个青年诗人的十封信》中的一些段落,比如第六封信,谈居于寂寞的好处:"如果你在人我之间没有和谐,你就试行与物接近,它们不会遗弃你;还有夜,还有风——那吹过树林、掠过田野的风;在物中间和动物那里,一切都充满了你可以**分担**的事。"

又比如里尔克在第七封信中说:"爱,很好:因为爱是艰难的。以人去爱人,这也许是给予我们的最艰难、最重大的事,是最后的实验与考试,是最高的工作,别的工作都不过是为此而做的准备。"

蕴藏(yùncáng):在内部蓄积。

分担(fēndān):担负一部分;共同承担。

📇 读后练习

一、根据文章内容填空

1. 世界读书日的日期是每年的_____,_____是世界上回报率最高的投资行为。

2. 傅光明认为几乎每天与书相伴,实在辛苦,却又苦中作乐,乐此不疲。所以,真希望"读书日"这一天可以_____。

3. 书在影视剧中虽然只是_____或_____，但可以看出导演或编剧对时代的_____程度。

二、根据文章内容判断正误（正确的画"√"，错误的画"×"）

1. 郑渊洁认为读闲书是学术生活中必要的喘息和逃避，也是对自己的犒劳和嘉奖。
（　　）

2. 开"不必读"书目，比开"必读书"更有自我暴露的风险。目前出版界不缺各类软广及排行榜，缺的是敢说真话且有品位的批评家或职业读书人。（　　）

3. 书籍的物质形态是文本意义得以生成的基础。作者意图、出版策略、读者期待都交织在文本形态上。这是电子书目前无法取代纸质书的原因之一。（　　）

三、根据文章内容回答下列问题

1. 如果在一个影视剧中出现一本书的封面特写，袁一丹为什么会特别关注那是一本什么书？

2. 如果有一天被邀请到一个朗读会上，在10分钟之内读一篇文章或一段作品，郑渊洁说他会选择什么？

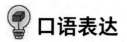
口语表达

自由谈

1. 介绍一本你最喜欢的或者令你印象深刻的书，可以谈谈它的主要内容、特点或写作风格等。

2. 列举你们国家的中文畅销书，然后说一说这些书受欢迎的理由。

话题阅读 6-3

如何向世界讲好中国故事①

在全球化语境下，如何向世界讲述中国故事，是中国知识界和文化界长期思考的一个问题。

近年来，有一种来自国外汉学界的批评声音，反对中国作家用讲故事的方式写小说。其立论的依据是，世界文学潮流是现代小说已经放弃了讲故事，用小说讲故事既落后又缺少现代性。中国作家依然在沿用19世纪的文学方式讲故事，太落伍了。这样的批评，**要害**在于指责中国作家与世界文学发展潮流**脱节**。而与之相映成趣的是国内学界一直有一种声音，批评莫言和许多当代作家是为了迎合西方人的价值标准而写作，甚至是为了迎合诺贝尔文学奖评委会的**嗜好**而写作，放弃了民族本位的立场，脱离乃至扭曲了中国的现实。如果说，前者是指责莫言和当代作家"太中国而不世界"，那么后者就是指责他们"太世界而不中国"，虽说各自立场大为不同，却有"异曲同工之妙"。

回答这些责难，需要考察作家的成长记忆和时代的风云变迁，以及如何形成具有世界意义的中国故事。

莫言在斯德哥尔摩发表的诺贝尔文学奖的获奖演讲，题目是《讲故事的人》。这是他对自己的角色定位。似乎为了证明这一点，他在这篇演讲中一口气讲了七八个故事，有的简洁，有的蕴藉[1]。其中关于作者母亲"卖白菜"的故事、"捡麦穗"的故事催人泪下。同时，莫言也讲述了自己的文学追求和对人性的思考，即如何向世界讲述中国故事。这些宝贵的创作经验值得我们珍视和阐发。

要害（yàohài）：身体上能致命的部位。比喻重要的部分或军事上重要的地点。

脱节（tuō//jié）：相关联的事物分开或失去联系。

嗜好（shìhào）：特殊的爱好（多指不良的）。

[1] 蕴藉（yùnjiè）：（言语、文字、神情等）含蓄而不显露。

---

① 张志忠. 如何向世界讲好中国故事 [EB/OL]. （2014-08-27）[2022-07-09]. https://iics.bfsu.edu.cn/info/1208/2716.htm. 有改动。

以莫言为例。莫言出生于齐鲁大地,直至 21 岁参军离开家乡。21 岁前,他一直生活在山东高密的乡村,一个充满了乡土气息又不乏神奇性的地方。打小,莫言就从爷爷那里、从集镇上的说书人那里听到很多民间故事。他有篇小说叫《草鞋窨[2]子》,写的是冬闲时节男人们扎堆在地窨子里打草鞋[3]和聊天,讲述自己遇到或听来的奇闻轶事。近万字的作品,除了环境和场面的叙述、氛围的渲染,竟然编织了 11 个各色各样的故事,其中有的是生活的辛酸,有的是生活的喜剧,而更多的是精怪故事。即便是乡村集镇上的说书人,也能给莫言带来倾听和诉说的快乐。

当然,仅仅是萃集了一肚子的民间故事,也无法产生今日之莫言。成就一名优秀作家的,还有时代的馈赠、作家的颖悟、世界文学大潮的冲击。

20 世纪以来的中国,风云跌宕[4],世事沧桑[5]。社会与家庭,国家与个人,都穿越时代风风雨雨,饱经世事沉浮,有很多基于共同经验和集体记忆的艰难坎坷。事件多、变动多,故事就多。故事和变动又都和时代变化紧密相连,以至于当下的电视剧中有一大门类,叫作"年代剧",而作家们则被称作"50 后""60 后""70 后""80 后"——这里的年代印象不仅是自然延伸,而且有着不同的历史印记,有着特定的时代背景和社会变迁的情感集聚。

当下的中国,虽说已进入 21 世纪,却仍在农业文明、工业文明以及信息时代和后工业社会中并存交叠。欧美发达国家已经完成了现代转型,几至[6]日复一日常态运行,生活同质化,信息传媒化,太阳底下早已没有新的故事。中国正在这大转型的征途上,艰难地开辟道路、创造伟业。个人、家庭乃至整个民族都有说不尽的故事和道不完的精彩。基于民族的共同记忆和共同经验,又分解到每一个具体的人物经历之中。正如许多作家曾经表述过的那样,中国的现实远远超越了作家的想象力,比文学更具有传奇[7]性。韩少功曾说,

[2] 窨(yìn):地窨子、地下室。

[3] 打草鞋:编草鞋。

[4] 风云跌宕(dàng):形容世事多变,不稳定;富于变化,有顿挫波折。

[5] 世事沧桑:既可指世事无常,物是人非,变化无穷,也可指对过去岁月的怀念和追忆。

[6] 几(jī)至:几乎,差不多达到。

[7] 传奇:情节曲折离奇,人物行为不寻常的故事。

许多外国作家非常羡慕中国作家所拥有的丰厚的本土创作资源。二战后，西方发达国家的社会状况一直是常规常态的，而在中国，发生了很多重大的社会变故，导致无数人命运浮沉，作家们有多少故事可写啊。

与之相应的，是中国作家讲述故事的方法亦丰富多彩。我很赞赏余华写在《兄弟》封底上的一段话："这是两个时代相遇以后出生的小说。……一个西方人活400年才能经历这样两个天壤之别的时代，一个中国人只需40年就经历了。400年间的动荡**浓缩**在40年之中，这是弥足珍贵的经历。"要讲述这"中国40年，相当于西方400年"的故事，不但包括从文艺复兴时代到后现代主义的创作方法，如19世纪经典现实主义作家的创作经验，可以尽为我所用，而且本土的明清白话小说，"爱听秋坟鬼唱诗"的蒲松龄的搜奇志异，以致秦腔和猫腔（茂腔）等民间戏曲的流韵（如《秦腔》《檀香刑》），辞典和方志的编撰（如《马桥词典》《十个词汇里的中国》《炸裂志》），都被作家们信手拈来[8]、运用自如，写出了当下中国的"精气神"。

在中国故事中融入世界眼光，向世界讲述中国故事，也绝不是一句"迎合西方人的口味和眼光"所能诋毁的，而是莫言和中国作家展现出的最鲜明的中国特色和中国经验。

首先，亿万中国人民为了改变民族苦难命运而奋斗抗争，为东方古国和中华文明的再度崛起而屡败屡战、越挫越勇，这本身就是人类宝贵经验的重要组成部分，是全球性现代转型的重要一环，极大地影响了人类历史的进程。其次，就文学艺术而言，既有酷好新奇巨变、追踪世事沧桑而营造曲折神奇的品性，也有潜心于人性、探索乃至拷问灵魂的本性。同时，数千年的文学长河前后相承继，对于人性的揭示和刻画在嬗变与恒定中**积淀**了一些基本的命题，弘扬真善美、鞭笞假恶丑，形成了自己的文化底线，并不断地鼓励和张扬积极的精神追求和自我提升。莫言这样说，"我有野心把高密

浓缩（nóngsuō）：用加热等方法使溶液中的溶剂蒸发而溶液的浓度增高。泛指物体中不需要的部分减少，从而使需要部分的相对含量增加。

积淀（jīdiàn）：积累沉淀。

[8] 信手拈（niān）来：随手拿来。形容写文章时，善于运用词汇和组织材料。

东北乡当作中国的缩影,我还希望通过我对故乡的描述,让人们联想到人类的生存和发展"。这就是他写作的制高点[9],高密东北乡,既是中国的,又是世界的,中国特色和普遍人性是互为羽翼的。《丰乳肥臀》中的母亲经历的一个世纪的苦难,当然是非常本土化的,但母爱和悲悯却是普世性[10]的。《生死疲劳》中,农民与共和国时代的土地关系当然"很中国",那神奇的六道轮回[11],那顽强的记忆**传承**,那虽千万人而吾往矣①的坚守,却感动了世界。《蛙》讲述的计划生育[12]对乡村的巨大影响也是中国所独有的,但是"姑姑"的心灵困惑、"我"的精神忏悔,以及**淳朴**乡村在时代转型中出现的工业污染、生态破坏和人心不古,却是可以跨越民族和国界得到理解的。指责莫言的作品通过展览落后、暴露丑陋、渲染血腥变态而博得西方欢心和奖赏的言论,看似理由充足,但是如此简单的批评,拒绝回眸中国曾经的落后、丑陋、暴戾、畸曲[13],没能看到莫言着意于对中国农民生命的理想主义和英雄主义的标举与倡扬,恐怕也是失之毫厘、差以千里②了。

铁凝祝贺莫言获得诺贝尔文学奖的一段话,非常有概括力:"他的作品始终深深扎根于乡土,他的视野亦从来不拒'外来'。他从我们民族百年来的命运、奋斗、苦难和悲欢中汲取思想的力量,以奔放而独异的鲜明气韵有力**拓展**了中国文学的想象空间和艺术**境界**。他讲述的中国故事,**洋溢**着浑厚、悲悯的人类**情怀**。他的作品不仅深受国内广大读者的喜爱,而且就我所知,在国外也深受一大批普通读者的喜爱。"这是研究和评价莫言和中国文学现状的一个恰切[14]的角度。

生词

传承(chuánchéng):传递和继承。

淳朴(chúnpǔ):诚实朴素,敦厚,质朴。

拓展(tuòzhǎn):开拓扩展。

境界(jìngjiè):事物所达到的程度或表现的情况。

洋溢(yángyì):指情绪、气氛等饱满而充分流露。

情怀(qínghuái):充满着某种感情的心境。

注释

[9] 制高点:作战时,在某一范围内可居高观察敌情和压制敌人火力的最高地形、地物。这里是指某一局部范围内的相对最高(优势)点。

[10] 普世性:世界、世人普遍适用的价值观。

[11] 六道轮回:佛教术语。按照生前因果自然会进入六道,轮回不断在六道之间进行。

[12] 计划生育:中国的基本国策之一,即按人口政策有计划地生育。

[13] 畸(jī)曲:不整齐的,不正规的。

[14] 恰切(qiē):恰当,贴切。

---

① 纵然面对千万人(阻止),我也勇往直前。出自《孟子·公孙丑上》。
② 细微的失误,可导致巨大的差错。出自《史记·太史公自序》。

汉语话题阅读与表达

📋 读后练习

一、根据文章内容填空

1. 近年来，有一种来自国外汉学界的批评声音，反对中国作家用_____的方式写小说。其立论的依据是，世界文学潮流是现代小说已经放弃了讲故事，讲故事既落后又缺少现代性。中国作家依然在沿用19世纪的文学方式讲故事，太_____了。

2. 仅仅是萃集了一肚子的民间故事，也无法产生今日之莫言。成就一名优秀作家的，还有时代的_____、作家的_____、世界文学大潮的_____。

3. 当下的电视剧中有一大门类，叫作"_____"，而作家们则被称作"50后""60后""70后""80后"——这里的年代印象不仅是自然延伸，而且有着不同的历史印记，有着特定的_____和_____的情感集聚。

二、根据文章内容判断正误（正确的画"√"，错误的画"×"）

1. 莫言在斯德哥尔摩发表的诺贝尔文学奖的获奖演讲，题目是《讲故事的人》。这是他对自己的角色定位。莫言出生于齐鲁大地，直至21岁参军离开家乡。21岁前，他一直生活在山东高密的乡村——一个充满了乡土气息又不乏神奇性的地方。（　　）

2. 莫言有篇小说叫《草鞋窨子》，写的是冬闲时节男人们扎堆在地窨子里打草鞋和聊天，讲述自己遇到或听来的奇闻轶事。近万字的作品，除了环境和场面的叙述、氛围的渲染，竟然编织了12个各色各样的故事。（　　）

3. 正如许多作家曾经表述过的那样，中国的现实远远超越了作家的想象力，比文学更具有传奇性。韩少功曾说，许多外国作家非常羡慕中国作家所拥有的丰厚的本土创作资源。（　　）

三、根据文章内容回答下列问题

1. 作者认为，莫言和中国作家展现出的最鲜明的中国特色和中国经验是什么？

2. 铁凝怎样评价莫言？

💡 口语表达

自由谈

1. 你知道哪些中国传统的民间故事？选择一个，分享你的理解和感受。

2．你最喜欢哪位当代中国作家？请介绍他的主要作品。

3．查阅资料，介绍一部莫言的作品，并阅读一部分，试着谈谈你的感受。

写作训练

"吾生也有涯，而知也无涯"，人们的生命不过百年，但读书能实现读者与古今中外作者之间温暖的连接；人的生命或绚烂或平淡，但读书可以延展人们的生命半径，看到其他生命样态、关照其他人生百态，读书方知知识的无垠与辽阔，读书方可体味人类是这么渺小也是这么伟大。

根据材料，结合所学所思，以"读书与人生"为题，写一篇 400 字左右的文章，说明自己的观点并论证，题目自拟。

拓展阅读

汉字：中国文化的独特符号

话题七

我们能为绿色地球做些什么？

话题七　我们能为绿色地球做些什么？

导言

日趋频发的自然灾害、公共卫生事件和严重的环境问题让人类开始重新审视生命的本质与意义，并反思发展方式，也促使人类对生产方式、生活方式和消费方式予以反思和调整。调整生活方式、理性消费、节能减排、低碳环保成为我们生活中触手可及的"热词"……

话题阅读 7-1

中国进入"第四消费时代"了吗？[①]

鉴于欧美国家和日本消费社会的发展历史，我们大致可以将消费社会分为三个阶段：大众消费社会阶段，即强调通过大众生产和大众消费模式实现国民的均质性和同质化的消费方式；风格化或分众型消费社会阶段，即通过实施"二八"生产和消费模式推进生活风格化或社会群体划分（消费认同群体），以满足国民个性化、多样性的消费需要；**反思**与**批判**消费社会阶段，即开始反思与批判消费社会的**弊端**与不足，谋求消费发展与自然生态的和谐共存。

日本社会学家三浦展以三十年为分段期，将 2005—2034 年视为第四消费社会，认为从第三消费社会到第四消费社会的转变出现了以下特征：第一，从个人意识到社会意识，从利己主义到利他主义；第二，从私有主义到共享意识；第三，从追求名牌到追求简单、休闲；第四，从崇尚欧美、向往都

反思（fǎnsī）：思考过去的事情，从中总结经验教训。

批判（pīpàn）：对错误的思想、言论或行为做系统的分析，加以否定。这里指分析判别，评论好坏。

弊端（bìduān）：弊病、引起弊病发生的缘由。

[①] 郑红娥．"双循环"格局下消费的阶段性特征研判[J]．人民论坛：2021（4）：12-15．有改动。

市、追求自我到日本意识、地方意识；第五，"由物质到服务"的真正实现，或对人更为重视。

目前中国已经出现了"第四消费时代"的一些特征，如遍地开花的共享经济，但是中国与三浦展所总结的"第四消费时代"相距甚远。就"第四消费时代"所具备的注重"使用"，而不是"拥有"、环保简约以及"对充实时间的消耗"这三个主要特性而言，中国仍未具备。

首先，豪宅名车仍是当前国民体现社会地位与社会身份的重要"社会地位优势物品"。这说明一些人仍然**重视**物品的拥有与名牌上的攀比[1]，而不是完全理性地消费去品牌化和性价比更高的物品。消费者仍然重视对物品的所有或拥有，而未将其重点转向对物品的使用。加之共享伦理的缺失，消费者并没有真正实现从购买与拥有转变为共有、共享与共同利用。当中国推行共享经济时，可能建立的仅仅是共享经济的"皮毛"，共享伦理的建设在中国任重道远[2]，如从媒体对共享单车**屡屡**遭破坏的报道中可以窥见一斑[3]。共享经济的完善必将涉及制度信任完善、个人信用体系建设和国民素质的提高等诸多方面。但共享经济的到来也为中国建立全新的消费社会提供了**契机**。

其次，不论是当前全国推行的绿色治理，还是大力提倡的垃圾分类都说明中国欲达到环保简约状态是一个任重道远的过程。尽管最新数据表明，中国出现了许多理性消费现象，但是这些现象只能表现为中国进入"类或准第四消费时代"。日本之所以能进入"第四消费时代"，是历经了对高消费、高消耗的第三消费时代的批判和"痛定思痛[4]"这一否定之否定[5]过程。就中国而言，无论是佛系[6]青年的淡泊，还是越来越多消费者追求的平价理性消费，更多是为了应对全国盛行的以高消费、高消耗为特征的消费主义（如高房价和高彩礼）以及疫情所带来的不确定性而表现出的主观或无奈的理性消费。如据《2020年中国消费者调查报告》，消费者希

重视（zhòngshì）：认为重要而认真对待；看重。

屡屡（lǚlǚ）：多次。

契机（qìjī）：指事物转化（多指向积极的方向）的关键。

[1] 攀（pān）比：不切实际地比附。

[2] 任重（zhòng）道远：担子很重，路程遥远。比喻责任重大，需要经过长期的艰苦奋斗。

[3] 窥（kuī）见一斑：只了解一二，了解得很少。

[4] 痛定思痛：悲痛的心情平静之后，再回想当时所遭受的痛苦。指吸取教训，警惕未来。

[5] 否定之否定：是哲学的基本规律之一。它揭示了事物发展的前进性与曲折性的统一，表明了事物的发展不是直线式前进而是螺旋式上升的。

[6] 佛系：网络流行语，也是一种文化现象。主要是指无欲无求、不悲不喜、云淡风轻而追求内心平和的生活态度。

生词

高昂（gāo'áng）：价钱贵。

谨慎（jǐnshèn）：慎重、小心。

策略（cèluè）：计策；谋略。这里指的是可以实现目标的方案集合。

忽略（hūluè）：由于疏忽或不重视而没能够注意到。

错位（cuò//wèi）：离开原来的或应有的位置，后来比喻失去正常的或应有的状态。

注释

[7] 未雨绸（chóu）缪（móu）：在天还没下雨的时候就修补好房屋的门窗。后用以比喻事先做好准备。

[8] 凸显：凸出显露。

[9] 摧枯拉朽（xiǔ）：摧毁枯草朽木。形容气势盛大，对方不堪一击。

[10] 愈（yù）演愈烈：指事情、情况等越来越恶化、严重。

[11] 直播带货：是直播娱乐行业在直播的同时带货，由主播或主播集合在直播间里推介，已成为网络电商平台销售的主流形式之一。

[12] 如火如荼（tú）：原指军容之盛，后来多用来形容大规模的行动气势旺盛，气氛热烈。

[13] 供给侧：supply side，指供给方面，国民经济的平稳发展取决于经济中需求和供给的相对平衡。

望增加储蓄，未雨绸缪[7]，这一点在北京、上海、广州、深圳等生活成本**高昂**的大城市尤为凸显[8]：有的更加理性，愿意为品质而不是社会认同买单；有的更加精明，追求最高性价比；还有的更加**谨慎**，缩减开支，未雨绸缪。随着国民收入进一步提高，必然有更多的消费者追求攀比式的高档与名牌产品。2019年中国人口达到14亿，根据官方标准，中国"中产"约有3亿～4亿人（家庭收入在10万～50万元），这个群体的规模正在迅速成长，预示着中国超大的市场规模。也只有当居民普遍富裕且历经高消费导致的各种社会与环境问题之后，才会真正痛定思痛，谋求摧枯拉朽[9]式的改变，从而真正进入"第四消费时代"。

最后，就当前中国而言，消费仅仅是一种"物的消耗"，而不是"第四消费时代"强调的"充实时间的消耗"。不论是生产方还是销售方，其关注点仍然放在如何实施差异性**策略**，让消费者购买与消费尽可能多的物品。尤其是在目前各大网络媒体呈现指数级增长的情况下，这种现象似乎愈演愈烈[10]，如直播带货[11]的如火如荼[12]以及层出不穷的各大"购物节"的促销。然而，在此背景下，如何提高产品的功效、质量，提升服务水平，以便给消费者创造更佳的消费体验这个问题被**忽略**了。这种生产与需求、生产者与消费者间的脱节已经成为一个日渐凸显的问题。为此，只有将消费从不仅仅是一种"物的消耗"（即效率性消费）转变为更是一种"充实时间的消耗"上来，即注重消费者的自主性提高和自我实现的发展性消费，我们才能真正明了目前在商品和服务供给侧[13]上侧重于大量生产、大量消费与消费者越来越注重"充实时间的消耗"这一需求变化间存在的**错位**。以此，我们才能意识到目前真正制约消费者需求进一步扩大的问题所在。

随着我们日趋步入消费社会化的轨道，无论是在宏观层面上就社会繁荣发展而言，还是在微观层面上就消费者的美好生活来说，消费的重要性日渐凸显。但是，真正想让消费这一重要性发挥作用，并促进社会可持续发展，社会各界必须摒弃[14]产业社会效率至上观念的影响与束缚，让消费逐渐扬弃[15]其只重生产性和效率性的特性，而真正回到对"充实时间消耗"这一消费的真正目的上来。

[14] 摒（bìng）弃：排除、舍弃。

[15] 扬弃：包含抛弃、保留、发扬和提高的意思。指新事物代替旧事物不是简单地抛弃，而是克服、抛弃旧事物中消极的东西，又保留和继承以往发展中对新事物有积极意义的东西，并把它发展到新的阶段。

 读后练习

一、根据文章内容选择正确答案（单选）

1. 鉴于欧美国家和日本消费社会的发展历史，大致可以将消费社会分为三个阶段，下列选项中不属于这三个阶段的是（　　）。

　　A．感性消费社会阶段

　　B．大众消费社会阶段

　　C．风格化或分众型消费社会阶段

　　D．反思与批判消费社会阶段

2. 如据《2020年中国消费者调查报告》，消费者希望增加储蓄，未雨绸缪，这一点在北京、上海、广州、深圳等生活成本高昂的大城市尤为凸显，以下不属于他们的做法的是（　　）。

　　A．有的更加理性，愿意为品质而不是社会认同买单

　　B．有的更加精明，追求最高性价比

　　C．购买低价格商品或服务，价格越低越好

　　D．更加谨慎，缩减开支，未雨绸缪

3. 中国共享经济的完善，必将涉及诸多方面的因素，以下不属于这些因素的是（　　）。

　　A．制度信任完善

B．个人信用体系建设

C．国民素质的提高

D．国家政策的强制

二、根据文章内容判断正误（正确的画"√"，错误的画"×"）

1．三浦展以四十年为分段期，将2005—2044年视为第四消费社会。（　　）

2．共享经济的完善必将涉及制度信任完善、个人信用体系建设和国民素质的提高等诸多方面。（　　）

3．当今中国"中产"群体的规模正在迅速成长，预示着中国超大的市场规模。
（　　）

三、根据文章内容回答下列问题

1．作者认为，中国真正进入"第四消费时代"了吗？为什么？

2．为什么说就当前中国而言，消费仅仅是一种"物的消耗"，而不是"第四消费时代"强调的"充实时间的消耗"？

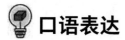口语表达

自由谈

1．你消费时考虑的核心要素是什么？你更倾向于哪些方面的消费？

2．日常生活中，你是一个理性消费者还是一个冲动消费者？

3．近五年来，你是消费降级了还是消费升级了？为什么？你的生活因此有什么变化？

话题阅读 7-2

"酷抠族"引领消费新时尚[①]

曾几何时,消费主义当道,一些年轻人崇尚及时行乐,"今朝有酒今朝醉",花钱大手大脚,过度消费、超前消费、透支消费比比皆是,成为"月光族""网贷奴"。而如今,"人间清醒"、理性消费的年轻人越来越多,他们跨越"买买买,扔扔扔"的消费**陷阱**和恶性循环,不冲动消费,不花**冤枉**钱,追求"月月有余钱"的"极俭"境界,成为拒绝被消费主义割韭菜[1]的酷抠族[2]。

"月光族"变"存钱罐"

2021年贺岁档最大黑马电影《爱情神话》中,徐峥饰演的主角老白请女朋友到家吃饭前,跑到临期商店购买打折商品,此时镜头扫过,商店里还有不少年轻的面孔在选购。

在很多人还想当然地认为年轻人是不会过日子的"月光族"时,这届年轻人已经活得明明白白了——他们拒绝当消费主义的韭菜,不为触不可及[3]的精致生活所**诱惑**,在自己的能力范围内开始过起了"极俭"生活。

记者在某网络平台的"丧心病狂攒钱小组"里发现,有五六十万人参与其中。他们亲切地互称"存钱罐",在网上分享省钱妙招,例如买二手,各个平台比价,互相**激励**、监督,分享**攒**钱的经历,致力于一起变成有存款、有安全感的人。

随之悄然兴起的酷抠族将这一趋势发扬光大。酷抠族一词来源于英文coolcarl,这一群体以着装从简为荣,以盲目攀比为耻;以物尽其用为荣,以铺张浪费为耻。这是一个崇尚

生词

引领(yǐnlǐng):原指伸直脖子远望,形容盼望殷切。现在多指引导、带领。

陷阱(xiànjǐng):表面覆盖着伪装的坑穴。比喻害人的圈套。

冤枉(yuānwang):不合算、吃亏。

诱惑(yòuhuò):引诱迷惑。

激励(jīlì):激发鼓励。

攒(zǎn):积聚、储蓄。

注释

[1] 割韭菜:股市常用语,意思是一部分炒股的人亏本离场,新生力量又加入股市,就像韭菜一样,割一茬很快又长一茬。"韭菜"一般指金融圈的基层群众,一般因被劝导购买股票、理财等金融产品而投资失败。

[2] 酷抠族:coolcarl,是传统的节俭和现代时尚思维结合的一类人。

[3] 触不可及:连触碰都不能碰到,比喻遥不可及,无法达到。

[①] 李晓玲. 不是穷攒钱,而是不花冤枉钱:酷抠族引领消费新时尚[EB/OL]. (2022-06-17) [2022-07-18]. https://baijiahao.baidu.com/s?id=1735850781668772985&wfr=spider&for=pc. 有改动。

节约、追求简单自然的生活方式的社会族群。传统的节俭和现代时尚思维的结合，使他们生活得如鱼得水。

悄然崛起、低调出场的酷抠族，玩转了各种省钱手段。比如，他们买东西一般都是网购，最爱攒积分消费，用财务软件记账，上班自带便当，买节能电器，出行尽可能选择公共交通，充分利用图书馆和旧书市场，崇尚不花钱就能享受。

但是，酷抠族并不认为自己是守财奴，他们诠释的"抠"是另一种含义，即精明的理性消费。他们精打细算地生活是为了追求更简单、健康的生活，通过消费重点的转移达到配置金钱的最佳效果。

这些酷抠族和他们推崇的极俭生活理念、省钱生活方式，正在改变人们对年轻人的刻板印象。蚂蚁财富发布的一组数据甚至令中年一辈咋舌，其研究称，"95后"的攒钱增速是其他群体的8倍。

攒钱为什么变"香"了

事实上，过度消费背后，是消费者累积起来的焦虑和**恐慌**。越来越多年轻人发现，工资虽然比刚上班时涨了不少，可薪资水平提高的速度赶不上品牌溢价[4]的速度。与此同时，房租、房贷等带来的生活压力越来越大，种种因素促成年轻一代提早攒钱。

"手心朝上找父母要钱的感觉远没有手心朝下自己挣钱来得舒服""不攀比，量力而行[5]，这样过也挺好的。我不想做资本的韭菜，只想做自己的英雄""一场疫情才使我知道攒钱的意义，现在更认定攒钱才是王道""攒钱好有成就感，有钱使我不那么**迷茫**和**浮躁**了"……

新一代年轻人的心声就是这么简单直白[6]。"月光族"的生活已经让许多年轻人明显感到力不从心了。尽管每次购物后都会有短暂的快乐，但生活中的种种琐事和焦虑会很快让这些快乐消失殆尽[7]。在不确定性日渐增大的世界，银行卡里的余额才是唯一确定且不会背叛自己的东西。相比于之

恐慌（kǒnghuāng）：由于担惊受怕而引起恐惧慌张。

迷茫（mímáng）：此处的意思是迷惑茫然。

浮躁（fúzào）：轻浮急躁；不沉着。

[4] 品牌溢价：brand premium，即品牌的附加值。同样的产品，一个品牌能比竞争品牌卖出更高价格，称为品牌的溢价能力。

[5] 量力而行：按照自己力量的大小去做，不要勉强。

[6] 直白：直截了当，坦率。

[7] 消失殆（dài）尽：逐渐消失至没有。

前消费带来的短暂快感，避免物欲捆绑**折磨**，反而可以让年轻人静下心来做自己喜欢的事。

"极俭＋极简"主义理念风行，攒钱对这届年轻人来说变得更"香"了。一些年轻人是出于被动选择——钱难挣还面临裁员风险，危机意识普遍增强，存钱带来的安全感却是前所未有的。更有一些年轻人是主动选择，他们褪去消费狂热，开始对未来规划进行理性抉择[8]。

不是穷攒钱，而是不花冤枉钱

酷抠族不是没有消费能力，而是不愿落入消费主义的陷阱，充当资本收割的韭菜；他们不是不舍得花钱，而是比以前更明白该怎样把钱用在该用的地方；不是穷攒钱，而是不想花冤枉钱。他们在追求精致生活的同时，绝不铺张浪费，要简约而不简单，时尚而不**奢华**，自控而不自闭。

从社会学的视野看，酷抠的生活方式反映出更为理性的消费意识。所谓的"抠"与一般意义上的"节省"并不完全相同，大部分酷抠族并不是在所有生活细节上都"抠"，他们只是有意将生活中一些可有可无的消费省去。与这种理性消费观念同步的，是他们践行[9]着健康环保的生活方式，以及趋于科学合理的理财观念。

越来越多的年轻人逐渐认识到，理性消费不是**抑制**消费，而是有目的、有计划地消费，量力而行。消费的初心是让自己的生活质量提升，而不是去攀比和炫耀；消费是为了满足需要，而不是满足脱缰的欲望与贪婪。"自己掏钱，丰俭由我"，只买真正需要的物品，不买可有可无的物品。

新一代年轻人更强调消费自律，基本不参加"双11""618"等人造节日的购物狂欢，拒绝心血来潮买东西、囤[10]东西，而是现用现买。他们养成记账习惯、遏制无用消费，学习理财，做好预算和消费清单，开拓兼职渠道，投资个人终身成长，用最酷炫的节俭模式维持品质生活。

当下，支持酷抠生活方式的人越来越多，可望引领新一波消费新风尚。

生词

折磨（zhé·mó）：使在肉体上、精神上受痛苦。

奢华（shēhuá）：奢侈浮华，多形容有钱人的生活，也形容爱慕虚荣的人所渴望的生活。

抑制（yìzhì）：压制、控制。

注释

[8] 抉（jué）择：挑选；选择。

[9] 践行：实践，用实际行动去做某些事。

[10] 囤（tún）：储存。

📝 读后练习

一、根据文章内容填空

1. 贺岁档电影《爱情神话》中，徐峥饰演的主角老白请女朋友到家吃饭前，跑到_____商店购买_____。

2. 酷抠族一词来源于英文coolcarl，这一群体以着装从简为荣，以盲目攀比为耻；以_____为荣，以_____为耻。这是一个崇尚节约、追求简单自然的生活方式的社会族群。

3. 酷抠族并不认为自己是_____，他们诠释的"抠"是另一种含义，即精明的_____。

二、根据文章内容判断正误（正确的画"√"，错误的画"×"）

1. 酷抠族精打细算地生活，是为了追求更简单、健康的生活，通过消费重点的转移达到配置金钱的最佳效果。（　　）

2. 从社会学的视野看，酷抠的生活方式反映出更为感性的消费意识。（　　）

3. 酷抠族践行着健康环保的生活方式，以及趋于科学合理的理财观念。（　　）

三、根据文章内容回答下列问题

1. "酷抠族"一词的来源和意思是什么？
2. 新一代年轻人心中的"理性消费"是怎样的？

💡 口语表达

自由谈

1. "消费降级"和"抠门"是一回事吗？消费降级一定会使生活质量变差吗？
2. 请谈谈你对"酷抠族"的看法。
3. 请谈谈你的消费价值观。
4. 你觉得幸福生活是什么样的？你最向往的生活方式是怎样的？

话题阅读 7-3

推广绿色家电，助力消费升级[①]

当前，随着绿色消费理念日益深入人心，作为城乡居民实物消费重要构成部分的家电消费，绿色化、**低碳**化、节能化趋势明显。如何推动绿色家电更好地走进千家万户？各方正在积极探索。

"我家里3台空调都是节能的，电费不多。"眼下气温日升，江西省鹰潭市余江区潢溪镇村民邵润芳对自己的选择很满意。在消费升级趋势下，人们对于家电产品的需求由最初的"能用"升级到"好用"，以绿色家电为代表的高品质家电受到青睐。

低碳（dītàn）：low carbon，指较低（更低）的温室气体（二氧化碳为主）排放。

高效（gāoxiào）：效率高的。指在相同或更短的时间里完成比其他人更多的任务，而且质量与其他人一样或者更好。

顾虑（gùlǜ）：怕带来不良后果而不敢照实说话或行动。

绿色家电受到更多消费者青睐

初夏，邵润芳接触到某款低碳节能空调，了解到这款空调采用**高效**直流变频压缩机，耗电超低后，动心了。一开始家里老人嫌贵，"现在我在镇里的工业园做事，收入很稳定，有条件改善生活。何况这空调是节能的，比以前的省电。"邵润芳一番话，消除了老人的**顾虑**。

[①] 齐志明. 推广绿色家电 助力消费升级 [EB/OL]. （2022-07-05）[2022-07-20]. https://m.gmw.cn/baijia/2022/07/05/35861954.html. 有改动。

邵润芳买回来3台节能空调，1台装在客厅，2台装在卧室。"一台空调开10个小时耗电还不到2度，**性价比**高。"邵润芳说。

近年来，"绿色家电"成为热词。2022年中国《政府工作报告》提出，鼓励地方开展绿色智能家电下乡和以旧换新。绿色家电产品门类不断扩围，从家用净水设备到抗菌冰箱、中央空调等，产品加速更新换代。

何为绿色家电？与普通家电相比，它具有哪些优势？

"绿色家电是指对生态环境和人体健康无害或危害极小，同时资源、能源**消耗**少并且品质更高的家用电器产品，其核心在于环保、健康、节能。"星图金融研究院高级研究员付一夫介绍，这种家电在产品设计上要融入质量提升、环境保护等理念；在生产过程中要体现清洁生产、无废少废和综合利用；在产品品质上要更加以人为本，注重健康、舒适和环保；在产品**报废**之后，可以回收利用。

以日常厨房场景为例，传统灶具往往因火力无法满足爆炒需求，导致烹饪[1]时间变长，能源消耗加大；灶具热量散失导致烹饪效率不够高，不够节省液化气或天然气。这些功能上的短板成为供给侧攻关的重点，不少家电品牌对此发力。苏泊尔厨卫大家电战略市场总监王亮亮介绍，新型燃气灶通过增压宽域极限火力技术、双层聚能锅架技术等多种技术创新，可优化厨房家电消费体验。

"从技术研发、材料更新到工艺变革，科技发展为产业升级提供了重要支撑，助力绿色家电市场产得出、供得上、用得好。"付一夫认为，应注重绿色家电产业布局，积极引进或研发新技术，鼓励行业开展绿色科技联合攻关，降低创新成本；提升绿色家电产品流通效率，鼓励企业通过扩大市场规模降低产品价格，提升绿色家电的市场吸引力。

各方协同发力促进绿色消费提速扩面

日前，郑州市民方琳走进河南省郑州苏宁易购德化街店，

生词

性价比（xìngjiàbǐ）：商品的性能、配置等与其价格所形成的比率。

消耗（xiāohào）：消散损耗，（精神、力量、物资等）因使用或受损而逐渐减少。

报废（bào//fèi）：设备、器物等因不能继续使用或不合格而作废。

注释

[1] 烹饪（pēngrèn）：烧煮食物，做饭菜、烹调。

为婚房选购家电，产品"颜值"、绿色节能是她考量的重要指标。最终，她选购了洗衣机、干衣机、双开门冰箱、电视机等家电，都是一级能效绿色节能产品。拿新一级能效空调来说，与入门级能效产品相比，一年可节省约300度电。

"这些家电按市场价是2.4万元，我只花了2万元出头。各种补贴政策给了不少优惠，提升了性价比。"方琳介绍，价格优惠来自3个方面：首先是郑州市家电"以旧换新"补贴，所购家电均为节能产品，享受产品成交价20%、单件最高500元的节能补贴，这就节省了2500元；其次，苏宁易购"以旧换新"优惠补贴了500元；最后，叠加家电成套[2]购买满减等门店优惠，又节省约800元。

[2] 成套：组成一整套。

近年来，各方主体协同发力，推动绿色家电消费提速扩面。

出台一系列利好政策，激发消费意愿。2022年年初，中国国家发改委等7部门联合印发《促进绿色消费实施方案》，鼓励引导消费者更换或新购绿色节能家电、环保家具等家居产品。2019年2月，北京市启动为期3年的节能减排促消费政策，符合条件的消费者可获得单件最高800元的资金补贴。

推出各类优惠活动，推动产销两旺。中国家用电器服务维修协会多年来持续开展"以旧换新""汰旧换新"节能惠民活动。2022年4月，真快乐App和国美电器联合电器厂商发起让利活动，"以旧换新"最高补贴400元，购买节能家电最高补贴800元。

这些促消费措施实施效果良好。从全渠道来看，奥维云网监测数据显示，2021年全年家电市场中，新一级能效冰箱与空调的销售额，线上同比分别增长12.1%和42.3%，线下同比分别增长7.3%和52.4%。从大型流通平台来看，京东家电数据显示，2021年，二级以上能效家电成交额占比超过65%。从大型流通平台来看，京东家电数据显示，2021年，二级以上能效家电成交额占比超过65%。

产品标准及售后服务亟待升级

产品五花八门，不知如何挑选；想买新型家电，但老旧家电不知如何处理……在中国宏观经济研究院对外经济研究所副所长王蕴看来，目前，中国绿色家电市场发展还存在标准不统一、回收利用不顺畅、售后[3]服务待完善等问题。

能效标准的升级衔接对家电提质升级具有重要引领作用。近年来，绿色家电消费市场规模增长较快，但在生产端存在部分产品国内标准不统一、标准水平与国际不**接轨**等问题。对此，要充分发挥行业协会和标杆[4]企业的作用，研究推进能效标准的升级，与国际衔接，提升能效标准水平。

废旧家电回收利用体系有待健全。绿色家电消费发展的同时必然会带来大量传统家电的淘汰。《2021中国家电以旧换新年度调研报告》显示，中国家电保有量目前超过21亿台，按照一般安全使用年限不超过10年估算，近几年年均淘汰量在1.5亿台左右。畅通家电回收再利用循环体系，降低产品对环境的负面影响，需要更多行动。2020年5月，中国国家发改委等7部门联合印发《关于完善废旧家电回收处理体系推动家电更新消费的实施方案》，支持大型家电生产、销售、回收企业和电商平台利用配送、装机、维修等渠道发展**逆向**物流，开展废旧家电回收。王蕴认为，应通过引导企业落实回收目标责任制、给予一定的税收优惠等方式，调动家电生产企业参与回收体系建设的积极性；同时，可通过提供绿色金融工具支持等方式，鼓励更多社会资本参与回收体系的建设。

此外，中国家电售后服务体系还不够规范，价格不透明、维修服务质量难保证等问题长期存在。绿色家电在使用过程中的保养等要求比传统家电更高，这也延伸出更多的售后服务要求。2022年3月，"中消协3C家电网上消费教育基地"启用，为消费者提供有关3C家电消费的咨询服务。中消协有

接轨（jiē//guǐ）：原指连接铁路路轨。这里比喻使不同的体制或做法一致起来。

逆向（nìxiàng）：相反的方向。

[3] 售后：多指商品销售交易过程完成了以后的配套服务。

[4] 标杆：本指测量的用具，主要用来指示测量点。现在多用来比喻学习的榜样。

关负责人表示，要整合行业协会、消协组织和产销各方的力量，健全绿色家电维修、保养等售后服务机制，为消费者提供更令他们安全放心的使用服务。特别在农村地区，售后服务体系还需加强，要积极鼓励企业通过联合设立维修服务平台等形式为消费者提供有保障的售后服务。

读后练习

一、根据文章内容填空

1. _____标准的升级衔接对家电提质升级具有重要引领作用。

2. 特别在_____地区，售后服务体系还需加强，要积极鼓励企业通过联合设立维修服务平台等形式为消费者提供有保障的售后服务。

3. 2019年2月，北京市启动为期3年的_____促消费政策，符合条件的消费者可获得单件最高800元的资金补贴。

4. 废旧家电回收利用体系有待健全。绿色家电消费发展的同时必然会带来大量传统家电的_____。

二、根据文章内容判断正误（正确的画"√"，错误的画"×"）

1. 当前，随着绿色消费理念日益深入人心，作为城乡居民实物消费重要构成部分的家电消费，绿色化、低碳化、节能化趋势明显。　　　　　　　　　（　　）

2. 日常厨房传统灶具的火力可以满足爆炒需求，烹饪效率足够高，能够节省液化气或天然气。　　　　　　　　　　　　　　　　　　　　　　　（　　）

3. 一般来说，家电的安全使用年限不超过10年。　　　　　　　　（　　）

三、根据文章内容回答下列问题

1. 什么是绿色家电？与普通家电相比，它具有哪些优势？

2. 在中国宏观经济研究院对外经济研究所副所长王蕴看来，目前中国绿色家电市场发展还存在哪些问题？

口语表达

自由谈

1. 结合课文,谈谈家电使用与碳排放之间的关系。

2. 如何为你所在的城市低碳生活创作一个公益宣传广告?

3. 查找资料,结合课文,谈谈中国为应对气候变化提出了哪些主张,做出了哪些努力,取得了哪些成效。

分组讨论

分组讨论温室效应对人类生存有哪些威胁,人类应该如何应对这些威胁;讨论结束后,每组推选一个代表,提出看法和建议。

话题阅读 7-4

"套娃式"包装要不得①

现如今，一些商品"套娃[1]式"包装**盛行**，一些商家在包装上可谓"煞费苦心[2]"，除了从包装的体积重量上下手，甚至还使用红木、贵金属等材料，商品重"颜值"轻品质，造成了许多不必要的资源浪费。日前，中国工信部组织完成了《限制商品过度包装要求：食品和化妆品》强制性国家标准第1号修改单（二次征求意见稿）的编制工作，以进一步规范食品和化妆品包装要求，引导绿色生产、倡导绿色生活。

限制商品过度包装是推动可持续发展、引导绿色消费的重要方式。商品的过度包装会带来大量的资源浪费与环境污染；消费者也会从中**吃亏**，因为过度包装的成本会通过加价转移给顾客，类似于常说的"羊毛出在羊身上[3]"。由于成本增加，一些商家不重视产品质量，导致商品"金玉其外，败絮其中"②。从长远来看，不论是对商家还是消费市场乃至整个社会都是不利的。

"套娃式"包装盛行的原因是多方面的。随着人们生活水平不断提高，消费者心理发生巨大变化，由消费需要向消费欲望转变。由于商品日益被符号化，一些消费者更注重商品外在形式所体现的符号价值，而对商品本身的价值有所忽视，因此会更倾向于选择包装仪式感十足的产品。一些商家为了迎合部分消费者需求，开始投其所好[4]，通过**一味**地丰富包装来获得市场；或者诱导消费者选择豪华包装产品，以

盛行（shèngxíng）：广泛流行，普遍流行。

吃亏（chī//kuī）：遭受损失；在某方面条件不利。

一味（yīwèi）：单纯地。

[1] 套娃：matryoshka，俄罗斯民间工艺品，形象一般为身穿民族服装的村姑玛特廖什卡，从大到小叠套在一起。

[2] 煞（shà）费苦心：费尽心思。

[3] 羊毛出在羊身上：比喻表面上用于某人或某些人的钱物，最终还是取自某人或某些人自身。

[4] 投其所好（hào）：迎合别人的喜好。

---

① 郭天宠."套娃式"包装要不得 [EB/OL]．（2022-05-16）[2022-07-20]．https://m.gmw.cn/baijia/2022/05/16/1302948965.html．有改动。
② 外面像金像玉，里面却是破棉絮。比喻外表很华美，而里面一团糟。

提升产品利润,导致小物件大包装、轻物件重包装以及"套娃式"包装屡见不鲜[5]。

警惕"套娃式"包装,应**督促**企业坚持质量第一。我们现在所处的时代是一个内容为王的时代,商品质量的高低决定着企业是否可以实现**长足**发展。商家应在外包装上做"减法",给产品质量做"加法"。除此以外,给外包装做"减法",还是给环境资源保护做"加法"。企业在包装上应注重创新,以增加实用性为主,不可喧宾夺主[6]。20世纪著名的建筑设计师路德维希·密斯·凡德罗(Ludwig Mies Van der Rohe)提出"少即是多"理念,极简即美,这种极简思维也与中国文化传统息息相关,例如古画中的"留白"、瓷器等,都是极简美的很好诠释。用极简包装取代繁杂的"套娃式"包装,反而会**增添**产品的品位与价值。

破除"面子"工程,提倡绿色消费。消费者应当摆脱**虚荣**心理,追求产品的品质,让"绿色消费"的消费观成为消费过程中的**主导**,避免落入"套娃"式包装陷阱。

好的产品不应该是"纵然生得好皮囊,腹内原来草莽(mǎng)"①,而应该内外兼修[7],抱朴含真[8]。看似高颜值的外包装可能会给商家带来一时的利润,但并不能长久。须知"面子"**固然**重要,但品质才是真正的王道。

生词

督促(dūcù):监督催促。
长足(chángzú):形容进步或发展迅速。
增添(zēngtiān):添加;增多。
虚荣(xūróng):表面上的荣耀;虚假的声誉。
主导(zhǔdǎo):起主导作用的事物。
固然(gùrán):本来就如此。表示先承认某个事实,下文又转折或否定到另一方面去。

注释

[5] 屡见不鲜:原意是常到别人家去就无新鲜的酒食供应了。后用以形容事物看见过多次,就不会觉得新奇。

[6] 喧宾夺主:客人的声音比主人的还要大。比喻客人占了主人的地位或外来的、次要的事物侵占了原有的、主要的事物的地位。

[7] 内外兼修:是指重视外在表现合乎礼仪的同时,重视内在道德修养的提升,最终达到"表里如一",完成自身修养的全面提升。

[8] 抱朴(pǔ)含真:保持并蕴含朴素、纯真的自然天性,不要沾染虚伪、狡诈而玷污、损伤人的天性。

---

① 虽然生就一副好面容,肚子里却没有半点学问。出自《红楼梦》。

读后练习

一、根据文章内容填空

1. 限制商品过度包装是推动_____、引导_____的重要方式。商品的过度包装会带来大量的资源浪费与环境污染。

2. 由于商品日益被_____,一些消费者更注重商品外在形式所体现的符号价值,而对商品本身的价值有所忽视,因此会更倾向于选择包装_____感十足的产品。

二、根据文章内容判断正误(正确的画"√",错误的画"×")

1. 商品的过度包装会带来大量的资源浪费与环境污染,但是消费者不会从中吃亏,因为过度包装的成本并没有通过加价转移给顾客。（   ）

2. "套娃式"包装盛行的原因是多方面的。随着人们生活水平不断提高,消费者心理发生巨大变化,由消费需要向消费欲望转变。（   ）

3. 警惕"套娃式"包装,应督促企业坚持质量第一。（   ）

三、根据文章内容回答下列问题

1. "套娃式"包装盛行的原因有哪些?

2. 警惕"套娃式"包装,作者认为企业和消费者应该怎样做?

口语表达

辩论

1. 每组分别选择 A 或者 B。

> 观点 A：生活需要"仪式感",所以用心设计的包装会增加我们的幸福感,也会让使用这个物品的人感到被重视。
>
> 观点 B：我们买的是内容而不是包装,包装和外观没有什么作用或者意义不大。

2. 每组陈述自身的观点,并阐释原因。

3. 两个小组就对方观点陈述中的不同意见进行回应以及反驳。

4. 在一组展示过程中,其他小组关注其完成情况,注意辩手对语言形式的掌握、辩论技巧的表现等,评出最佳辩论小组和辩手。

话题阅读 7-5

可回收物的新生"日记" ①

物联网时代,万物相联,那么可回收废弃物呢?在进博会上海综合形象展示区,我们找到了答案。

两块数据大屏上不断跳动的数字记录着上海杨浦区可回收物走向新生的"日记",这也是上海的可回收物解决方案首次亮相进博会。

早上 9 点,杨浦区凤城三村居民王阿姨在社区内的"爱分类·爱回收"智能回收机里投递了 2kg 的废纸板,5 秒内,大屏上就能看到数字跳动。王阿姨投递的重量数据自动上传到后台**大数据**系统。

一小时后,回收机被投递满了,信息自动上报运营监控平台,系统根据实时**运营**状态和车辆定位、交通状况等信息,派单给最合适的清运人员陈师傅,并为陈师傅规划好最高效的清运线路。

有了科学的路线规划,陈师傅快马加鞭[1]来到现场,清空回收机,把可回收物包裹送到中转站暂存。陈师傅的清运时长、包数、次数等信息,无须经过手工录入和导入,直接上传运营平台系统。

可回收物一路的旅程,"日记"里也记得清清楚楚。每个包裹上附带唯一识别二维码,每次装车、卸货都会称重扫码。从源头到销售,全流程都可以**追溯**。每个环节的数据都直接进入运营系统,并在大屏上呈现,帮助管理团队实现科学运营和精细化管理。

大数据(dàshùjù):big data。

运营(yùnyíng):(车船等)运行和营业。也比喻机构有组织地进行工作。

追溯(zhuīsù):本义为逆水而行,后引申为追求根源,探索缘由。

[1] 快马加鞭(biān):对快跑的马再打几鞭子,使它跑得更快,比喻快上加快。

---

① 赵超,吕骞. 万物新生集团旗下爱分类·爱回收携环保科技亮相进博会 [EB/OL].(2020-11-05) [2022-07-20]. http://it.people.com.cn/n1/2020/1105/c1009-31920172.html. 有改动。

目前，"爱分类·爱回收"已通过"互联网＋回收"模式，在杨浦区建立起"点－站－场"体系，居民投递的可回收物经过中转站的暂存，被送到末端的分拣工厂，被精细分拣为40个以上的品类，直送到有资质的再生资源利用企业，走向新生。

处置（chǔzhì）：做出某种处理。

监控（jiānkòng）：监测和控制。

可回收物的**处置**一直是个困扰人的难题。2018年之前，杨浦区域内的可回收物产生量无法准确统计。居民的可回收物一般只能通过废品回收站进行回收，投递不方便，还影响市容。不少低价值可回收物因无人回收而流入生活垃圾处置体系，造成很大的资源浪费。

为了解决这些问题，2018年杨浦区与区内科技企业万物新生集团旗下的"爱分类·爱回收"合作，通过"互联网＋回收"模式，在社区投放"爱分类·爱回收"智能回收机。居民输入手机号或微信扫码，就可以自助开启回收机仓门进行投递，并根据投递重量获得相应的积分，积分即刻到账，到达一定额度还可以提现。

相比传统的废品回收方式，"爱分类·爱回收"智能回收机全天24小时都可以投递，使用非常方便。居民投递的可回收物由微电脑感应，智能称重，也不用担心"短斤缺两"。回收机入驻之后，居民投递热情非常高。为了防范违规投递，"爱分类·爱回收"运用AI技术，建立了数据**监控**和风控[2]纠错机制：每台智能设备都内置高清摄像头，对投递行为和

[2] 风控：一般指风险控制。是指风险管理者采取各种措施和方法，消灭或减少风险事件发生的各种可能性。

话题七 我们能为绿色地球做些什么？

物品进行拍照和录像，后台通过 AI 识别结合人工**审核**，规范居民投递行为。

展台现场还有各式各样的再生物品，比如塑料瓶再生制作的环保伞和环保袋，牛奶盒再生制作的工艺品，"变身"超越你的想象。"爱分类·爱回收"CEO 陈静晔介绍："我们 2019 年推出了'LOVERE'再生环保产品品牌，通过整合**循环再生**产业链资源，与知名品牌联名开发再生产品。希望通过这种方式，让居民更**直观**地感受到环保成果，更加有参与感和获得感。"

目前，"爱分类·爱回收"在上海铺设了近 3000 台智能回收机，每天回收数百吨可回收物。"爱分类·爱回收"还进驻了北京、成都、太原、黄石、潍坊、常州、连云港、青岛等多个城市，在全国范围内铺设近 4000 台智能回收机。"爱分类·爱回收"通过全品类回收，把可回收物从生活垃圾里分离出来，可以实现 1/3 以上的垃圾减量，减轻政府清运压力，提高垃圾分类管理水平，还有助于改变传统拾荒[3]行业"脏、乱、差"的状况。

万物新生集团创始人、CEO 陈雪峰介绍，"爱分类·爱回收"在政府部门的指导下，通过"互联网＋回收"模式，以科技创新驱动高效运营，实现"点－站－场"全链条数据化、智能化、标准化管理，提升资源利用率，让回收更简单。随着世界经济的逐渐复苏，各国消费水平也将持续**回升**，生活垃圾中的可回收物数量会不断增长。如何提高可回收物处置水平，是个世界性的课题。

"我们希望借助进博会这个宝贵的平台，和各国来宾进行交流，将我们的可回收物解决方案介绍到全世界，同时向其他国家学习先进经验。"陈雪峰说，"作为国内首家'互联网＋环保'的企业，万物新生集团将继续加大专项资金投入，将智能环保回收延伸到各种生活场景里，引导更多用户参与环保行动，为环保事业贡献力量。"

生词

审核（shěnhé）：审查核定、核实。

循环（xúnhuán）：事物周而复始地运动和变化。

再生（zàishēng）：这里指废品加工后恢复原有性能，成为新的产品。

直观（zhíguān）：用感官直接接受的；直接观察的。

回升（huíshēng）：下降后又往上升。

注释

[3] 拾荒：拾取柴草、麦穗、废品等，后指拾取别人扔掉的废品等物。

· 167 ·

读后练习

一、根据文章内容填空

1. 可回收物的处置，一直是个困扰人的难题。2018年之前，杨浦区域内的可回收物产生量无法准确统计。居民的可回收物一般只能通过_____进行回收，投递不方便，还影响市容。不少低价值可回收物因无人回收而流入_____处置体系，造成很大的_____。

2. 为了防范_____投递，"爱分类·爱回收"运用_____技术，建立了_____和_____风控纠错机制：每台智能设备都内置高清摄像头，对投递行为和物品进行拍照和录像，后台通过AI识别结合人工审核，规范居民投递行为。

二、根据文章内容判断正误（正确的画"√"，错误的画"×"）

1. 清运员陈师傅的清运时长、包数、次数等信息，需要经过手工录入和导入，然后上传运营平台系统。（　　）

2. 目前，"爱分类·爱回收"已通过"互联网＋回收"模式，在杨浦区建立起"场－站－场"体系，居民投递的可回收物，经过中转站的暂存，被送到末端的分拣工厂，被精细分拣为40个以上的品类，直送到有资质的再生资源利用企业，走向新生。（　　）

3. "爱分类·爱回收"通过全品类回收，把可回收物从生活垃圾里分离出来，可以实现1/3以上的垃圾减量，减轻政府清运压力，提高垃圾分类管理水平，还有助于改变传统拾荒行业"脏、乱、差"的状况。（　　）

三、根据文章内容回答下列问题

1. 为什么可回收物一路的旅程，"日记"里可以记得清清楚楚？
2. 相比传统的废品回收方式，"爱分类·爱回收"智能回收机的优势是什么？

口语表达

自由谈

1. 你怎么看待物品的回收及循环使用？
2. 你会在二手平台买东西吗？你购买过什么？谈谈你的购物感受。

3. 在生活中，你做过废物利用和废物改造吗？谈谈你的做法及使用感受。
4. 谈谈你的国家的物品回收利用的情况。

写作训练

> 当前，经济发展导致的资源环境问题触发了人类对传统发展方式的深刻反思。地球上的物质资源越用越少，大量耗费物质资源的传统发展方式难以为继。面向未来，再沿着只讲索取不讲投入、只讲发展不讲保护、只讲利用不讲修复的老路走下去是不可想象的，必须正确处理人口问题、资源问题、环境问题与发展问题的关系，走可持续发展道路。

根据上面材料，结合所学所思，请以"我们能为绿色地球做些什么？"为题，写一篇 400 字左右的文章，说明自己的观点并论证，题目自拟。

拓展阅读

生态文明是人类发展的现实愿景

话题八

传统与当代

话题八 传统与当代

导言

中国5000多年的历史长河中积累了一座座文化高峰，中华文明如星空般浩瀚璀璨，蕴含着中华民族的智慧、精神文化，更蕴含着生生不息的力量。古老的传统文化正以其独特的东方气韵和诗意气质，承载着中华民族的文化基因、文化内涵、精神品格和价值追求，给予当代历史文化滋养。中华优秀传统文化的创造性转化和创新性发展也成了中华文明历史长河中奔腾不息的深层文化密码，激励着中华文化展现出时代风貌。

话题阅读 8-1

张艺谋及主创团队详解北京冬奥会开幕式[①]

极具诗意的倒计时设计、晶莹别透的"冰雪五环"、浪漫唯美的雪花火炬台、璀璨夺目的数字光影、独具创意的环保点火，绘就恢宏壮美的视听盛宴……2022年2月4日晚，举世瞩目的北京2022年冬奥会开幕式在中国国家体育场"鸟巢"成功举行。开幕式总导演张艺谋等主创团队成员为我们详细讲述了开幕式创意理念、数字科技、火种点燃等鲜为人知的幕后故事。

从"我"到"我们"：最大伏笔是雪花

张艺谋介绍说，本次开幕式从设计之初就确定不再过多呈现中国五千年的历史和文化，因为其在2008年奥运会已经

[①] 周杰，周宁，姬烨，等. 颠覆传统"不点"主火炬：张艺谋及主创团队详解北京冬奥会开幕式 [EB/OL]. （2022-02-04）[2022-07-27]. https://baijiahao.baidu.com/s?id=1723846295654060713&wfr=spider&for=pc. 有改动。

充分展示了,而这次希望从展示"我"变为展示"我们",展现"一起向未来"这样的人类共同的情感,描绘今天的新时代。

"一朵雪花"展现"一起向未来"。"有人问我开幕式最大的伏笔是什么,我回答'是一朵雪花的故事'。"他举例说,最开始观众得到的礼包、倒计时短片、参赛国家和地区引导牌、演员服装、部分表演的背景、主火炬,都有"一朵雪花"**贯穿**始终。

贯穿(guànchuān):贯通。

象征(xiàngzhēng):用具体的事物表现某种特殊的意义。

瞩目(zhǔmù):注视。

2022年2月4日晚,第二十四届冬季奥林匹克运动会开幕式在北京国家体育场举行。图为开幕式上的"构建一朵雪花"环节。(新华社记者薛宇舸摄)

张艺谋用一中一西两句话形容——李白的诗"燕山雪花大如席[①]"和西方俗语"世界上没有两片雪花是相同的"。"这是我们精心设计的一种贯穿,每一朵雪花——每一个国家和地区汇聚在北京,就会成为一朵最璀璨[1]的雪花。"

"屏幕中,AR(augmented reality,增强现实)雪花在地球的映衬下同步下落汇聚,**象征**人类命运共同体的大雪花遨游[2]天际,最终飞回地屏中心。在万众**瞩目**下,一个含有所有参赛国家和地区名称、长约15米的雪花形火种装置缓缓升起,浪漫纯洁、熠熠生辉,闪耀'鸟巢'中央、直击观众内心,象征全世界人民紧密团结在一起。"开幕式视效总监

[1] 璀璨(cuǐcàn):形容珠玉等光彩鲜明,非常绚丽,也用于人或事物。

[2] 遨(áo)游:远游、漫游。

---

① 《北风行》:"燕山雪花大如席,片片吹落轩辕台。"

王志鸥阐释道,"特别是在疫情下举办的本届冬奥会,这朵雪花讲述的不仅是'我'的故事,更是'我们'共同的未来,凸显人类命运共同体的重要意义,昭示全世界必须团结互助,才能战胜困难。"

从"大火"变"微火":为何"不点"主火炬?

点火的颠覆性设计前所未有。"这次开幕式最大的创新是点火方式和火炬台设计,可谓百年奥运史上前所未有:将熊熊燃烧的奥运之火,幻化成雪花般圣洁、灵动的小火苗,这一创意来自低碳环保理念。"张艺谋介绍,奥运火种是奥林匹克精神的重要象征,随着环保理念愈发深入人心,他坚信以往熊熊大火的形态总有一天要改变,而北京冬奥会恰好抓住机遇。"这种改变是**颠覆**性的,有时我甚至问自己是不是离经叛道[3]了。最终,这一方案获得国际奥委会支持,说明无论火焰大小,只要点燃大家的心中之火,就是最璀璨的圣火!"

此前,历届开幕式的点火方式都是在如何"点"上做文章,而此次,最大的变化就是"不点",把最后一棒火炬直接放在主火炬台上。"大家的第一反应一定非常意外,观众有疑问其实挺好,相信这种点火方式能很好地普及低碳环保理念。"张艺谋说。

"我和我的祖国":开幕式最大的行为艺术

"整场开幕式由来自各行各业的普通群众、志愿者和运动员共同完成,共约3000人参与。"张艺谋说,"开幕式重在提高大众的参与度,把当今中国老百姓的精神风貌展现在全世界面前。"

国旗手手相传。开幕式上传递中国国旗的人,包括中国各行各业的代表和56个民族的代表。他们用手手相传的方式,表达人民和国旗之间的情感和关系。与此同时,一名儿童小号手吹响《我和我的祖国》旋律。

颠覆(diānfù):颠倒。

[3] 离经叛道:原指不遵循经书所说的道理,背离儒家的道统。现多比喻背离占主导地位的思想或传统。

张艺谋说，国际奥委会允许举办国在国旗入场的重要环节有一些精心设计。"普通百姓手手相传，看似没有什么激动人心的表演，但最直抵人心——人民很伟大，我们的国家就是由我们的人民构成的。"

致敬世界人民。在致敬人民的环节，来自世界各地的76名年轻人同向同行、并肩向前，他们走过之处，形成一条由照片组成的影像长河，展现全世界休戚与共[4]、共克疫情的画卷以及运动员为梦想拼搏的激情瞬间。"这是在向全世界人民致敬，舞台两边的中国结象征着团结，而他们走过舞台后，又幻化为'一起向未来'的冬奥口号。"张艺谋说。

各界群众参演热场舞蹈。"在热场环节，从5岁的小朋友到大、中、小学生，再到70多岁的老年模特队齐上阵，用百姓喜闻乐见的广场舞[5]，展现新时代中国人民的精神面貌和喜迎新春的欢庆**气氛**。"张艺谋介绍，按惯例，热场环节基本是"串烧[6]表演"。"但这次我们打破常规，参演者不需要统一着装，而是穿上自己喜欢的衣服开心地表演，尽情表达普通百姓的真挚情感，让全世界感受欢乐祥和的中国年味和冬奥激情。"

山区孩子演唱奥林匹克会歌。奥林匹克会旗入场后，来自河北阜平山区的孩子们用希腊语演唱奥林匹克会歌，歌声飘荡全场。张艺谋说："阜平县曾是国家级贫困县。中国如期打赢脱贫攻坚战，曾经贫困的山区如今旧貌换新颜，孩子们也戴上河北民间艺术家设计的'虎头帽'站上奥林匹克大舞台，用质朴的歌声诠释'更快、更高、更强——更团结'的奥运理念。"

未来的冠军——萌娃上冰雪。开幕式上，萌娃们在冰雪上大胆尝试、快乐玩耍的视频短片极具感染力。"自2021年11月起我们开始收集这些可爱的素材画面，加紧制作完成。"谈及创作**初衷**，开幕式外拍短片组负责人李志伟说，"带动三亿人参与冰雪运动要从娃娃抓起，冠军将在萌娃中诞生，所以这部短片片名就叫'未来的冠军'。"

气氛（qì·fēn）：特定环境中给人强烈感觉的景象或情调。

初衷（chūzhōng）：指最初的愿望或心意。

[4] 休戚与共：本义是有幸福共同享受，有祸患共同抵挡。后形容关系紧密，利害相同。

[5] 广场舞：居民自发地以健身为目的在广场、院坝等开敞空间进行的富有韵律的舞蹈，通常伴有高分贝、节奏感强的音乐。

[6] 串烧：continuous mix，接歌混音。

"中式美学"诗情画意:"二十四节气[7]倒计时"展现文化自信

张艺谋说,本届冬奥会开幕式不再着重展现声势浩大、人海战术的节目,而是通过多个创意亮点展现传统中式浪漫和美学。

二十四节气倒计时。2008年奥运会上震撼人心的29个焰火大脚印,壮观的击缶[8]倒计时,让无数国人记忆犹新。而这次,二十四节气倒计时同样彰显中国风。"开幕式当日恰逢二十四节气中的立春是完美巧合,寓意万物生长、新的开始。"谈及创意来源,张艺谋说,二十四节气凝聚着中国人观察自然的古老智慧,展现春夏秋冬时节更替中的如画江山,饱含冬去春来、欣欣向荣的诗意气韵,蕴含中国人的生命观、价值观和宇宙观。

"在展现方式上,我们将每个节气选取一种代表性意象,配以或唯美或动感的冬奥和冰雪画面,与奥运主题紧密契合,实现古今相通、耳目一新。"开幕式视觉艺术总设计蔡国强举例说,"提到清明大家都会想到'清明时节雨纷纷'①,这与运动员训练时挥汗如雨有某种相通之处,节气的风物意象与冬奥紧密相扣。"

对于二十四节气能否为外国观众所理解,张艺谋坦言,他也曾忐忑。"我们反复**斟酌**,尽量用外国人看得懂的方式阐释节气的意义。艺术是共通的,要坚持文化自信,相信外国观众能够感受到我们想传递的唯美[9]意向。"

"立春"呈现"天人合一"。冬去春来。倒计时短片结束时,一段以"立春"为主题的表演璀璨登场,数百名演员手持发光杆营造光影互动的美感,寓意春天的花朵在纯净的地屏"冰面"上绽放。

"每一根发光杆都在'冰面'上映射出层层绽放的花朵

---

① 出自唐代诗人杜牧的《清明》。

斟酌(zhēnzhuó):认真仔细地考虑、推敲,决定取舍。

[7] 节气:指二十四个时节和气候,是中国古代确立的一种用来指导农事的补充历法,是中华民族劳动人民长期经验的积累成果和智慧的结晶。分别为:立春、雨水、惊蛰、春分、清明、谷雨、立夏、小满、芒种、夏至、小暑、大暑、立秋、处暑、白露、秋分、寒露、霜降、立冬、小雪、大雪、冬至、小寒、大寒。

[8] 缶(fǒu):中国古代一种瓦质的打击乐器。

[9] 唯美:纯粹的美。

纹理，象征春的勃勃生机。天空中出现绿色的'立春'字样焰火，让'春来到、万物苏'的振奋和力量直冲云霄。窗格内柳条摇曳，在裸眼 3D 的立体效果中，观众如同置身绿意盎然的江南园林。"王志鸥详解道，该节末尾，一朵蒲公英缓缓飘扬在场中，场地一侧的儿童轻轻一吹，种子随风飘散，逐渐升空，幻化成璀璨焰火，完成了由裸眼视效到物理空间再到实境表演三者的完美结合，与此同时联动焰火表演，实现了由"地"到"人"再到"天"的观念延续。

"冰雕中式门窗"开门迎客。"约 50 分钟的奥运会入场式环节必不可少。如果没有巧思，观众势必感到**冗长**乏味。"王志鸥介绍，为此视效团队在竖屏的"中国门"和地屏上运动员的行进路线上特别设计冰雕中式门窗纹样，寓意开门迎客，地屏窗外则轮播中国一年四季的大好河山。

张艺谋说："我们的门窗纹样大概变化了三四十次，体现了中国文化源远流长的丰满感。"

冬奥焰火："双线五环"寓意"双奥之城"

焰火用量仅为北京夏奥会的 10%。"开幕式焰火表演**秉持**简约理念，时长总计仅约 3 分钟。环保弹药虽只有 1800 发，用量仅为北京 2008 年奥运会的 10%，但更需**精益求精**。"蔡国强介绍，这次不再过多使用氛围焰火，而为冬奥会专门开发"雪花""冰花"等多种造型的焰火品种，营造空中的"北国风光"。"同时，这次使用的特效烟花主要产自湖南、河北等地，均是高科技环保微烟化焰火，力求环保、安全。经过对发射药成分的改进，焰火药剂无毒、微烟，大大减少了烟花燃放时对环境的影响。"

双线立式五环寓意"双奥之城"。"当五环形状的焰火亮起，观众又回忆起 2008 年北京奥运会那个充满激情的夏天。"蔡国强说，"但与 2008 年单线卧式五环不同的是，本次开幕式闪耀的是双线立式五环，有'双奥之城'之意，颜色更好看，造型也更饱满。"

冗长（rǒngcháng）：指（文章、讲话等）废话多，拉得很长，含贬义。

秉持（bǐngchí）：执持；持有具有。

精益求精（jīngyì-qiújīng）：比喻已经很好了，还要求更好。

"迎客松"体现焰火设计水平。"开幕式期间，盆景状的'迎客松'焰火在'鸟巢'上空绽放，场馆与焰火巧妙结合，既寓意欢迎全球运动员和观众，又为新春佳节增添绿意点缀。"开幕式焰火执行设计及技术总监蔡灿煌介绍，"迎客松"燃放虽然只有十几秒，但它是所有焰火品种中试验次数最多的。

"烟花炸开时本来呈立体四散喷射状，但'迎客松'造型要求焰火只能向上喷射形成松针形状。对此我们根据'树干'和'树杈'的比例、造型高度，安排弹药发射和炸开时间点等要素，对传统焰火产品加以改造，并历经多次试验，最终获得成功，体现出较高的焰火设计水平。"

读后练习

一、根据文章内容填空

1. 张艺谋介绍说，本次开幕式从设计之初就确定不再过多呈现中国五千年的历史和文化，这次希望从展示"我"变为展示"＿＿＿＿＿"，展现"＿＿＿＿＿"这样人类共同的情感，描绘今天的新时代。

2. 开幕式上传递国旗的人，包括中国各行各业的代表和56个民族的代表。他们用＿＿＿＿＿相传的方式，表达人民和国旗之间的情感和关系。看似没有什么激动人心的表演，但最直抵人心——＿＿＿＿＿的伟大，我们的国家就是由我们的＿＿＿＿＿构成的。

3. 谈及创意来源，张艺谋说，＿＿＿＿＿凝聚着中国人观察自然的古老智慧，展现春夏秋冬时节更替中的如画江山，饱含冬去春来、欣欣向荣的诗意气韵，蕴含中国人的＿＿＿＿＿、＿＿＿＿＿和＿＿＿＿＿。"在展现方式上，我们将每个节气选取一种代表性＿＿＿＿＿，配以或唯美或动感的冬奥和冰雪画面，与奥运主题紧密契合，实现古今相通、耳目一新。"

二、根据文章内容判断正误（正确的画"√"，错误的画"×"）

1. 此前，历届开幕式的点火方式都是在如何"点"上做文章，而此次，最大的变化就是"不点"，把最后一棒火炬直接放在主火炬台上。　　　　　　（　　）

2．奥林匹克会旗入场后，来自河北阜平山区的孩子们用汉语演唱奥林匹克会歌，歌声飘荡全场。（　　）

3．与 2008 年单线卧式五环不同的是，2022 年冬奥会开幕式闪耀的是双线立式五环，有"双奥之城"之意，颜色更好看，造型也更饱满。（　　）

三、根据文章内容回答下列问题

1．2022 年北京冬奥会开幕式的最大伏笔是什么？

2．在展现方式上，2022 年冬奥会将每个节气选取一种代表性意象，配以或唯美或动感的冬奥和冰雪画面，与奥运主题紧密契合，实现古今相通、耳目一新。请举例说明。

3．2022 年北京冬奥会视效团队在竖屏的"中国门"和地屏上运动员的行进路线上特别设计冰雕中式门窗纹样，寓意是什么？

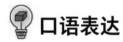 **口语表达**

演讲

1．假如你是你们国家的形象宣传大使，你如何向外国人介绍或展示你所在国家的传统文化与特色（如建筑文化、饮食文化、服饰文化等）？这些传统文化在当代社会生活中又是如何体现的？请自拟题目，准备一个演讲内容。

2．演讲内容充实具体，结构严谨；要求演讲者吐字清晰，表达流畅自然，语速恰当，举止得体。

话题阅读 8-2

敦煌[1]的女儿①

甘肃，敦煌。

黄沙漫漫，鸣沙声响，魂断天涯。

莫高窟[2]的游客太多了，一批一批游客带着好奇和憧憬而来，又夹杂着意犹未尽[3]而去。

人走了，可在沿着悬崖凿刻的 1500 米的洞窟里，仍然藏着庄严的佛像、壁画。

在很长一段时间里，始终有个女人晚上来洞窟里走走停停，检查这些古老的珍宝。外头是西域辽阔的沙漠，莫高窟里面是坚定的城堡，而守护它的女人，就是樊（fán）锦诗。

初见莫高窟时，还是在 1963 年，她 25 岁的时候。她说："他们都是'自投罗网'[4]，我也是。"

那年她还在北京大学读考古专业，跟 3 个实习生一起来到了敦煌。当她第一眼见到真实的莫高窟时就被**震惊**了。洞窟里的佛像雕塑成千上万，在鸣沙山跟三危山的环绕下，能追溯到 1000 多年前的大唐。天衣飞扬，满壁风动，精美绝伦。

她进了一个洞窟，激动得只能说出一个"好"字，再进一个洞窟，还是只能说出个"好"字。

这是樊锦诗第一次感觉到**文物**的生命力，时隔多年后，她仍然能滔滔不绝地介绍每个洞窟是什么样的。可当时她误打误撞来到莫高窟，还是面临着巨大的现实落差。

条件太艰苦了，他们几个人只能住在附近的庙宇泥屋里，棚顶是芦苇杆搭成的，晚上动不动就掉下来一只老鼠。喝的是咸水，如果喝多了肚子会胀，吃的是老三片儿——胡萝卜

震惊（zhènjīng）：形容十分吃惊。

文物（wénwù）：人类在社会活动中遗留下来的具有历史、艺术、科学价值的遗物和遗迹，是人类宝贵的历史文化遗产。

[1] 敦煌：敦煌市，位于中国甘肃省西北部，历来为丝绸之路上的重镇，是中国历史文化名城。敦煌东峙峰岩突兀的三危山，南枕气势雄伟的祁连山，西接浩瀚无垠的塔克拉玛干大沙漠，北靠嶙峋蛇曲的北塞山，以敦煌石窟及敦煌壁画闻名天下。

[2] 莫高窟：俗称千佛洞，坐落在河西走廊西端的敦煌，是世界上现存规模最大、内容最丰富的佛教艺术地，是著名的世界文化遗产。

[3] 意犹未尽：指还没有尽兴。

[4] 自投罗网：自己投到罗网里去。

---

① 当时我就震惊了. 敦煌的女儿 [EB/OL]. （2019-07-21）[2022-07-28]. https://baijiahao.baidu.com/s?id=1639679578221001877&wfr=spider&for=pc. 有改动。

片、白菜片、土豆片。樊锦诗在实习的那段时间，头发就没洗干净过，为了洗漱方便，还直接剪了个极短的发型，多年以后她才明白这是水质原因。当时她跟着老师爬蜈蚣梯[5]进洞窟做研究，梯子是用树枝做成的，只靠一根绳子直上直下，没有任何保护措施。为了避免研究到一半上厕所，她每天早晨只能不喝水。

这跟她以往的生活拉开了天一般的差距。樊锦诗是上海人，繁华之地的江南女子，在家说着吴侬软语[6]，小时候体弱多病，家里又有保姆，从来没做过家务，上了大学连洗衣服都是现学的。很快，她就因为水土不服[7]晕倒在莫高窟里，还没等实习完，樊锦诗就回了学校。在毕业时，她面临着一个选择，是去大西北研究洞窟，还是另找个好去处。当时莫高窟的研究人员主动联系北大要人，希望樊锦诗过去。

她犹豫了。

毕竟敦煌的现实条件确实在那儿，物资太**匮乏**了，她父亲很心疼，于是发过来一封信让她转交给学校说情，不让她去那么偏远的地方。可最终，樊锦诗扣下了这封信，主动去了条件艰苦的敦煌。

果然，像她说的那样，她是"自投罗网"："家里倒也不是说反对，只是对学校说，这个女孩子身体不太好，希望照顾照顾，不要分配去敦煌。我就把信给捏了，因为我已经表过态了，怎么能真到那个时候就'掉链子[8]'了呢？"

从此，樊锦诗的命运跟莫高窟绑在了一起，甚至连带着她的爱情也在这里扎根。此前在北大，她已经有了男友彭金章，毕业后，她来了敦煌，彭金章去了武汉大学，两地分居，只能有空的时候写几封信。这一分，就是19年，樊锦诗跟远方的爱人聚少离多。1967年，樊锦诗29岁，才有了去武汉跟彭金章相聚的机会，两人匆匆结婚，樊锦诗又匆匆离去。在这之后，她每年还是只有20多天的探亲假期。她的第一个孩子是在莫高窟出生的，生产时，住的是当地简陋的校医院，

匮乏（kuìfá）：贫乏、缺乏。

[5] 蜈蚣（wú·gōng）梯：一种比较长的梯子，因形状好像蜈蚣的样子而得名。

[6] 吴侬（nóng）软语：形容"吴地人讲话轻清柔美"，一般用来形容苏州一带的吴方言，此地区说话比较软糯婉转。

[7] 水土不服：对于一个地方的气候条件或饮食习惯不能适应。

[8] 掉链子：俗语，意思是比较重要的事情没做好。

在这之前她还在地里头摘棉花。当彭金章知道孩子出生,带着衣服、鸡蛋等各种物资坐了好几天火车来到樊锦诗面前时,孩子已经出生一周了。条件艰难,孩子还没有衣服穿,只能**裹**在母亲的破棉袄里。1973年,他们的小儿子还是出生在莫高窟,樊锦诗只能把孩子送往老家让亲戚看管。可是乡下农村**闭塞**,小孩又寄人篱下,变得沉默内向。

莫高窟的风沙应该很大吧,它能让一个女人变得温柔又决绝。

她一直想去武汉,可多年来没有被批准,直到1986年,当研究部门批准了樊锦诗的申请时,她又犹豫了。

"我就这么走了?"樊锦诗这么问自己。

如果没给敦煌留下点儿什么,她还是觉得不甘心,这次,她选择留下来。她跟彭金章分居两地这么多年,总是要在一起的,彭金章做了一个决定:既然你不能走,那我来。于是彭金章为了樊锦诗来到敦煌莫高窟,甚至连研究方向都改成了跟莫高窟有关。

而莫高窟在樊锦诗眼前,最大的难题就是,它每存在一天,就更接近死亡一天。当它的生命力被自然、环境消耗光的时候,所有的帛带飘舞、天衣飞扬都会化成一**捧**沙子。早前,樊锦诗即使想离开,也没有忘记那份**职责**,以及对莫高窟最初的感动。她一个人在莫高窟里走走停停,完成了早期的分期断代研究,获得了学术界认可,至今还有着很大影响。季羡林先生毫不掩饰地称赞她:"功德无量"。那时,当她下定决心想为莫高窟留下点儿东西的时候,要做的事情太多了。

敦煌研究院必须有自己的档案,她是副院长,当她**着手**准备的时候,发现一件事儿:莫高窟已经是个生命垂危的老人,不断地接近死亡。70年前的照片上,精美的壁画还完好无损,等今天再去看的时候,颜料就掉了一大半。壁画的石墙后面,从底下往上冒出水汽,而敦煌天气干燥,壁画经常会起皮掉落,无法复原。樊锦诗赶紧带着人抢修,可是刚修完,第二天大

裹(guǒ):(用纸、布或其他片状物)缠绕、包扎。

闭塞(bìsè):形容交通不便利。

捧(pěng):这里是量词,用于能捧的东西。

职责(zhízé):工作岗位上必须承担的工作任务和工作责任。职务上应尽的责任。

着手(zhuóshǒu):动手,开始(做)。

风刮过来的沙子就把洞口堵住了。

樊锦诗四处奔走,跟国外的知名研究院合作,一项项地解决这些问题。

莫高窟难做档案,那就弄在电脑上,她找来西北大学的学者,用特殊的照相机照下来相片,然后拼接成一大幅壁画。联合国教科文组织驻华工作人员跟她介绍了曾保护过埃及文物的盖蒂研究所。她带领着所有人在荒无人烟的戈壁滩上治理风沙,研究出了防止洞窟壁画受虫害的药剂,又研发出了专门用于黏合壁画的化学胶水。

莫高窟终于能活下来了。

1998年,她成为敦煌研究院的院长。

当地想将莫高窟商业化,直接上市,樊锦诗不同意,她顶住压力,四处联系人,在兰州、北京来回奔走。那时她住的是20元的地下室,连服务员都跟她混熟了。后来樊锦诗顶住压力,莫高窟上市**风波**终于**平息**。

风波(fēngbō):风浪。比喻纠纷和乱子。

平息(píngxī):(风势、纷乱、心情、叛乱等)平静或终止。

这时,新问题又来了,来莫高窟的游客越来越多,人体呼出的二氧化碳对壁画是致命的伤害。樊锦诗思考了好几年,为了更好地保护莫高窟,她提出限制人流的措施,在多方检测下,确定每人只能参观两个小时,每天只能进3000人。

后来,著名的数字敦煌开始投入建设,樊锦诗想用计算机数字化技术永久且高保真地保存敦煌壁画和彩塑。这个想法从提出到2014年使用,整整花了十几年的时间。

樊锦诗的人生也跟莫高窟紧紧锁在了一起,她说:"我本来没想留那么久的,我给自己算了一次命,我的命就在敦煌。"

这个头发花白的女人,在六七十岁的时候,仍然守护着莫高窟。

现在别人称樊锦诗是敦煌的女儿,可她却说自己在敦煌面前仍然是个"小后生"。当有人采访她时,樊锦诗还是会挥挥手:"我的故事很简单,不要写我,多写敦煌。"

读后练习

一、根据文章内容填空

1. 来莫高窟的游客越来越多,人体呼出的_____,对壁画是致命的伤害。樊锦诗思考了好几年,为了更好地保护莫高窟,她提出_____,在多方检测下,确定每人只能参观_____个小时,每天只能进_____人。

2. 著名的_____开始投入建设,樊锦诗想用计算机数字化技术永久且高保真地保存敦煌_____和_____。这个想法从提出到_____年使用,整整花了十几年的时间。

3. 现在别人称樊锦诗是_____,可她却说自己在敦煌面前仍然是个"小后生"。当有人采访她时,樊锦诗还是会挥挥手:"我的故事很简单,不要写我,多写_____。"

二、根据文章内容判断正误(正确的画"√",错误的画"×")

1. 初见莫高窟时,还是在1963年,樊锦诗25岁的时候。那年她还在清华大学读考古专业,跟3个实习生一起来到了敦煌。( )

2. 樊锦诗的丈夫彭金章做了一个决定:既然你不能走,那我来。于是彭金章为了樊锦诗来到敦煌莫高窟,甚至连研究方向都改成了跟莫高窟有关。樊锦诗的两个儿子也是出生在莫高窟。( )

3. 莫高窟在樊锦诗眼前,最大的难题就是,它每存在一天,就更接近死亡一天。当它的生命力被自然、环境消耗光的时候,所有的帛带飘舞、天衣飞扬都会化成一捧沙子。( )

三、根据文章内容回答下列问题

1. 樊锦诗刚来莫高窟时条件有多艰苦?

2. 樊锦诗有几次是可以离开敦煌的,为什么她选择了留下?

3. 樊锦诗对敦煌研究和保护的贡献有哪些?

口语表达

自由谈

1. 你如何评价樊锦诗？
2. 你见过或知道哪些中国的世界文化遗产，为大家介绍一下。
3. 介绍一下你们国家有名的文化遗产。
4. 你认为我们应该如何保护文化遗产？
5. 查找资料，谈谈我们应如何让传统文化在当代更具有魅力。

话题阅读 8-3

传统文化的花季在荧屏绚烂[①]

传统文化的跨界呈现

原创（yuánchuàng）：最早创作、首创；创作或发明出全新的作品；与模仿、抄袭等侵犯知识产权的行为相对。

演绎（yǎnyì）：deduction，从前提必然地得出结论的推理；从一些假设的命题出发，运用逻辑的规则导出另一命题的过程。

已然（yǐrán）：既成事实，已经如此的。

一众（yīzhòng）：一群。

借鉴（jièjiàn）：把别的人或事当镜子，对照自己，以便吸取经验或教训。

[1] 擂（lèi）主：摆擂台的人。现在一般指的是比赛中战胜挑战者的获胜者。

[2] 一季：指的是综艺节目或电视剧的某一个制作、放映周期。

[3] 洗脱：清除开脱。

[4] 引流：指的是引起平台上或整个互联网上的流量关注。

《中国诗词大会》第七季在这个春天里落幕了。这个2016年开始的**原创**文化类电视节目，启动、发展于媒介智能化的时代，试图以综艺节目的形式展现中国古典诗词之美，节目中的不少擂主[1]也因饱读诗书获得社交媒体用户的关注，进而使得古典诗词继续在今天"时髦"。近年来，不同的传统文化题材纷纷在屏幕上以综艺的形式呈现，如《国家宝藏》展示文物魅力，《经典咏流传》将包括诗词在内的经典作品进行现代的音乐**演绎**，《典籍里的中国》介绍古代经典背后的故事，等等。在综艺领域，传统文化主题节目**已然**成为一种常态，且时有"爆款"问世。

这些节目综合了多种表达方式。在**一众**诗词相关的综艺节目中，先驱者《中国诗词大会》率先**借鉴**了知识问答竞赛的手段，但随着节目一季[2]季的播出，节目组越来越有意识地想要洗脱[3]竞赛感，主动使用特定的主题对中国古代诗词的题材做出有特色的编排和阐释。在节目中，观众既可以感受选手答题的紧张刺激，欣赏他们的风采，也可以聆听嘉宾的阐述，对诗词获得新的认识。另一档与诗词有关的节目《经典咏流传》，则跨界引入音乐人来演绎文学经典，借助音乐表现其魅力，给观众带来了更加感性的听觉体验。人气歌手的参与具有引流[4]效果，吸引了一些起初只喜欢音乐的观众走进古典文学的世界。

---

① 吴心怡. 传统文化的花季在荧屏绚烂 [EB/OL]. （2022-04-14）[2022-07-29]. https://baijiahao.baidu.com/s?id=1730056180671005060&wfr=spider&for=pc. 有改动。

同样引入跨界合作的《国家宝藏》，一面世便在社交媒体引起热议。它的舞台形式非常华丽，且不少参与者是知名演员、青春偶像，借了些许"东风"，让传统文化的传播突破了中国古典爱好者的圈层[5]。《国家宝藏》以"前世今生"之名，采用了舞台表演、专家讲解相结合的方式，前者呈现文物诞生时的时代故事，有一些**虚构**成分，但情节足够戏剧化，堪称微型传奇剧。后者邀请专家从专业角度解说文物，具有专业性。观众在网络上讨论演员在"前世今生"的表演时，也顺带观看了专家对于文物的解读。

与《国家宝藏》风格近似的《典籍里的中国》，由于有中国国家话剧院的参与，其呈现方式显得更为抒情和感性。在这一系列节目中，以专家访谈形式介绍典籍作为引子[6]，还有一部分知识则糅[7]进了典籍故事的表演之中。节目对于话剧的借鉴，不仅在于它采用了类似话剧的舞台设计和表演形式，或借鉴了已有的话剧中的情节（如第一期《尚书》借鉴了中国国家话剧院的《伏生[8]》），还在于它展示了话剧的"幕后"：创作团队不仅向观众介绍舞台设计的思路，还专门模拟了表演者们开会讨论典籍、诵读原文的场景。在以往的节目中，表演者对于剧本的讨论，通常以花絮[9]或访谈的形式出现，而在《典籍里的中国》里这一打通前后台的环节其实是另一种形式的表演。节目以演员代表普通大众在节目里展示今天的人们阅读经典的情景，以求得观众的**共鸣**。

不只是传统的复原

综艺节目在网络上引发热议，进一步"捧红"了不少文化遗产。《中国诗词大会》第二季在2017年春节取得了极大的关注度，在百度指数中，"诗词"这个词语的热度蹿升。《国家宝藏》首季播出当年，各大博物馆的排队人数在黄金周激增，"博物馆"相关的搜索量在某知名旅游网站上升了50%。近几年青年群体中的"汉服圈"，也越来越流行"复原款"和"古画色"，甚至出现文物联名款，形成了新的国潮[10]。

生词

虚构（xūgòu）：一种艺术手法，是指作家创作时在掌握生活素材的基础上进行综合加工，塑造艺术形象。

共鸣（gòngmíng）：由别人的某种思想感情激发出来的相同的思想感情。

注释

[5] 圈层：对于社会群体的概括，指某一类具有相似的经济条件、生活形态、艺术品位的人形成的一个小圈子。

[6] 引子：乐曲、戏剧最开始的一段。常比喻引起正文的话或启发别人发言的话。

[7] 糅（róu）：混杂；混合。

[8] 伏生：中国古代经学家。名胜，字子贱，秦汉时期人。自幼嗜古好学，博览群书，对《尚书》研读尤精，为儒学博士。

[9] 花絮（xù）：指拍摄时的NG（not good）或工作人员、演员的一些有意思的事等。喻指在采访各种会议、体育比赛等时采集到的趣味性零碎新闻。

[10] 国潮：有中国文化和传统的基因并与当下潮流融合的一种潮流现象，也代表了中国人对于传统文化的继承和发展，迎合了当代人群多样化的生活方式。

在当代舞蹈界，传统文化的魅力也一再刺激着跨界创作的诞生。以舞蹈节目而论，2022年央视春晚的《只此青绿》，与2021年河南卫视春晚的《唐宫夜宴》，创作灵感皆源于中国古典艺术。前者为同名舞剧选段，取材自《国家宝藏》系列节目浓墨重彩介绍过的北宋青绿山水画代表作《千里江山图》，后者取材自别具姿态的唐代陶俑[11]及唐五代时期的绘画作品。

生词

视野（shìyě）：眼睛所能看到的空间范围；观察或认识的领域。

2022年中国中央广播电视总台春节联欢晚会舞蹈《只此青绿》

注释

[11] 陶俑：pottery figurine，中国古代一种将泥捏的人体、动物等一起放入炉中烧制而成的古代墓葬雕塑艺术品。

[12] 憨（hān）态可掬（jū）：形容天真单纯的样子尽情流露，很招人喜爱。

[13] 另辟蹊径（xījìng）：另外开辟一条路。比喻另创一种风格或方法。

[14] 簪（zān）花：插花于冠，戴花。

这些取材自古代艺术的舞蹈，突破了人们对中国风的固有印象，带来了全新的体验。过去，大众**视野**里的中国风，大多来自古装剧里的帝王将相、才子佳人，甚至一度有"玄幻化""网游风"的趋向。最近几年的中国风越来越追求还原度，在观众已经见识了一些文物、拥有了一定知识积累后，各种文娱领域的古代题材视觉呈现都有意识地为服化道寻找文物依据，乃至以"复原"的程度作为作品的卖点。而这两部舞蹈作品，则在"复原"之外还进行了大胆的艺术创造。《唐宫夜宴》的魅力已经超越了"复原"这一层级，不仅服饰妆容模拟唐代风格，还在舞蹈编排中呈现了唐代波澜壮阔的历史，更演绎了一种珠圆玉润、憨态可掬[12]的舞者形象，将唐代的审美潮流展示得灵动可爱、动人心弦，这是前所未有的。《只此青绿》又另辟蹊径[13]。虽然该舞剧借鉴了宋代的服饰风俗，如男子簪花[14]，但春晚表演片段中舞者的青绿服装并非一种"复原",而是作品借助服装色彩演绎了《千里江山图》中群山的青绿色彩,舞者飘逸的舞姿则形成了山峦线条的回环之势。观众惊叹于这些舞蹈之美,从中感受到"大红大绿"之外的中国风。

中国古典艺术之美本就多样,这种惊叹说明观众在观赏过程中形成了对于中国风的新理解。文化遗产之美转换为舞蹈之美,观众得以欣赏这种美。不论古今,隽永的古典艺术总给人以美之**启迪**。

为提高传统文化在大众中的接受度,新技术与新手段往往成为人们的一种选择。

1922年,国学大师章太炎在上海进行了一系列国学讲演,这是国学第一次向不特定的公众群体的传播,讲演的内容后来被曹聚仁编写成《国学概论》,这本书至今是学习国学者必读的入门之书。当时《申报》对于新闻现场的报道中有一个值得注意的细节:由于讲演现场是一个大厅堂,为了让后排观众能够听清,讲演现场使用了留声机,遇到重要名词就用留声机向后排观众传达。留声机在当时的中国**堪称**最新科技,价格不菲,却在面向公众的讲演中频繁使用。

一百年后的今天,智能显示屏上传统文化主题的呈现往往借力当下最流行的XR(extended reality,扩展现实)技术。XR技术是增强现实、虚拟现实和混合现实技术的总称,是当下备受瞩目的"元宇宙"的沉浸、拟真的体验感的重要技术组成。这两年是XR技术大发展的时期,传统文化主题的节目也大量运用了XR技术形成特殊的视听效果。借助XR技术,传统文化主题节目打造了一个亦真亦幻、古今交叠的空间,"未来感"与"沉浸感"兼具。可能正是因为XR技术的使用,近年来的传统文化题材颇喜欢借用"穿越"元素,如《国家宝藏》中的"护宝人",《典籍里的中国》里的"读书人",《只此青绿》中的"展卷人"。

从留声机到"元宇宙",吸引观众了解传统文化的科技

启迪(qǐdí):开导;启发引导。

堪称(kānchēng):能够称得上。

话题八 传统与当代

手段不断更新。随着技术的发展,传统文化想必还会以更加瑰丽奇特的方式呈现。但是,在华丽的展示方式背后,兼具准确性和专业性、贴近观众生活世界的专业解读,是传统文化传播始终需要坚持的核心竞争力。借助科技,当下的传统文化类节目**擅长**设置古代情境来感染观众,这些视觉呈现里有一些是为了追求节目效果而虚构的情节,但这些情节与历史事实的区分不够明晰,这会使部分观众对史实产生先入为主的不准确的认识。事实上,从各大视频网站观众的弹幕互动可以发现,观众在观赏节目时,除被剧情打动之外,其实也非常渴求相关的知识"干货[15]",这就需要传统文化类节目的制作者们更加重视专业研究者的意见,也需要更多专业研究者参与节目的台前幕后,提供专业的知识与见解。

传统文化犹如一棵几千年的老树,如今赏花人已经在树下云集,正期待它开出更绚烂的花朵。

擅长(shàncháng):在某方面有特长,指对某些东西比较了解,做起来比较得心应手。

[15] 干货:网络流行语,指精练、实用、可信的内容。

读后练习

一、根据文章内容填空

1. _____艺术之美本就多样,这种惊叹说明观众在观赏过程中形成了对于中国风的新理解。文化遗产之美转换为_____之美,观众得以欣赏这种美。

2.《典籍里的中国》由于有中国国家话剧院的参与,可以看出节目对于_____的借鉴,不仅在于它采用了类似话剧的舞台设计和表演形式,或借鉴了已有的话剧中的情节,还在于它展示了话剧的"幕后"。其呈现方式显得更为_____和感性。

3. 一百年后的今天,智能显示屏上传统文化主题的呈现往往借力当下最流行的 XR 技术。XR 技术是_____现实、_____现实和_____现实技术的总称,是当下备受瞩目的"_____"的沉浸、拟真的体验感的重要技术组成。

二、根据文章内容判断正误(正确的画"√",错误的画"×")

1. 先驱者《中国诗词大会》率先借鉴了知识问答竞赛的手段,但随着节目一季季的播出,节目组越来越有意识地想要洗脱竞赛感,主动使用特定的主题对中国古代诗词的题材做出有特色的编排和阐释。( )

2. 最近几年的中国风越来越追求还原度，在观众已经见识了一些文物、拥有了一定知识积累后，各种文娱领域的古代题材视觉呈现都有意识地为服化道寻找文物依据，乃至以"复原"的程度作为作品的卖点。（ ）

3. 《只此青绿》和《唐宫夜宴》的创作灵感皆源于中国古典艺术，前者取材自别具姿态的唐代陶俑及唐五代时期的绘画作品，后者为同名舞剧选段，取材自《国家宝藏》系列节目浓墨重彩介绍过的北宋青绿山水画代表作《千里江山图》。（ ）

三、根据文章内容回答下列问题

1. 当代中国近年来不同的传统文化题材纷纷在屏幕上以综艺的形式呈现。请列举说明。

2. 从留声机到"元宇宙"，吸引观众了解传统文化的科技手段不断更新。是否可以说科技手段已经成了传统文化传播首先要坚持的核心竞争力？

口语表达

自由谈

1. 你看过中国的文化类综艺节目吗？谈谈你的感受。

2. 你的国家是否有类似文中的文化类综艺节目？如果有，请简单介绍一下。

3. 你觉得媒体融合、多元化传播手段在传统文化传播方面发挥的作用大吗？为什么？

4. 你觉得电视媒体如何才能更有效助力传统文化的传承与传播？请给出你的方案或建议。

写作训练

西汉，张骞出使西域开启了同西域各国和平交流的大门；唐代，玄奘西行印度求经取法，往返17载，行程5万里，翻译的佛经被译成多国文字；明代，郑和七下"西洋"，访问过30多个国家和地区，最远到达非洲东海岸。从古至今，中国一直在走一条与世界各国朋友互相尊重、文明互鉴的各美其美、美美与共的大同之路上，当代更致力于讲好中国故事，推动中国优秀文化更好地走向世界，将中华优秀传统文化实现创造性转化和创新性发展。

根据材料，结合所学所思，请以"穿越时空的文化"为题，写一篇 400 字左右的文章，说明自己的观点并论证，题目自拟。

🌟 拓展阅读

以数字技术创新传播中华优秀传统文化

话题九

创新工程,中国"智"造

 话题九　创新工程，中国"智"造

导言

经过改革开放四十多年的快速发展，中国的综合国力大大提高。与此同时，传统的粗放型经济增长方式已经日渐乏力，创新驱动必然成为高质量发展的核心动力源泉。在创新驱动国家战略指引下，中国的科技创新体系建设取得了长足进展，重大成果不断涌现：高铁技术出口世界；港珠澳大桥通车创造世界奇迹；北斗三号卫星成功组网，为世界100多个国家提供导航；等等……它们向世界展示着一个充满活力与创造力的创新中国。

[1] 郑渝高铁：连接河南省郑州市与重庆市的高速铁路。2022年6月20日全线开通运营。

[2] 京广高铁：连接北京市与广东省广州市的高速铁路。

[3] 京津城际铁路：连接北京市与天津市的城际高速铁路。

[4] "四纵"为京沪高速铁路、京港高速铁路、京哈客运专线、杭福深客运专线（东南沿海客运专线）；"四横"为沪汉蓉快速客运通道、徐兰客运专线、沪昆高速铁路、青太客运专线。

[5] "八纵"通道包括沿海通道、京沪通道、京港（台）通道、京哈—京港澳通道、呼南通道、京昆通道、包（银）海通道、兰（西）广通道；"八横"通道包括绥满通道、京兰通道、青银通道、陆桥通道、沿江通道、沪昆通道、厦渝通道、广昆通道。

 话题阅读 9-1

非凡十年看变迁：中国高铁的领跑模式①

继全长1068公里的郑渝高铁[1]全线通车、京广高铁[2]京武段提速至时速350公里高标运营之后，2022年7月1日，湖北开行今年第一趟旅游专列——"神农架号"……最近，中国高铁从规模到速度，再添亮眼新绩。

中国自主创新的一个成功范例就是高铁。虽然比发达国家起步晚了40多年，但自2008年第一条设计时速350公里的京津城际铁路[3]建成运营以来，中国高铁建设突飞猛进，高铁网从"四纵四横[4]"扩展到"八纵八横[5]"，高铁里程从2012年的9000多公里到目前突破4万公里，中国已成为

---

① 王雅婧. 非凡十年看变迁：中国高铁的领跑模式 [EB/OL]．（2022-07-12）[2022-07-20]. https://baijiahao.baidu.com/s?id=1738075680772361156&wfr=spider&for=pc．有改动。

世界上高铁运营里程最长、在建规模最大、运营**动车组**最多、商业运营速度最高的国家。

高铁路网规模快速扩大

作为中国"八纵八横"高铁网的重要组成部分，郑渝高铁途经河南、湖北、重庆三省市，串起华中屋脊神农架、巫山大小三峡等众多旅游景点。伴随着这条线路的开通，长三角地区[6]途经郑渝高铁襄万段至成都、贵阳方向新增多对动车组列车，使得"长三角"、中原城市群与"大西南"的距离一下子被拉近了。其中，郑州至重庆最快 4 小时 30 分钟可达。这标志着中国"八纵八横"高铁网的再次提质扩容。

近年来，中国高铁路网规模快速扩大，从"四纵四横"扩大到"八纵八横"。早在 2008 年，中国《中长期铁路网规划》便提出建设"四纵四横"客运专线，客车速度目标值达到每小时 200 公里以上。而到了 2016 年，新修订的规划在"四纵四横"主骨架基础上，又提出形成以沿海、京沪等"八纵"通道和陆桥、沿江等"八横"通道为主干，城际铁路为补充的高速铁路网。

2017 年 7 月，"四纵四横"高铁网的**收官之作**宝兰高铁[7]正式开通，使东中西部高铁运行实现了互联互通；2021 年 6 月，复兴号动车组开进西藏，实现对 31 个省（区、市）全覆盖……从"四"到"八"，随着高铁网越织越密、覆盖面越来越大，城市间的联系也越来越紧密。根据新修订的《中长期铁路网规划》，高铁网建设的一个规划目标是实现相邻大

动车组（dòngchēzǔ）：powered car train-set，中国新兴的交通术语，是现代火车的一种类型，是把两节或两节以上动车（自带动力）与若干节附挂车（不带动力）编在一起的列车，一般在高速铁路上运行，运行速度比普通火车快。

收官之作（shōuguān zhīzuò）：指最后一部作品。

[6] 长江三角洲地区：简称"长三角"。包括上海市、江苏省、浙江省、安徽省的共 41 个城市。

[7] 宝兰高铁：连接陕西省宝鸡市与甘肃省兰州市的高速铁路。

中城市间 1～4 小时交通圈，城市群内 0.5～2 小时交通圈。高铁成网后，京津冀、长三角、珠三角[8]、环渤海[9]等城市群的距离被进一步拉近。同时，高铁对区域经济发展的辐射带动作用也将越来越明显。

江苏省高邮市位于苏中，这里很长一段时间没有铁路。2020 年年底，连镇高铁[10]全线通车，让这座小镇全面接轨长三角，纳入了南京市"一小时都市圈"。自从高铁站开通以来，高邮市旅游人数**同比**显著上升，外地游客来源地范围变广，不再局限于周边城市，同时乘坐高铁来的游客停留时长也较久，这也给高邮市过夜游的发展注入了新活力。

江西省上饶市四十八镇背靠五府山国家级森林公园，"中国最小的高铁站"——合福高铁[11]五府山站就坐落在这里的一座山头上。这座占地 2000 多平方米的小站于 2015 年 6 月正式通车，这让上饶市广信区南乡片区从不通铁路一步迈入高铁时代。

每年清明节前后，这座小站都会迎来一批固定乘客，他们是到福建省武夷山采茶的工人。工人李师傅说，周边乡镇有近万名工人去邻省采茶，过去，村里只有一条土路能去县城，他们要包上旅游车，在山路上**颠簸**两个多小时才能到茶园。高铁开通后，只要 17 分钟就能到武夷山，早上吃个早饭再去车站，不急不赶。

高铁也让五府山丰富的旅游资源火了起来。当地村民何金文 2014 年就在景区开了家农家乐，自从通了高铁，人流量大涨，生意好时一个月的收入就超过过去一年的总和。

先进高铁技术体系形成

日前，京广高铁北京至武汉段由时速 310 公里达标运营提升至时速 350 公里高标运营。这是 2017 年以来，继京沪高铁[12]、京津城际铁路、京张高铁[13]、成渝高铁之后，中国第五条实现常态化按时速 350 公里高标运营的高铁。

中国国家铁路集团（简称"国铁集团"）电工部负责人表

生词

同比（tóngbǐ）：跟以往同一时期相比，多指跟上一年同一时期相比。

颠簸（diānbǒ）：上下震荡。

[8] 珠江三角洲：简称"珠三角"。位于中国广东省中南部，范围包括广州、佛山、肇庆、深圳、东莞、惠州、珠海、中山、江门 9 个城市。

[9] 环渤海：包括北京、天津两大直辖市及河北、辽宁、山东、山西和内蒙古中部地区，共五省（区）二市。

[10] 连镇高铁：连接江苏省连云港市与镇江市的高速铁路。

[11] 合福高铁：连接安徽省合肥市与福建省福州市的高速铁路。

[12] 京沪高铁：连接北京市与上海市的高速铁路。

[13] 京张高铁：连接北京市与河北省张家口市的城际高速铁路，曾服务 2022 年北京冬季奥运会。

示，列车运行速度越快，对线路基础设施质量和外部环境要求越高。实现常态化按设计的高限标准时速高标运营，列车运行的阻力、**能耗**、车内噪声都会大大增加，所以能够实现高速运营，不仅线路的基础设施状态要稳定，高铁性能也要满足各项指标要求。中国是世界上唯一实现高铁时速350公里商业运营的国家。

为实现此次提速，京广高铁京武段投用了大名鼎鼎的复兴号智能动车组。"复兴号"是中国具有完全自主知识产权、达到世界先进水平的动车组列车，是中国高铁制造技术的一张亮丽名片。其中，复兴号智能动车组在世界上首次实现时速350公里自动驾驶功能。

从师从多家、联合设计生产的和谐号动车组，到拥有自己品牌的复兴号动车组，近十年来，中国高铁制造实现了从引进吸收到自主创新的跨越。复兴号研发团队负责人张波介绍，2017年6月，中国标准动车组被命名为"复兴号"，这是团队5年努力的结果。2012年，30多家单位组成联合创新团队，全面启动了复兴号研发工作。团队收集了多方面需求建议和数据信息，并进行了难以计数的研讨、分析、总结，终于完成了设计**蓝图**。样车研制成功后，在两年时间内又经过60多万公里的反复试验。有一次试验中，列车出现了300微秒的通信中断故障，这个时间比闪电还短，我们找了整整7天，才捕捉到这个故障背后的原因。

"中国标准"是复兴号动车组的一项重要亮点。"中国高铁的核心竞争力是拥有中国特色的高铁标准。"国铁集团电工部负责人表示，在复兴号动车组254项重要标准中，中国标准占84%。中国气候地形条件多样，极寒、黄土、高温差……在这种条件下形成的"中国标准"经得起多种路况的考验，因而被越来越多的国家采用。

近年来，中国的高铁技术开始输出到其他国家，在雅万高铁[14]、中老铁路[15]等项目中，都能看到中国高铁的身影。其中2016年开工的雅万高铁是中国首单高铁全产业链输

能耗（nénghào）：能源的消耗。

蓝图（lántú）：用感光后变成蓝色或其他颜色的感光纸制成的图纸。常比喻规划，计划。

[14] 雅万高铁：连接印度尼西亚共和国大雅加达都市区和西爪哇省的高速铁路，是东南亚首条高速铁路。

[15] 中老铁路：连接中国云南省昆明市与老挝万象市的电气化铁路。

出项目。

运输服务品质全面跃升

在上海市工作的刘女士因为工作原因，经常到北京出差。从上海虹桥站到北京南站，这条京沪线她不知道跑了多少趟。最近几年，她感觉自己越来越愿意坐高铁出行了，因为"快、省事、坐着也更舒服"。"以前从上海到北京要七八个小时，后来成了 5 小时，如今快的话只要 4 小时 18 分。手机上可以买票、选座，车上的座椅间距变大了，空间更宽敞，还可以点外卖……"刘女士列举了一长串内容，总而言之，她有了越来越好的出行体验。

2011 年正式运营的京沪高铁是全球一次建成线路最长、标准最高的高铁。2013 年 2 月，京沪高铁运送旅客总量首次突破 1 亿人次；到 2021 年，已经超过 13 亿人次。持续快速增长的客运量背后，是京沪高铁十多年来安全高质量的运行。

为了给乘客更好的出行体验，京沪高铁一直在努力改进服务，提升运输服务品质。除了刘女士提到的提速、手机购票、网上选座、网上订餐，近年来还推出了空铁联乘[16]、静音车厢等服务。

在客运服务方面，以购票环节为例，中国已建成世界上规模最大的 12306 铁路互联网售票系统，购票流程也在不断简化。2010 年 12306 在线购票网站正式上线之初，乘客虽然可以线上提前订票，但仍需花时间排队取票。2018 年 11 月，海南环岛高铁开始试点电子客票，到 2020 年 4 月，全国高铁和城际铁路实现电子客票全覆盖，进站乘车只需一张身份证，节约了大量时间。

更高效、更便捷、更智能是现代交通追求的目标。2022 年 6 月 20 日，有百年历史的北京丰台火车站改造完工，以全新的面貌投入使用。改建后的丰台站在服务乘客上有了更多人性化、智能化的设计。据中国铁路设计集团有限公司丰台站项目负责人马辉介绍，丰台站拥有智能客服系统，可以实

[16] 空铁联乘：是指航空运输与铁路运输之间协作的一种联合运输方式，能实现大型机场与高铁无缝中转。

现自动售检票、智能导航等功能，乘客可利用智能导航系统快速获取步行路线抵达检票口。"顶层高铁、地面普铁、地下地铁"的立体交通模式让乘客可以在地铁和高铁之间"无缝"换乘。

在货运方面，2020年11月，中国首条"复兴号"高铁货运专列从湖北省武汉市开出，为"双十一"的快件运输服务。2021年，国铁集团对铁路货运电子商务平台进行了整体升级改版，实现了铁路货运业务全程、**全天候**网上办理，目前已经有6900多家企业使用电子营业执照在平台自主注册，电子运单使用比例达97%，有效避免了疫情下线下办理货运业务、传递单据的不便。

全天候（quántiānhòu）：在各种天气条件下都适用、都有效或都可运行。

读后练习

一、根据文章内容填空

1. 中国高铁建设突飞猛进，高铁网从"四纵四横"扩展到"＿＿＿＿＿＿"，高铁里程从2012年的9000多公里到2022年突破＿＿＿＿＿＿公里。

2. 中国已成为世界上＿＿＿＿＿＿最长、＿＿＿＿＿＿最大、运营动车组最多、＿＿＿＿＿＿最高的国家。

3. 2020年4月，中国高铁和城际铁路实现＿＿＿＿＿＿全覆盖，乘车只需一张身份证即可进站，节约了大量时间。

4. ＿＿＿＿＿＿＿＿＿＿被称为"中国最小的高铁站"。

5. 2013年，京沪高铁运送旅客总量首次突破1亿人次。到2021年，已经超过＿＿＿＿＿＿人次。

二、根据文章内容选择正确答案（单选）

1. 中国第一条时速350公里的高铁是（　　）。

　　A．京沪高铁

　　B．宝兰高铁

C．京津城际铁路

D．郑渝高铁

2．中国"四纵四横"高铁网的收官之作是（　　）。

　　A．宝兰铁路

　　B．京张高铁

　　C．京广高铁

　　D．沪昆高铁

3．中国具有完全自主知识产权、达到世界先进水平的动车组列车是（　　）。

　　A．"和谐号"动车组

　　B．"复兴号"动车组

　　C．"米其林"动车组

　　D．"自强"号动车组

4．下列哪项不是刘女士愿意坐高铁出行的原因（　　）。

　　A．高铁速度快

　　B．可手机购票

　　C．高铁座椅间空间宽敞

　　D．高铁票价低

三、根据文章内容回答下列问题

1．现在乘坐京沪高铁可以享受哪些服务？

2．中国高铁的"领跑模式"有哪些表现？

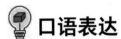

口语表达

自由谈

1．你在中国经常选择乘坐高铁出行吗？你选择乘坐高铁出行的原因有哪些？

2．你觉得中国高铁能"走出国门"的原因是什么？

3．你怎样看待中国高铁的发展？

话题阅读 9-2

中国地铁五十年：跑出城市发展"加速度"①

2019年12月27日，四川成都同步建成并开通三条地铁线路共计101公里，这不仅让成都的地铁正式迈入"300公里时代"，还创造了中国城市轨道交通[1]一次性开通运营的新纪录。

从1969年新中国第一条地铁线路在北京建成通车至今，50年来，从边摸索边建设到年新增线路超400公里，从模仿学习创新超越到向国外输出先进技术、产品和服务，中国的地铁网络像遍布城市各处的大动脉，不断输送着养料，承载着城市的发展。

[1] 轨道交通：指利用轨道车辆运送乘客的城市公共交通系统，包括地铁、轻轨、市郊铁路、有轨电车以及磁浮列车等。

成为城市幸福指数标配

"我家住在天府新区，单位在青羊区，之前每天上班都要坐公交车，不仅车上拥挤，而且一堵车就容易迟到。"27日上午，正在新开通的成都地铁5号线锦城大道站候车的成都市民许深淼笑着说，地铁不仅宽敞舒适，还可以节省时间，以后每天都会乘坐地铁上下班。

据了解，过去成都在很长一段时间内轨道交通发展较慢，直到2015年年初才开通运营两条线路。

"地铁是一座城市幸福指数的标配，不仅有利于拉近城市的空间距离，还将极大程度地改善市民的出行生活。"成都轨道交通集团副董事长朱俊平表示，目前成都地铁的日均客流量超过400万人次，相信"新三线"投入运营后，这个

---

① 訾谦. 中国地铁五十年：跑出城市发展"加速度"[EB/OL]. （2019-12-30）[2022-07-21]. https://m.gmw.cn/baijia/2019-12/30/33438309.html. 超级工程：北京地铁网，将惊艳全球[EB/OL]. （2017-04-28）[2022-07-21]. https://www.sohu.com/a/136902954_425914. 有改动。

话题九 创新工程，中国"智"造

数字还将大幅度增长。

数据显示，截至2019年9月，中国已有39个城市开通轨道交通，线路运营里程6333.3公里。

"从纸票到公交卡再到移动支付，从时常拥挤到宽敞舒适，越来越多轨道交通投入运营，交通部门得到了更多为乘客出行提供便利的经验。"交通运输部运输服务司副司长蔡团结表示，通过运营服务的不断打磨，如今的城市地铁普遍缩短了发车间隔、优化了引导标识、组建了志愿者队伍，受到越来越多乘客的好评。

络绎不绝（luòyì-bùjué）：形容行人车马来来往往，接连不断。

地铁建设技术不断创新

2019年12月27日下午，一架满载旅客的波音777型客机刚停落在成都双流国际机场，与此同时，机场滑行跑道地下20多米处刚运行的成都地铁10号线2期工程，一列地铁以100公里的时速飞驰而过。当地铁停靠在双流机场站时，**络绎不绝**的乘客可能还不知道，这是中国首例盾构[2]穿越富水砂卵层地质[3]下穿机场的施工案例。

"由于机场跑道的特殊性，施工中沉降[4]一旦超过5毫米，就将迫使机场紧急关闭，每天将有15万人的出行受阻。"中国铁建西南区域总部总工程师施振东表示，用盾构机下穿每2分钟就有一架飞机起落的跑道并成功实现"零沉降"，

[2] 盾构施工法：是掘进机在掘进的同时构建（铺设）隧道之"盾"。盾构法是暗挖法施工中的一种全机械化施工方法。

[3] 富水砂卵层地质：这种地质层富含水，故易漏水，有塌陷危险。卵石质地硬，会让盾构机刀片损耗至报废。这样的地质结构极其不稳定，会诱发"沉降"等隐患。

[4] 沉降：（地层、浮在气体或液体中的物体）向下沉。

这可以说是中国轨道交通技术发展成就的缩影。

据了解，20世纪90年代前，受技术**储备**、人才条件等多重因素影响，中国地铁建设周期长而缓慢。北京地铁从建设到通车用了将近20年，广州地铁用了32年，上海地铁历时36年，天津地铁历时14年，在这段漫长的实验探索时期，中国地铁运营里程增长十分缓慢。

"可以说，城市轨道交通是中国改革开放最富实践成果、最具发展创新的标志性领域之一。"中国城市轨道交通协会会长谢正光表示，从"一穷二白[5]"边摸索边搞地铁建设，到几十座城市地铁修建项目并轨进行；从"明挖"地铁动用上千卡车运土，到运用新科技新手段"静音式"工作；从进口他国车辆再到中国制造车辆"贯穿"全球几大洲……技术水平世界领先的中国地铁正悄然改变着世界多国人民的出行方式。

打通春运"最后一公里"

面对2020年春运，轨道交通发挥了更加重要的作用。

"对我来说，每年春运最难**搞定**的不是购买火车票，而是下了火车后该如何回家。"在北京工作的武汉小伙儿林志鹏表示，往年春节期间，从北京坐上火车到达武汉需要4个多小时，但从武汉火车站到家有时还需要近2个小时。

"高峰时期出租车根本打不到，地铁里排队买票、安检的人超过50米，根本挤不进去。"回忆起过年回家的经历，林志鹏止不住地叹气。

据悉，2019年春运中排队买地铁票的情况大幅度减少。蔡团结表示，截至2019年，中国共有275个地级以上城市发行互联互通卡，27个城市的地铁线路可以使用互联互通卡。"以前到了一个新城市第一件事就是买地铁票，如今公交卡全国联网后，在大部分城市乘坐地铁、公交只需掏出日常通勤使用的卡片便可以刷卡乘车。"蔡团结说。

生词

储备（chǔbèi）：（金钱、物资等）储存起来准备必要时使用。

搞定（gǎodìng）：把事情办妥，把问题解决好。

据悉（jùxī）：根据得到的消息知道。

注释

[5] 一穷二白：形容基础差，底子薄。

同时，为了让乘客的换乘体验更轻松，北京南站、南京站、杭州东站等多个火车站还实行铁路乘客可以免安检直接进入地铁的新模式，让旅客"无缝换乘"。"杭州东站2020年春运实行'单向免检'方案，旅客出火车站转乘地铁，可以走专用通道到地铁站内，无须安检。"杭州东站工作人员表示。

"2020年春运高峰时期，部分城市的地铁线路延长运营时间，缩短车辆间隔时间，使轨道交通在春运'最后一公里'中发挥更重要的作用。"蔡团结说。

超级工程——北京市地铁网络

北京作为中国的政治、文化中心，是很多人向往的地方，无数人涌入这座大都市，只为寻找更好的工作。

据统计，北京常住人口截至2019年已经超过了2170万，机动车的保有量为571.8万辆，拥有机动车驾驶证的人群更是超过了700多万。倘若这些人都自己开车出门，那么北京地面上的所有道路都会堵塞。

为了缓解巨大的交通压力，北京在不断地加速城市交通建设的步伐，但仍然无法满足城市高速发展的要求。2017年，北京开通的地铁线路共18条，在早高峰时期，北京地铁的间隔基本都在3分钟内，10号线甚至低于1分钟，但是6号线和10号线的换乘站呼家楼站还是非常拥挤，地面的交通也没有得到相应的缓解。高峰期的北京，二环、三环、四环都成了停车场。在北京，人们平均花在上班路上的时间近50分钟，高峰时段道路的通行能力最低只有十几公里每小时。

所以北京必须扩建自己的地铁网络，一个超级工程早已在紧锣密鼓地进行中了。北京计划到2025年达到30条地铁线路，560个车站，1177公里里程，一个立体的地铁网络将覆盖整个北京城，北京也将成为世界上地铁里程数最高的城市。

建设这个庞大的地铁线路网，对于设计师和建筑者来说都是一个前所未有的挑战，他们需要克服很多**棘手**的施工问题。最首要考虑的是文物保护问题。北京作为一个历史古城，那些经历了几百年历史的胡同和老街如今被赋予了新的色彩，在游客的眼中，这里才是最为地道的老北京。而当时修建的六号线路正好从它下方穿过，对于头顶最为脆弱的古建筑，地铁专家该如何面对呢？为了更好地保护古建筑，设计专家选定了一种首次应用的施工方案，当隧道挖掘遇到古旧的地基时，会由平行的走向变成上下叠落，因开挖面积缩小减轻了对建筑地基的影响，隧道即使在狭小的空间也可以通过。

还要考虑地质条件。修建地铁隧道，需要对城市的地质有足够的了解，稍不注意就可能出现塌方[6]的危险。对于北京这种地下管道纵横，高大建筑的地基纵横交错的国际大都市更要格外注意。为了对地质情况了如指掌，必须为设计中的线路每间隔50米打一个深度为40米的圆孔以便取出地下的土样送回实验室检测，每条线路至少钻300个孔。它为线路设计和后期施工提供重要的参数。

尽管在北京这一地质结构复杂的大城市下方扩建地铁并不是件容易的事情，但中国基础建设在技术上的进步会确保北京的地铁网络这一超级工程顺利建成。

棘手（jíshǒu）：形容事情难办。

[6] 塌（tā）方：指因地层结构不良、雨水冲刷或修筑上的缺陷，道路、堤坝等旁边的陡坡或坑道、隧道的顶部坍塌下来的现象。

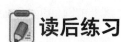

读后练习

一、根据文章内容填空

1. 1969年，新中国第一条地铁线路在_____建成通车。截至2019年9月，中国已有_____个城市开通轨道交通，线路运营里程6333.3公里。

2. 20世纪90年代前，受_____、_____等多重因素影响，中国地铁建设周期长而缓慢。

3. 截至2019年，中国共有275个地级以上城市发行＿＿＿＿＿＿卡，27个城市的地铁线路可以通用此卡，实现交通一卡通。

二、根据文章内容判断正误（正确的画"√"，错误的画"×"）

1. 成都在很长一段时间内轨道交通发展较慢，直到2015年年初才开通运营三条线路。（　　）

2. 为了让乘客的换乘体验更轻松，北京南站、南京站、杭州东站等多个地铁站实行免安检直接进入地铁。（　　）

3. 到2025年，北京将成为世界上地铁里程数最高的城市。（　　）

三、根据文章内容回答下列问题

1. 中国城市轨道交通50年来的发展体现在哪些方面？
2. 北京地铁网络建设中遇到的棘手问题有哪些？

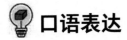# 口语表达

自由谈

1. 日常生活中，你倾向于坐地铁出行吗？
2. 你觉得坐地铁出行的便利之处有哪些？
3. 说一说你在中国坐地铁的体验。

辩论

1. 每组分别选择A或者B。

> 观点A：地铁车厢里不可以吃东西。
> 观点B：地铁车厢里可以吃东西。

2. 每组陈述自身的观点，并阐释原因。
3. 两个小组就对方观点陈述中的不同意见进行回应以及反驳。
4. 在一组展示过程中，其他小组关注其完成情况，注意辩手对语言形式的掌握、辩论技巧的表现等，评出最佳辩论小组。

参考资料·国内

香港：不得在地铁内饮食

按照香港地铁的有关规定，任何人不得在地铁付费区内饮食，包括月台和车厢等，否则处以定额罚款2000港元。但在实际执行中，港铁工作人员主要通过惩罚和教育两方面进行。初犯只是警告，再犯就要面临罚款。

南京：地铁车厢内禁止饮食

2014年，南京发布《南京市轨道交通条例》，南京地铁车厢内禁止饮食，违者将处以警告或者20元以上100元以下罚款。

参考资料·国外

新加坡：地铁上饮食最高罚500新加坡元

新加坡地铁上严禁吃喝，就连开水、矿泉水、瓶装饮料、糖、花生也不例外。根据快捷交通系统法令，初犯者可面对罚款30新加坡元，一旦被控上法庭，重犯者可被罚最高500新加坡元（约合人民币2500元）。

日本：允许地铁饮食但这种现象很少

在日本东京的电车车厢内，吃东西和喝饮料是被允许的，不过也很少有人大口吃喝影响他人的"乘车空气质量"。

话题阅读 9-3

港珠澳大桥：一桥连三地，天堑变通途①

港珠澳大桥**宛若**一条巨龙，横卧在伶仃洋[1]的碧波之上。

这座世界上最长的跨海大桥是数万名建设者**披荆斩棘**历经 6 年**筹备**、9 年施工创造的世界桥梁史上的奇迹。2018 年 10 月港珠澳大桥建成通车后，粤港澳三地人流、车流和物流更加紧密地联系在一起，大湾区[2]内的要素流动更为便利。

建设创新——"中国标准"的世界一流桥

港珠澳大桥最厉害的技术创新是什么？每一个大桥的建设者都可以自豪地说出很多，而沉管隧道绝对是非常重要的一个。

2012 年 2 月，珠海桂山镇牛头岛，占地 56 万平方米的世界最大沉管**预制**工厂从一片荒野中横空出世。在此后 6 年多时间里，33 节沉管在这里完成浇筑[3]后，被拖运到茫茫伶

生词

天堑（tiānqiàn）：天然的壕沟。比喻地形险要。

宛若（wǎnruò）：好像。

筹备（chóubèi）：为正在进行中的事情做事先的准备和筹划。

披荆斩棘（pījīng-zhǎnjí）：拨开荆丛，砍掉棘刺。比喻扫除前进中的困难和障碍。

预制（yùzhì）：在工厂中预先制成全部或多数构件。

注释

[1] 伶仃（língdīng）洋：位于中国广东省珠江口外，为一喇叭形河口湾。又称零丁洋、珠江口。其范围北起虎门，南达香港、澳门，宽约 65 公里，水域面积约 2100 平方公里。

[2]（粤港澳）大湾区（Guangdong-Hong Kong-Macao Greater Bay Area）：包括香港特别行政区、澳门特别行政区和广东省广州市、深圳市、珠海市、佛山市、惠州市、东莞市、中山市、江门市、肇庆市。粤港澳大湾区地理条件优越，"三面环山、三江汇聚"，具有漫长海岸线、良好港口群。

[3] 浇筑：土木建筑工程中指把混凝土等材料灌注到模子里制成预定形体。

---

① 徐金鹏，王浩明．超级工程港珠澳大桥谱写"湾区新篇"[EB/OL]．（2021-04-16）[2022-07-22]．https://baijiahao.baidu.com/s?id=1697208638767971141&wfr=spider&for=pc. 有改动。

汀洋上，逐节对接，组成港珠澳大桥 6.7 公里长的海底隧道。

当时，大桥的科研攻关团队通过开发混凝土全断面浇筑及控裂、8 万吨沉管顶推等成套技术，创造了 100 万立方米混凝土浇筑不开裂的纪录。

大桥**竣工**后，创新未止。港珠澳大桥沉管预制工厂没有被封存在历史的档案馆中，2018 年 6 月，它又肩负起大湾区另一个超级工程——深中通道[4]项目 22 个沉管管节预制的使命。

在经过两个多月的奋战后，沉管预制工厂全面改造升级完成，实现了从传统工厂向信息化智慧工厂的巨大跨越，完成了移动终端信息化集成、智能浇筑检测、施工监控监测、信息管理等系统的建设，筑就了沉管预制的"梦工厂"。

深中通道沉管隧道为世界首例双向八车道海底沉管隧道，其断面宽度最宽处达 55.46 米，比港珠澳大桥双向六车道沉管隧道断面还要宽 9 米，单节沉管重量达 8 万吨，超过一艘重型航母。相比港珠澳大桥，沉管的浇筑、移动和对接难度都成倍增加。

曾经负责港珠澳大桥沉管施工的中交四航局工程师陈伟彬带领技术团队经过长达一年半的反复设计与论证，研发出八万吨沉管转运液压台车系统。

此前，港珠澳大桥单节沉管预制需 75 天，完成单节转运需要 7 天。而在深中通道，一个月可预制一节沉管，生产力大大提高。

"港珠澳大桥建设的核心就是把以前的生产方式改变了，把桥梁产业上下游整个产业链升级换代。港珠澳大桥从设计、施工、管理、运维、环保、景观诸多方面高标准定义了世界一流品质的桥梁是什么样的。"港珠澳大桥管理局总工程师苏权科说。

管理创新——千兆网速的智慧数字桥

2020 年 7 月，港珠澳大桥 5G 通信网络建设完成，以

竣工（jùngōng）：工程完成。

[4] 深中通道（Shenzhen-Zhongshan Bridge）：又称"深中大桥"，是中国广东省境内连接深圳市和中山市的建设中大桥，全长 24 公里，其中有 6.8 公里长的沉管隧道。深中通道全线计划在 2024 年建成通车，通车后由深圳到中山 30 分钟可直达。

全优指标通过了运营商的网络验收测试,网络平均速率达到1000M/S。5G网络全覆盖将为大桥开展沉浸式观光游览、高清人脸识别、无人驾驶等应用奠定坚实的网络基础。

5G技术在港珠澳大桥上的应用将不仅为通行三地的旅客带来更为丰富、便捷的生活体验,也将助力港珠澳大桥建设成世界一流的数字化大桥。

日前,中国重点研发计划"港珠澳大桥智能化运维技术集成应用"科研项目取得阶段性成果,项目引入物联网、大数据、人工智能等新技术,建立数字化大桥数据标准及技术方法体系,构建智能化运维平台。

"港珠澳大桥桥—岛—隧全生命周期业务协同互联数据标准体系"将大桥120年全寿命周期内所有运维业务流程化、标准化,建立四大类33项信息数据统一的交换标准。苏权科说,研究成果将提升港珠澳大桥的智能化运维水平,降低大桥全生命周期维养成本,延长大桥使用寿命。

制度创新——三地互联的便利同心桥

从港珠澳大桥出入境需要多久?

对货车来说,只要3分钟;对游客来说,最快只需20秒!

"出境物流货车3分钟内即可完成边检[5]查验,30分钟抵达香港机场,1小时内可达香港葵涌码头,15分钟内可达澳门机场。"港珠澳跨境电商作业中心商务部总监郑太龙感慨,口岸24小时通关优势和便捷的交通网络为珠江口西岸的跨境电商及物流企业节省了巨大的时间及物流成本。

港珠澳大桥公路口岸出入境客车、货车全部实行"一站式"自助查验,只需"停一次车,提交一次资料"即可完成查验;在珠澳方向,有中国率先实施的"合作查验、一次放行"新型查验模式,旅客在同一查验大厅,通过一次排队,接受一次集中检查,最快20秒就可完成内地与澳门双方边检查验手续。

便利通关的措施大大节省了粤港澳三地的通行时间成

[5] 边检:边防检查。

本，让港珠澳大桥成为粤港澳大湾区的物流大动脉。据统计，2020 年，港珠澳大桥边检站共查验出入境车辆 91.4 万辆次，比 2019 年增长 5.5%，日均超过 2500 辆次。2021 年，截至 4 月 6 日，该站查验出入境车辆 46.8 万辆次，超过 2020 年前 9 个月的查验总量，其中查验货车 8.8 万辆次，同比增长 300%。

港珠澳大桥"合作查验，一次放行"的制度创新，也被移植到了另一个大湾区超级通道——横琴口岸[6]。如今，港珠澳大桥和横琴口岸实现"秒级通关"；港澳人员跨境执业、跨境办公、跨境医疗等政策持续落地；澳门新街坊等民生项目加速推进……三地来往更加便利，人们心灵更加贴近，粤港澳深度合作的交响曲[7]正奏响新的乐章。

[6] 横琴口岸：是连接中国澳门特别行政区与广东省珠海市横琴新区的口岸。

[7] 交响曲：symphony，专指协奏曲之外的多乐章大型套曲结构的管弦乐曲。

读后练习

一、根据文章内容填空

1. 港珠澳大桥是世界上_____的跨海大桥，是数万名建设者创造的世界桥梁史上的奇迹，_____年 10 月建成通车。

2. _____是港珠澳大桥最厉害的技术创新之一。大湾区另一个超级工程_____也采用了此技术。

3. 2020 年 7 月，港珠澳大桥_____通信网络建设完成，将助力港珠澳大桥建设成世界一流的数字化大桥。

二、根据文章内容判断正误（正确的画"√"，错误的画"×"）

1. 港珠澳大桥是世界首例双向八车道海底沉管隧道。（　　）
2. 港珠澳大桥单节沉管预制需一个月，完成单节转运需要 7 天。（　　）
3. 港珠澳大桥在中国率先实施"合作查验、一次放行"新型查验模式。（　　）

三、根据文章内容回答下列问题

1. 相比港珠澳大桥，深中通道在沉管隧道技术上有了哪些提升？

2. 港珠澳大桥实现便利通关的措施有哪些?

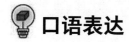 口语表达

分组讨论

观看纪录片《超级工程——港珠澳大桥》。看后结合课文,分组讨论并谈一下自己的看法。讨论结束后,每组推选一个代表发言。

1. 港珠澳大桥创下哪些世界之最?
2. 港珠澳大桥在建造过程中遇到了哪些困难和挑战?
3. 港珠澳大桥开通如何影响粤港澳三地?

话题阅读 9-4

青蒿素[1]：中国医药的世界贡献①

2015年10月5日北京时间17时30分，诺贝尔委员会在斯德哥尔摩宣布将2015年诺贝尔生理学或医学奖授予中国女药学家屠呦呦，以及另外两名科学家威廉·C. 坎贝尔和大村智[2]，表彰他们在**寄生虫**疾病治疗研究方面取得的成就。

这是中国科学家因为在中国本土进行的科学研究而首次获诺贝尔科学奖，是中国医学界迄今为止获得的最高奖项，也是中医药成果获得的最高奖项。

屠呦呦获2015年诺贝尔生理学或医学奖

《今日中国》最早向世界推介青蒿素

"青蒿素研究获奖是当年研究团队集体攻关的成绩，是中国科学家集体的荣誉，也标志着中医研究科学得到国际科学界的高度关注，是一种认可，这是中国的骄傲，也是中国科学家的骄傲。"屠呦呦得知自己获得诺贝尔奖后这样对外界表示。

生词

寄生虫（jìshēngchóng）：parasite，寄生于别的动植物体内或体表的动物。

注释

[1] 青蒿（hāo）素：artemisinin，有机化合物，无色针状晶体，是治疗疟疾耐药性效果最好的药物。

[2] 威廉·C. 坎贝尔（William C. Campbell），爱尔兰科学家；大村智（Satoshi Ōmura），日本科学家。2015年10月，他们发现了一种名为阿维菌素的新药，其衍生物伊维菌素（ivermectin）从根本上降低了河盲症和象皮病的发病率。他们和屠呦呦一起，荣获2015年诺贝尔生理学或医学奖。

---

① 李文宗. 中国医药的世界贡献[EB/OL]. （2015-02-08）[2022-07-23]. https://www.fx361.com/page/2015/0208/12469703.shtml. 有改动。

有人说这是一个"迟到的承认"。的确,青蒿素的发现距离第一发现人屠呦呦拿到诺贝尔奖跨越了半个多世纪。

从1960年代末开始,屠呦呦以"中医中药专业组"组长的身份加入当时的国家抗疟"523任务"。1972年,她领导的研究小组首次提取出了青蒿素。到了1975年,青蒿素的化学结构在屠呦呦的参与下被确定。

然而,由于"523任务"的保密性质,在整个过程中,屠呦呦没有任何研究论文发表出来,外界对她所做的工作不得而知。

直到1979年,中国国家科学技术委员会将"国家发明奖"颁给青蒿素研究成果,其中屠呦呦为第一发明单位的第一发明人。同年8月,《今日中国》(原名《中国建设》)英文版发表了题为"一种新型抗疟药物"的文章,介绍了青蒿素的研究。正是这篇文章,让西方的科研人员第一次了解到了来自中国的青蒿素研究成果。

在此后很长一段时间里,青蒿素被广泛应用于国内外抗疟领域,但其发现者是谁依然并不为世人所知,屠呦呦及其团队对世界医药界所做出的突出贡献也没有得到及时认可。

这一状况一直延续到2009年,中国中医科学院研究员廖福龙在化学领域期刊 *Molecules* 上发表了一篇"社论",明确指出青蒿素的发现归功于屠呦呦:"2009年是屠教授80岁寿辰,*Molecules* 杂志邀请我写一篇文章祝贺。我是中药所研究人员,虽然未直接参与当年的青蒿素研究,但对于当年情况**历历在目**。"

无独有偶,2011年,美国国立卫生研究院(NIH)传染病专家路易斯·米勒与同事在生命科学领域最有影响力的期刊《细胞》上发表了他们的调查结论:"我们的发现毫无疑问地显示最大的功劳应该归屠呦呦。""在寻找线索的过程中我们发现,尽管20世纪60年代末到70年代都没有论文发表出来,当世界卫生组织(WHO)工作组在1981年到中国

历历在目(lìlì-zàimù):
清晰地出现在眼前。

了解青蒿素的时候,是屠呦呦被安排向他们汇报情况的。"此外,米勒说他们还掌握其他更强有力和更直接的证据。

2011年,屠呦呦获得了医学科学领域最重要的奖项——拉斯克医学奖[3]。这个奖项一直被认为是诺贝尔奖的**风向标**。

"这是中国全体科学家的荣誉"

在拉斯克医学奖评审委员会的眼中,屠呦呦是一个靠"**洞察力**、视野和顽强的信念"发现了青蒿素的中国女人。

"当年,全世界都面临着这样一个重大课题,必须有新的抗疟药解决老药的**抗药性**问题,国内外做了大量工作都没有获得令人满意的成果。"回忆与青蒿素的第一次接触,屠呦呦的眼神清亮,语气中不乏兴奋和自豪。

20世纪60年代,引发**疟疾**的寄生虫——疟原虫对当时常用的奎宁[4]类药物已经产生了抗药性,影响严重。1967年5月23日,中国召开大会,动员全国60多个单位的500名科研人员同心协力寻找新的抗疟疾的药物,这项工作后来有了一个代号——"523项目"。屠呦呦毕业于北京医学院药学系,又有从事中医药研究工作的经验,于是,时年39岁的屠呦呦临急受命,成为课题攻关的组长。

此前,中美两国的抗疟研究已经经历多次失败。美国筛选了近30万个化合物而没有结果。中国在1967年组织了全国7省市开展了包括中草药在内的抗疟疾药研究,先后筛选化合物及中草药达4万多种,也没有取得阳性结果。屠呦呦和同事们通过翻阅中医药典籍、寻访民间医生,搜集了包括青蒿在内的600多种可能对疟疾治疗有效果的中药药方,对其中200多种中草药380多种提取物进行筛查,用老鼠做试验,但没有发现有效结果。

"后来,我在重新复习东晋葛洪《肘后备急方》时,发现其中记述用青蒿抗疟是通过'绞汁[5]',而不是传统中药'水煎'的方法来用药的,由此想到可能是因为在加热的过程中

风向标(fēngxiàngbiāo):指示风向的仪器,一般是安在高杆上的一支铁箭,铁箭可随风转动,箭头指着风吹来的方向。比喻某种事物的发展趋势和方向。

洞察力(dòngchálì):指深入事物或问题的能力,是人通过表面现象精确判断出背后本质的能力。

抗药性(kàngyàoxìng):resistance to drugs,某些病菌或病毒在含有药物的人或动物体内逐渐产生抵抗药物的能力,使药物失去原有的效力。

疟疾(nüè·ji):malaria,急性传染病,病原体是疟原虫,由蚊子传播,周期性发作。

[3] 拉斯克医学奖(Lasker medical research awards):美国最具声望的生物医学奖项,是生理学和医学领域除诺贝尔生理学或医学奖外的又一顶级大奖。该奖项始于1946年,是由纽约的阿尔伯特·玛丽·拉斯克基金会设立的,旨在表彰医学领域做出突出贡献的科学家、医生和公共服务人员。

[4] 奎宁:quinine,药名。是从金鸡纳树等植物的皮中提制出来的白色结晶或无定形粉末,有苦味。是治疗疟疾的特效药。

[5] 绞汁:中医药取药汁的方法之一。指将新鲜的药材洗净、捣烂后,用洁净的白细布或纱布包裹,绞取汁液的方法。

[6] 乙醚（mí）：diethyl ether，无色挥发性液体，有特殊气味，极易燃烧，用作溶剂、医用麻醉剂。

破坏了青蒿里面的有效成分，于是改为用低沸点溶剂乙醚[6]提取。那时药厂都停工，只能用土办法，我们把青蒿买来先泡，然后把叶子包起来用乙醚泡，直到第191次实验，我们才真正发现了有效成分，经过实验，用乙醚制取的提取物，对鼠疟猴疟的抑制率达到了100%。为了确保安全，我们试到自己身上，大家都愿意试毒。"屠呦呦说。

"那时候，她脑子里只有青蒿素，整天不着家，没有白天黑夜地在实验室泡着，回家满身都是酒精味，还得了中毒性肝炎。"老伴儿李廷钊说。

曾在1983年至1993年任中国中医科学院中药研究所所长的姜廷良也见证了当年屠呦呦和她的团队的执着、奉献精神。"他们的研究过程非常曲折，在选材、提取、临床试验等环节都困难重重。如果没有执着的精神，在其中任何一个环节，研究都可能中止。"

1972年3月，屠呦呦在南京召开的"523项目"工作会议上报告了实验结果；1973年年初，北京中药研究所拿到青蒿结晶。随后，青蒿结晶的抗疟功效在其他地区得到证实。"523项目"办公室将青蒿结晶物命名为青蒿素，作为新药进行研发。几年后，有机化学家完成了结构测定。1984年，科学家们终于实现了青蒿素的人工合成。

在特殊历史时期，屠呦呦带领团队在极为艰苦的科研条件下，经过无数次试验，发现了青蒿素，开创了疟疾治疗新方法，全球数亿人因之受益。

青蒿素的世界贡献

"青蒿素等的发现，从根本上改变了寄生虫疾病的治疗。世界上每年有约2亿人感染疟疾，在全球疟疾的综合治疗中，青蒿素至少降低了20%的死亡率及30%的儿童死亡率，仅就非洲而言，每年就能拯救10万人的生命。"诺贝尔生理学或医学奖评选委员会特别指出。

据了解，在青蒿素问世和推广前，全世界每年因感染疟疾至少有100万人死亡。感染和死亡者主要集中在相对贫穷的撒哈拉以南非洲地区。自2000年起，撒哈拉以南非洲地区约2.4亿人口受益于青蒿素联合疗法，约150万人因该疗法避免了疟疾导致的死亡。

非洲多国政要、专家以及民众在得知中国药学家屠呦呦获得2015年诺贝尔生理学或医学奖的消息后，在不同场合多次表达了他们对于青蒿素药物疗效的充分肯定和感激之情。

科摩罗副总统穆哈吉说："2007年以前，科摩罗这个世界最贫穷的国家之一几乎每个家庭都有两三个人因疟疾住院，国家社会发展受到极大影响。2007年，中国开始与科摩罗政府联合实施复方青蒿素快速清除疟疾项目。2014年，科摩罗实现了疟疾病例零死亡，发病人数下降了98%。"

洛美地区中心医院是中国政府2010年在多哥援建的一所综合性医院。"在多哥，疟疾发病率在所有疾病中排在首位"，该医院院长亚库布介绍说，"治疗疟疾患者时，我们首选青蒿素复方药物。"目前这家医院的疟疾患者治愈率达98%。"这种复方药疗效好，副作用很小，尤其适合儿童使用。"

诺奖促中医药创新受关注

屠呦呦获得2015年诺贝尔生理学或医学奖，是中国科学家在中国本土进行的科学研究首次获诺贝尔科学奖，与"屠呦呦"这三个字一起成为中国各个网站、社交媒体上的热搜词的还有"中医药"。

诺贝尔生理学或医学奖评选委员会主席齐拉特评价："中国女科学家屠呦呦从中药中分离出青蒿素应用于疟疾治疗，这表明中国传统的中草药也能给科学家们带来新的启发。"她表示，"经过现代技术的提纯和与现代医学相结合，中草药在疾病治疗方面所取得的成就是很了不起的。"

对于获奖者本人，已经85岁的屠呦呦说："获不获奖对我来说不那么重要，但是获奖也证明我们的中医药宝库非常丰富。"

物尽其用（wùjìnqíyòng）：让各种东西都能充分地发挥它们的功用。

屠呦呦强调中医中药是一个宝库，经过继承、创新、发扬，它的精华能更好地被世人认识，能为世界医学做出更大的贡献。"因为做了一辈子，希望青蒿素能够**物尽其用**，也希望有新的激励机制让中医药产生更多有价值的成果，更好地发挥护佑人类健康的作用。"屠呦呦说。

读后练习

一、根据文章内容填空

1. 2015年10月5日，诺贝尔委员会将2015年_____授予中国女药学家屠呦呦，以及另外两名科学家威廉·C.坎贝尔和大村智，表彰他们在_____疾病治疗研究方面取得的成就。

2. 1979年8月，《今日中国》英文版发表了题为"_____"的文章，介绍了青蒿素的研究，让西方的科研人员第一次了解到了来自中国的青蒿素研究成果。

3. 屠呦呦受到东晋医学典籍_____的启发，从而想到用新方法提取青蒿素。

二、根据文章内容回答下列问题

1. 什么是"523项目"？

2. 为什么从青蒿素的发现到屠呦呦拿到诺贝尔奖跨越了半个多世纪？中间经历了什么？

3. 如何理解文中的"这是全体科学家的荣誉"这一命题？

4. 青蒿素的发现对世界的贡献是什么？

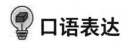

演讲

1. 分小组以"杰出女科学家的故事"为题，准备一个演讲内容，由其中一位同学代表本小组进行演讲。

2. 演讲内容充实具体，结构严谨；演讲者吐字清晰，表达流畅自然，语速恰当，举止得体。

3. 在一个小组展示过程中，其他小组关注其完成情况，注意演讲者对语言形式的掌握、演讲技巧的表现等，最终评出最佳演讲小组和个人。

> **参考资料**
> 1.《屠呦呦传》编写组. 屠呦呦传 [M]. 北京：人民出版社，2015.
> 2. 王路. 屠呦呦：理想治愈世界 [M]. 北京：红旗出版社，2016.

写作训练

歌德这样赞美女性："永恒的女性，引导人类前进。"历史的每一步前行、社会的每一点进步，都离不开女性的力量。各个领域都有"巾帼英雄"，她们自强不息、开拓进取，为社会的发展贡献着不可或缺的力量，展现着女性的智慧和光芒。

请写一篇 400 字左右的文章，介绍一位在你们国家有影响力的女性，题目自拟。

拓展阅读

FAST 望远镜："天眼"开启

话题十

十年树木，百年树人

高级
汉语话题阅读与表达

导言

教育是最容易引起人们关注和讨论的话题之一。一年之计，莫如树谷；十年之计，莫如树木；终身之计，莫如树人。种树容易育人难，我们觉得树长得已经非常慢了，但是育人比种树难上十倍，甚至数十倍。百年树人，树的不仅仅是人，更是社会。社会需要的是人才，人才是国家富强的根本。教育兴则人才兴，教育强则国家强，重视教育就是重视未来，重视教育才能赢得未来。时代越是向前，知识和人才的重要性就越突出，就越凸显教育的地位和作用。发展教育事业，建设教育强国，对中国的持续发展至关重要。

话题阅读 10-1

什么样的老师才是好老师？[①]

新东方是综合性教育集团，同时也是教育培训集团。新东方教育集团的创始人是俞敏洪，他1962年9月4日出生于中国江苏省江阴市夏港街道，1980年考入北京大学西语系，本科毕业后留校任教；1991年从北大辞职，1993年创办北京新东方学校，2006年带领新东方在美国纽约证交所上市，2009年获得CCTV年度经济人物，2012年获得中国最具影响力的50位商界**领袖**。2018年6月6日，发起成立东方坐标学院并担任校长。2019年7月，位列2019福布斯中国**慈善**榜第58位。2021年4月，2021福布斯富豪排行榜[1]发布，

领袖（lǐngxiù）：国家或团体的领导人。

慈善（císhàn）：是指对人关怀而有同情心，仁慈而善良。

[1] 福布斯富豪排行榜：Forbes world's billionaires，全称"福布斯全球亿万富豪榜"。

[①] 俞敏洪. 什么样的老师才是好老师？[EB/OL].（2017-03-07）[2022-10-10]. http://www.neworiental.org/news/ymhzl/201703/8329182.htm. 有改动。

话题十 十年树木，百年树人

俞敏洪以 44 亿美元位列 2021 福布斯全球富豪榜第 655 名。①

2021 年 7 月 24 日，国务院印发《关于进一步减轻义务教育阶段学生作业负担和校外培训负担的意见》，这条教育政策被称为"双减"政策。除"持续规范校外培训（包括线上培训和线下培训），有效减轻义务教育阶段学生过重作业负担和校外培训负担"外，其中还有一条非常关键："学科类培训机构一律不得上市融资，严禁资本化运作，已违规的，要进行清理整治。"一方面，规范校外培训，对校外培训机构限定上课时间，会致使其盈利空间有限；另一方面，禁止学科类教培企业**上市**，从资金角度**杜绝**了培训机构继续烧钱[2]的可能。规范学科教培行业，让教育回归育人的本来属性是大趋势。教培时代结束，教培行业龙头新东方的转型，不仅是经典商业案例，也可以说是这个时代发展的缩影，具有标志性意义。俞敏洪提到"教培时代结束"，代表了新东方这家教培行业龙头企业当时对行业未来发展的判断。新东方已走上转型之路，最引人注目的是，俞敏洪在直播时宣布新东方未来计划成立一个大型的农业平台，他将和几百位老师通过直播带货帮助农产品销售，支持乡村振兴事业。② 而最近，网络上的直播带货出现了一股清流[3]，新东方旗下"东方甄选"直播间因新东方英语老师独树一帜[4]的"双语带货"风格，屡屡登上热搜，吸粉[5]无数，又成了现象级[6]的话题。

在教培行业摸爬滚打[7]了二十几年的俞敏洪对"好老师"有自己的理解，新东方曾经有 2 万多名老师，俞敏洪当然希望他们都能成为好老师。那到底什么样的老师才是好老师？俞敏洪是这样说的：提到"老师"，可能我们的第一反应都是很严肃、很古板的那种老师，但是我认为这样的老师恰恰不是好老师。我认为的好老师有如下几个特征：

生词

上市（shàng//shì）：股票、债券、基金等经批准后在证券交易所挂牌交易。

杜绝（dùjué）：彻底防止、消灭（坏事）。

注释

[2] 烧钱：常用在投资领域，指项目实施者超过预期大量使用投资人的钱。

[3] 清流：网络流行语，指的是赞美某件事、某个人有种与众不同的魅力，属于褒义词。

[4] 独树一帜：单独树起一面旗帜。比喻创造出独特的风格、主张，自成一家。

[5] 吸粉：网络用语，指增加粉丝数量，吸引人气。主要形容用户吸引粉丝、使粉丝数量增加的方法或现象。

[6] 现象级：由英文 phenomenal 直译过来，是指卓越的、超级优秀的人或事件。

[7] 摸爬滚打：指经受各种各样的艰难磨炼。

---

① 俞敏洪 [EB/OL]. [2022-10-08]. https://baike.baidu.com/link?url= D5vpaOm_R8UeZ 77ANyB534VAweXa9R-dVEkrcpDXm2E2HB25ZaHt7qZaAdl9O6DdXlQFOI5LZ hwyxiW8Zo6052MZdK9vdiwzWtzDlgp8-RmMdCLM2UtFaNMUgw0NbWI2.

② 新东方转型为何引关注 [EB/OL].（2021-11-10）[2022-10-08]. https://baijiahao. baidu.com/s?id=1715973335536071667&wfr=spider&for=pc. 有改动。

第一，好老师本身是一个完善的人。他的人品、人格、身心健康都非常到位，对人生有着非常积极的态度，综合的知识架构比较完整，性格比较随和，为人风趣幽默，但又拥有某种探索精神。这样的人往学生面前一站，就给学生带来了正能量，让学生不由自主地对他有好感，让学生感觉比较放松。我觉得拥有这些素质的人，才能算是一个非常优秀的老师。

第二，好老师对于自己所教授的知识非常精到。非常精到不一定是指他是这方面的顶级大师，比如教物理的必须像爱因斯坦一样，教文学的必须像曹雪芹一样，而是说他对自己所教的内容已经反复进行了研究探讨和知识关联性的探索，并且已经把知识融会贯通[8]，形成了一个完整的知识体系，能够用深入浅出的方式将其传授给学生。

传授知识这件事其实挺难的。全中国有无数数学老师，但能把数学课讲好的老师并不多，能让学生对数学真正产生兴趣的老师更少，能够用幽默轻松的方式把数学讲好的老师少之又少。

如果一个老师教一门课的目的只是让你考试可以考高分，我觉得这样的老师肯定不是好老师。但是如果老师在教的同时能够让学生对所在领域的知识产生无限**遐想**，还能让学生勇于进行进一步的探索，这样的老师就非常牛[9]。所以我觉得，作为一个好老师的第二个条件，就是能够把自己所传授的知识讲透讲明白，并且能让学生产生愿意在这个知识领域中继续探索的热情。

第三，好老师必须能够在传授知识的同时成为学生人格、人品的培养者。青少年学生处在一个可塑性[10]非常强的时期，这个年纪特别容易受到外界的影响。那么对他们影响最大的是谁？除了父母就是老师。

老师对学生不仅限于知识上的传授，更重要的是做人的道理，将学生培养成积极向上、勇于探索、充满好奇心、乐于助人并有着宏大视野的人。老师不仅仅是在传授知识，更

遐想（xiáxiǎng）：漫无边际地思索或想象。

[8] 融会贯通：指融合贯穿各方面的知识，得到全面、系统、透彻的理解。

[9] 牛：厉害。

[10] 可塑性：生物体在不同的生活环境影响下，某些性质能发生变化。如人的可培养、可教育性。主要指儿童在发育过程中，其心理发展易受环境和教育的影响。

是在传授一种人生，凡是悲观、极端、负面的情绪都不应该进入课堂，有这些情绪的人都不应该当老师。因为如果对学生传授的是负面情绪，那么学生有可能一辈子都沉浸在对知识和教育的恐惧中，学生一辈子的成长和发展也会受阻。同时，老师必须变成学生性情的引导者，以培养学生的理想主义情怀和家国情怀。

如果能做到以上三点，我觉得就是一个好老师了。当然，好老师还有很多其他的特征，比如有一种老师会不断地更新自己的知识，不断地追求进步，能够端正自己的态度，鼓励学生提出疑问，和学生平等地探讨学习中、生活中的各种问题。我觉得这样的老师也是好老师。

其实，我们没有办法用一句话以偏概全[11]地**阐释**好老师到底是怎样的人，但是当一个好老师出现在我们面前的时候，我们所有的人都会知道：哇，终于碰到了一个好老师！

阐释（chǎnshì）：阐述并解释。

[11] 以偏概全：片面地根据局部现象推论整体，得出错误的结论。

读后练习

一、根据文章内容填空

1. 好老师本身是一个_____人。他的人品、人格、身心健康都非常到位，对人生有着非常积极的态度，综合的_____比较完整，性格_____，为人_____，但又拥有某种_____。

2. 如果老师在教的同时，能够让学生对所在_____的知识产生无限_____，还能让学生_____进行进一步的_____，这样的老师就非常牛。

3. 老师对学生不仅限于_____上的传授，更重要的是传授学生做人的____，将学生培养成积极向上、勇于探索、充满好奇心、乐于助人并有着宏大_____的人。

二、根据文章内容判断正误（正确的画"√"，错误的画"×"）

1. "双减"政策规定学科类培训机构一律不得上市融资，严禁资本化运作，已违规的，

要进行清理整治。　　　　　　　　　　　　　　　　　　　　（　　）

2．俞敏洪认为好老师都是很严肃、很古板的那种老师。　　　（　　）

3．一位好老师出现在我们面前的时候，我们从心底是可以知道的。　（　　）

三、根据文章内容回答下列问题

1．俞敏洪认为好老师应具备哪几个特征？

2．根据文意，你认为能让你考试考到高分的老师，是不是好老师？为什么？

3．"老师是传授知识的人，所以可以带着一些负面的情绪进课堂。"俞敏洪同意这句话吗？

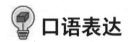 口语表达

自由谈

1．在你们国家，想成为老师的人多吗？为什么？

2．你想成为一名老师吗？为什么？

3．除了文章中提到的，你觉得成为好老师还应该具备哪些特征？

4．你觉得中国的老师和你们国家的老师有什么不同？

5．谈谈让你印象最深的一位老师的故事。

话题阅读 10-2

大学生成才究竟决定于什么？①

说到成才，大家觉得一名大学生怎样才算成才呢？是高学历和高学位，还是名校和名师？著名教育家刘道玉[1]给出了他的思考：

一个人是否能够成才，只决定于自己。具体地说，决定于自己的志趣、理想和执着的精神。

今天，让我们共同探讨一下：大学生成才究竟决定于什么？

是高学历和高学位吗？但并不是每一个获得大学毕业文凭的人甚至高学位者都能够成为杰出的人才；相反，有些没有进过大学的自学青年，也有不少人成为优秀的人才。

是名校和名师吗？但并不是每一个进入重点大学的人或是师从名家的人都能够成为杰出的人才，有些没有进入名校或从名师的青年，也有不少获得了极大的成功。

华罗庚[2]先生是从初中毕业生成为世界级的数学大师的，师从[3]他的学生不下百人，但获得世界数学界公认的杰出数学家，也只有五六个人。这究竟是什么原因呢？

我一直不断地琢磨这些问题，经过这几年的学习与思考，终于有了一点心得。一个人成才决定于什么或不决定于什么，这是一个问题的两个方面。

经验表明，能否成才，基本上不决定于名校、名师，不决定于学历和学位之高低，不决定于是否出国留学，不决定于学习条件之**优劣**，也不决定于家庭是否富有。

一个人是否能够成才，只能决定于自己。具体地说，决

优劣（yōuliè）：表示一件事物的好坏。

[1] 刘道玉：中国著名教育家、化学家、社会活动家。1977年出任国家教育部党组成员兼高教司司长。1981年至1988年担任武汉大学校长，是当时中国高等院校中最年轻的一位校长。现任刘道玉教育基金会会长。著有《刘道玉口述史》（2021）等。

[2] 华罗庚（gēng）：中国科学院院士、数学家。

[3] 师从：以某人为师，跟他学习学业、技艺等。

---
① 刘道玉. 成才究竟决定于什么？——教育的真功夫是读懂"人"[EB/OL]. （2022-10-12）[2022-11-15]. https://roll.sohu.com/a/591968155_538655.有改动。

定于自己的志趣、理想和执着的精神。

根据我对国内外一些著名学者成才经验的研究，大学生们要想成才，必须淡化名校**情结**，不要太在意专业的选择，走出盲目追求高文凭和高学位的误区，最重要的是要培育和强化决定成才的五个重要素质：

酷爱读书，立学以读书为本

但凡智力超常的少年，生理发育都比较超前，他们共同的特点就是**酷爱**读书，读书就是他们生命的一部分。

情结（qíngjié）：心中的感情纠葛；深藏在心底的感情。

酷爱（kù'ài）指极其爱好；非常热爱。

北宋欧阳修四岁丧父，家境贫寒，母亲四处借书供他抄书，通过自学成为唐宋八大家之首，他曾说："立身以学习为先，立学以读书为本。"因此，一个厌学的人，不爱书、不爱读书和不会读书的人是不可能成才的。

就像林语堂先生所说："一个人有读书的心境时，随便在什么地方都可以读书。如果他知道读书的乐趣，他无论在学校或学校外，都会读书。"

2014年武汉大学录取了13岁的汪逸凡。汪逸凡从两岁就开始阅读简版的中国四大名著，正是超强的阅读能力使他连连跳级，只用了5年的时间就学完了小学和中学的所有课程。

善于自学是成才的关键

人类文明的传承是从自学开始的，就大学而言，必将由现在的课堂讲授回归到将来的自学。因此，一个没有很强自学动力和能力的人，是不可能成为杰出的人才的。

自学是建立在高度自觉的基础上的，有些人有天生的自学能力，而大部分人需要开发和引导。不少"天才少年"都有较强的自学能力，例如刘维宁在大学期间基本不听课，即使人在课堂上，也心不在焉[4]。每学期教材发下来以后，他快速地自学一遍，然后就广泛阅读自己感兴趣的书刊，以积累和构建自己感兴趣的知识结构。

一直被传为佳话的典型例子是英国博物学家托马斯·亨利·赫胥黎（Thomas Henry Huxley），因家境贫寒8岁才开始启蒙教育，而且只读了两年书。他完全靠独立自学成为精通动物学、植物学、矿物学、医学的博物学家，精通法文、德文、意大利文、希腊文和拉丁文，曾当选为皇家学会会员，获得皇家奖章，还担任过伦敦大学的校长。

华中师范大学历史学教授张舜徽未进过一天校门，完全通过自学成为公认的一代通儒[5]。

大量实例证明，哪怕只有小学文化程度人也已具备了自学的能力。可是，**迄今**自学仍然不能在大学普遍推广，原因在于学习者有依赖思想，意志薄弱，迷信教师。

超强的记忆力是成才的基础

很多人以为批评死记硬背就是反对加强记忆力，这是模糊了死记硬背与加强科学记忆力之间的区别，世界上绝对没有记忆力迟钝的学术大师。

例如著名作家茅盾，年轻时能够把《红楼梦》背得滚瓜烂熟[6]；文学大师钱钟书，读书一遍能够成诵[7]。

更令人惊奇的是学术大师陈寅恪，他留学东西洋12年不是为了拿到一个学位，而是博览群书[8]，同时掌握了12种语言。晚年他双目失明后，完全凭口授整理了《再生缘》和《柳如是别传》，总共120万字，甚至注释也是由他口授的。他的记忆力被形容为"妖孽[9]"式的。美籍华人史学家余英时感慨地说："要以全中国人的记忆力来挑战陈寅恪。"记忆

迄今（qìjīn）：到现在。

[4] 心不在焉（yān）：指心思不在这里，思想不集中，含贬义。

[5] 通儒：学识渊博的儒者。

[6] 滚瓜烂熟：形容读书或背书流利纯熟。

[7] 成诵：读书熟，能背诵。

[8] 博览群书：是指广泛阅读各类书籍，形容学识渊博。

[9] 妖孽（niè）：这里指某些方面超越常人的人，属于褒义词，形容这个人在某方面有超乎寻常的过人之处。

力与天资有关,但主要还是靠后天培养,就如俄国大文豪高尔基所说:"记忆力就如肌肉,越练越强。"

文理兼修,以博取胜

我原本是一个理科至上主义者,30 岁以前没有读过一本小说,认为那是浪费时间。但是到了不惑之年,由于工作的需要,我才不得不恶补人文社科知识,其教训是极为深刻的。

钱穆先生没有上过大学,但他从一个中学毕业生成为无可争议的国学大师。他曾经深刻指出:"今日国家社会所需者,通人尤重于专家。而今日大学教育之智识传授,则只望人为专家,而不望人为通人。夫通方与专门,为智识之两途,本难轩轾[10]。"

试问,一个科盲怎么能够成为穷究宇宙真理的哲学家?又怎么能够成为博古通今的学术大师?

获得诺贝尔奖对获奖者来说是**殊荣**。无论是就科学家或是就各类奖项的设立者而言,诺贝尔无疑是全世界家喻户晓的人。

但是,大多数人只知道诺贝尔是发明大王,是 19 世纪集科学家与资本家于一身的人,可是很少有人知道他同时是一位颇有建树的文学家、诗人和精通 5 种语言的翻译家。他的自传诗《谜》以及《赋与梦》《说教》《兄弟们》等诗作发表以后,都受到读者的欢迎,他完全有资格被称为桂冠诗人、作家和剧作家。

化学家罗阿尔德•霍夫曼因提出了"分子轨道对称守恒定律"而获得 1981 年诺贝尔化学奖,他同时发表了多部诗歌和散文集,他的《化学畅想》一书把科学典故融入诗中,把文学的美与科学的美巧妙地结合起来,这类例子多得不胜枚举。

因此,无论是学校、家长或是在读的大学生,都不要太在意专业的选择,走出专业化教育的误区,打好厚实的文理知识基本功。

殊荣(shūróng):特殊的荣誉。

[10] 轩轾(xuānzhì):指中国古代的车,前高后低的车为"轩",前低后高的车为"轾"。引申为高低、轻重、优劣。

悟性是学习的最高境界，是开启智慧的根本途径

什么是悟性？悟性是一种感悟的思维能力，它具有偶发性、跳跃性和创造性的特点。一般来说，它的表现形式有：未卜先知[11]、举一反三、去伪存真、触类旁通[12]和心有灵犀[13]等。

例如，9岁的高斯利用等差级数瞬间就算出了1+2+3+4+5+…+100叠加数值为101×50=5050，这就是悟性；7岁曹冲脱口[14]说出称象的办法，震惊了满朝文武大臣，也是悟性；7岁的司马光破缸放水救童伴还是悟性；目不识丁的僧人慧能悟出一副偈语[15]从众僧中胜出，成为五祖弘忍**衣钵**的传承人，并创立了佛教顿悟学派。

其实，学生们学习优劣的区别不在于分数之高低，而在于悟性之有无。悟性与知识多寡无关，与学历、学位无关。

一个人无学历而有悟性，能够更有效地获取有用的知识，甚至创造新知识。反之，有学历甚至高学历而没有悟性者，是很难成为杰出人才的。

每一个生理发育正常的人都有潜在的悟性，需要开启方能够显现出来，但**僵化**的教育制度使大多数人的悟性**窒息**了。

那么，怎么开启悟性呢？古人曰：学必悟，悟而生慧。学习的本质是悟道，悟通天下，悟得智慧。所谓悟道，就是获取隐藏于知识背后的智慧。

悟性重在悟，它是在无功利、无压力、无恐惧的心境下，在自学、自问、自疑、自答、自赏、自娱等一连串的顿悟过程中获得的。

因此，无论是"天才少年"还是适龄青年，无论是大学生还是没有机会读大学的人，只要具备了上面五个方面的素质，都有可能成为杰出人才！

以上是我关于学习素质论的基本观点，由此就能够很好解释为什么进名校和从名师的人有的能成为杰出人才，而有的却不能；另外，没有进名校甚至没有机会上大学的人也能

衣钵（yībō）：原指佛教中师父传授给徒弟的袈裟和钵，后泛指传授下来的思想、学问、技能等。

僵化（jiānghuà）：意思是变僵，思想凝固不变。

窒息（zhìxī）：一种生理现象，指呼吸困难甚至停止。

[11] 未卜（bǔ）先知：（事情发生前）不用算卦就知道。形容有预见。

[12] 触类旁通：指掌握或懂得了某一事物的知识或规律后，就可以推知同类的其他事物。

[13] 心有灵犀（xī）：现比喻双方对彼此的心思都能心领神会。

[14] 脱口：率意出口，不加思索地开口（说）。

[15] 偈（jì）语：佛经中的唱词。

够成为杰出的人才。

这其中，最重要的区别就是学习者是否掌握了成才的这些重要素质。

读后练习

一、根据文章内容填空

1. 人类文明的传承就是从_____开始的，就大学而言，必将由现在的_____回归到_____的将来。

2. _____也是一位颇有建树的文学家、诗人和精通5种语言的翻译家。

3. 学生们学习优劣的区别不在于_____之高低，而在于_____之有无。

二、根据文章内容判断正误（正确的画"√"，错误的画"×"）

1. 英国博物学家托马斯·亨利·赫胥黎因家境贫寒10岁才开始启蒙教育，而且只读了两年书。（   ）

2. 很多人以为批评死记硬背就是反对加强记忆力。（   ）

3. 悟性是一种感悟的思维能力，它具有偶发性、跳跃性和创造性的特点。（   ）

三、根据文章内容回答下列问题

1. 走出盲目追求高文凭和高学位的误区，最重要的是要培育和强化决定成才的哪五个重要素质？

2. 文章中提到的学习的本质是什么？

3. 请简单介绍一下文中提到的学术大师陈寅恪。

口语表达

自由谈

1. 你会倾向于选择自己喜欢的专业还是名牌大学？

2. 在你们国家，高学历、高学位是衡量人才的标准吗？你觉得合理吗？

3. 你觉得文科和理科应该分开吗？为什么？

4. 你了解在中国一些大学里实行的"书院制"吗？通过查阅资料或实地走访，试分享一下你的调查心得。

话题阅读 10-3

家庭教育从"家事"上升到"国事"①

自2022年1月1日起,《中华人民共和国家庭教育促进法》(以下简称《家庭教育促进法》)正式施行,这是中国首部家庭教育领域的专门立法,将家庭教育由传统"家事"上升为新时代"国事"。对于孩子来说,家庭是第一个课堂,家长是第一任老师。中国全国妇联家庭教育状况调查显示,50%的家长不知道用什么方法教育孩子。多数父母存在着不同程度的养育焦虑,过于关注孩子的学习,缺乏对孩子思想品德、行为习惯养成和劳动、运动等能力的培养。

"家庭教育对一个人的成长起着**至关重要**的作用。家庭教育是教育的开端,关乎未成年人的健康成长和家庭的幸福安宁,也关乎国家发展、民族进步、社会稳定。"

郑艳是两个孩子的母亲,平时的生活中,他们夫妇除了关注孩子的学习,还十分注重培养孩子的平等意识,关注孩子的心理健康。《家庭教育促进法》施行后,她认真了解相关内容。她认为,《家庭教育促进法》就像一本"建议书",这些"建议"既实用,又有指导性,可以帮助家长更好地履行责任,有助于营造良好的家庭氛围。

首先我们来了解一下,什么是家庭教育?其实家庭教育有广义和狭义之分,广义的家庭教育是家庭成员之间的相互教育,而《家庭教育促进法》精准定位于未成年人的健康成长,采取了狭义的概念,是指父母或者其他监护人[1]对未成年人

生词

至关重要(zhìguān-zhòngyào):相当重要,在要紧关头是不可缺少的。是解决问题的关键点。

[1] 监护人:法学术语。法律上对未成年人及禁治产人,尽监督保护之责者,称为监护人。也称为保护人。

---
① 蒲晓磊. 解读家庭教育促进法:家庭教育由"家事"上升为"国事" [EB/OL]. (2021-10-25) [2022-10-20]. https://m.gmw.cn/baijia/2021/10/25/35255777.html;《家庭教育促进法》出台的重大意义 [EB/OL]. (2022-01-20) [2022-10-20]. https://www.ddnx.com/nvren/679311.html. 有改动。

实施的道德品质、身体素质、生活技能、文化修养、行为习惯等方面的培育、引导和影响。《家庭教育促进法》不仅明确了父母或者其他监护人应当树立家庭是第一个课堂、家长是第一任老师的责任意识，承担对未成年人实施家庭教育的主体责任，用正确思想、方法和行为教育未成年人养成良好思想、**品行**和习惯。同时，还规定了家庭教育的内容。比如，要求家长培养未成年人树立维护国家统一的观念，铸牢中华民族共同体意识，培养家国情怀；培养未成年人良好社会公德、家庭美德、个人品德意识和法治意识；关注未成年人心理健康，教导其珍爱生命，等等。

品行（pǐnxíng）：指人的行为品德。

教师说：家校共育，形成合力

火星街小学教师路云霞从教15年，在她看来，家庭教育是学校教育无法替代的，"家庭教育缺失会对孩子产生很大影响，家长需要负起责任。"路云霞举例说，有学生家长因为生了二胎而忽略了第一个孩子的感受，不利于孩子的成长。与家长沟通时发现，家长竟没有察觉孩子的变化。"结合现实问题，《家庭教育促进法》中有关'关注未成年人的生理、心理、智力发展状况'的内容非常有必要。"路云霞说，"这也是对家长的提醒和约束，让家长能关注到孩子的身心健康。"火星街小学教师马晓鸥认为，《家庭教育促进法》使家长正确认识到自己的教育责任。"我当老师30多年，遇到过很多家长抱怨'管不了'孩子，把教育的责任全部推给学校，这是对教育的错误认识。"马晓鸥说，希望家长能够树立家庭是第一个课堂、家长是第一任老师的责任意识。采访中，很多教师表示，《家庭教育促进法》可以使学校教育和家庭教育形成育人合力，更好地助力孩子成长。

心理咨询师说：家长要担负家教责任

在"双减"政策实施之前，孩子之间的"内卷"就已存在。甘肃明睿心理服务中心心理咨询师高婷在提供心理咨询服务的过程中发现，中小学生家长普遍焦虑，而孩子普遍感觉压力较大。高婷认为，"双减"政策和《家庭教育促进法》的施行，一方面能够有效减轻义务教育阶段学生过重的作业负担和校外培训负担，为学生营造轻松、良好的学习环境和氛围。另一方面，也可以缓解家长的"分数焦虑"，让家长更注重家庭教育的参与感和孩子的心理健康问题。此外，还能为家长和学校提供一个学习的平台[2]和机会，家长在学习如何成为一名合格的家长时，学校也在不断创新教学方式，为孩子们提供更高效的学习方法，从而真正做到减负不减质，减量不减效。"高婷说。

经验分享：让家庭教育充分发挥作用

采访中记者了解到，火星街小学在学校、家庭、社会三方教育方面有不少的好经验、好做法。据火星街小学副校长王培蕾介绍，学校建立了学校教育、家庭教育和社会教育三位一体的管理系统。对于《家庭教育促进法》明确的"中小学校、幼儿园可以采取建立家长学校等方式，针对不同年龄段未成年人的特点，定期组织公益性家庭教育指导服务和实践活动"等内容，火星街小学其实一直在做。该校的家长学校教育内容就有教育学及心理学知识的讲授，还有家长经验交流、共性教育问题探讨等。由校长、德育处主任和有经验的教师授课，也会邀请专家学者或有经验的家长到校授课。"目的在于提高家长教育子女的水平，让家庭教育充分发挥作用。"王培蕾说。

所有的家长必须"依法带娃"了

家庭教育从"家事"上升到"国事"，背后是"双减"政策背景下，社会努力探寻教育"最优解"的时代关注。父母是孩子的首任老师，家庭是个人成长的第一课堂。身处社会转型期，家庭教育的共性、个性问题层出不穷。有的是父母或监护人未能履行教育职责，有的是父母或监护人的教育

注释

[2] 平台：这里指供人们施展才能的舞台。

方式欠妥。另外，受资源、条件的影响，不同家庭为孩子提供的教育质量参差不齐，教育鸿沟之下诸多问题都有待破解。也正是在这个意义上，这部专注"家庭教育"的法律的出台，才让各方有了更多期待。

民有所呼，法有所应。从前期调研到进入立法规划，再到三次审议，《家庭教育促进法》的诞生体现了顶层设计的重视，更彰显出对民意的回应与关切。《家庭教育促进法》明确了家庭、国家和社会在促进家庭教育方面扮演的角色，引导父母和监护人了解家庭教育是什么、怎么做，最终目标是促进各方合力推动家庭教育发展。

《家庭教育促进法》明确了家庭教育的概念、要求和方式方法，并为家庭教育划定底线标准，立法对家庭教育进行规范、指导和监督。"道德品质、身体素质、生活技能、文化修养、行为习惯等"，这些方面家庭教育都得管起来。怎么管，可以协商和学习，但如果拒绝、**怠**于履行家庭教育责任，甚至不正确实施家庭教育**侵害**未成年人合法权益的，将视情况对父母或者其他监护人予以训诫[3]，并可以责令他们接受家庭教育指导。时下教育领域最受人关注的"双减"政策，也在《家庭教育促进法》中得到体现。"县级以上地方人民政府应当加强监督管理""推进学校教育和家庭教育相互配合""未成年人的父母或者其他监护人应当合理安排未成年人学习、休息、娱乐和体育锻炼的时间"……这给家庭教育提出更高要求：不仅要依法带娃，还得科学带娃，树立理性的成才观，将其身心健康、人格健全放在家庭教育的首位。

近年来，中国未成年人保护的法律体系不断完善，《家庭教育促进法》也是其中的有机组成和有益补充。《家庭教育促进法》的亮点概括起来有两个：弘扬中华民族重视家庭教育的优良传统，通过制度设计采取一系列措施，实现家庭教育由以家规、家训、家书为载体的传统模式向以法治为引领和驱动、以核心价值观为主要内容、以立德树人为根本任

怠（dài）：怠慢；不恭敬。
侵害（qīnhài）：侵入而损害；用暴力或非法手段损害。

[3] 训诫（jiè）：教导、告诫。

务的新模式迭代[4]升级，将家庭教育由旧时期的传统"家事"上升为新时代的重要"国事"；贯彻落实中央关于减轻义务教育阶段学生作业负担和校外培训负担的文件精神，改变家庭只是学生课堂的延伸、家长只是学校老师助理的状况，**彰显**家庭教育的重要地位和作用，将家庭教育从学校教育的**附庸**地位解放出来，真正实现学校教育和家庭教育相互配合。

有网友评论，中国父母将进入"依法带娃"时代，但需要明确，家庭教育立法，不为"惩罚"家长，只为教育**纠偏**。将一审立法稿中"罚款""拘留"等一系列硬性[5]字眼改为"批评教育、劝诫制止、予以训诫"等软性措施，是指导、规范与监督家庭教育的审慎考量。此次立法涉及诸多方面，发力方向却十分鲜明，那就是厘清[6]各方责任，以立德树人为根本任务。既明确父母是家庭教育的第一责任人，以法律方式"指引"父母成为一名合格的家长，也明确国家社会需要提供的支持，通过公共体系合力"赋能[7]"，帮助孩子"系好人生的第一颗扣子"。

教育乃国之大计。目前，各地在落实"双减"政策的教育质量改革工作中取得显著进展，但不排除一些地方还存在课后服务保障**滞后**、教育资源分布不均、家长焦虑仍在等深层症结。这也在客观上决定了推进教育改革是复杂的系统工程，完善法律、优化政策只是第一步，接下来的关键就是积极开展教育普法工作，让新法新策入心入脑，相关部门也要积极履职，对违法违规严查严罚，为教育资源不足家庭"蓄力助跑"。

彰显（zhāngxiǎn）：分明而确定地表现；显著，明显。

附庸（fùyōng）：这里指依附于其他事物而存在的事物。

纠偏（jiūpiān）：改正偏向或偏差。

滞后（zhìhòu）：（事物）落在形势发展的后面。

[4] 迭（dié）代：交换替代。

[5] 硬性：不能变通的（规定）。

[6] 厘清：整理清楚。

[7] 赋（fù）能：最初源于"empower"。意为赋予更大的做事的可能性空间。现多被人们理解为"赋予能量或赋予能力"。

读后练习

一、根据文章内容填空

1. 《家庭教育促进法》明确了家庭教育的_____、_____和方式方法,并为家庭教育划定底线标准,立法对家庭教育进行规范、指导和监督。

2. "批评教育、劝诫制止、予以训诫"等软性措施,是_____、_____与家庭教育的_____考量。

3. 《家庭教育促进法》明确了_____、_____和_____在促进家庭教育方面扮演的角色。

二、根据文章内容判断正误(正确的画"√",错误的画"×")

1. 家庭教育立法,不仅为"惩罚"家长,还为教育纠偏。   (   )

2. 家庭教育的最终目标是惩罚和约束家长。   (   )

3. 《家庭教育促进法》可以缓解家长的"分数焦虑",让家长更注重家庭教育的参与感和孩子的心理健康问题。   (   )

三、根据文章内容回答下列问题

1. 《家庭教育促进法》中,体现家庭教育的主要内容有哪些方面?

2. 《家庭教育促进法》将使中国父母进入"依法带娃"时代,但还需明确哪些内容?

3. 《家庭教育促进法》的亮点有哪些?

口语表达

自由谈

1. 在你的国家,有关于家庭教育的法律法规吗?如有,请为大家介绍一下。如没有,请谈谈是否有设立的必要。

2. 你觉得父母对孩子的影响大吗?你想成为什么样的父母呢?

辩论

1. 每组分别选择 A 或者 B。

观点A：学校教育比家庭教育更为重要。

观点B：家庭教育比学校教育更为重要。

2．每组陈述自身的观点，并阐释原因。

3．两个小组就对方观点陈述中的不同意见进行回应以及反驳。

4．在一组展示过程中，其他小组关注其完成情况，注意辩手对语言形式的掌握、辩论技巧的表现等，评出最佳辩论小组和辩手。

写作训练

你觉得《家庭教育促进法》的颁布有什么意义？你如何评价它？请根据上面文章内容，结合所学所思，自拟题目，写一篇400字左右的文章，说明自己的观点并论证。

话题阅读 10-4

育儿焦虑该如何缓解？①

"北大妈妈教你这样育儿""常春藤[1]爸爸推荐这些课外读物"……近年来，一些顶着名校**头衔**的自媒体受很多家长追捧[2]，他们靠着晒[3]育儿观、育儿方法和育儿读物持续走红。

近日，中国教育部就全国政协委员提出的《关于严防"名校父母"输出"鸡娃"理念抵消"双减"工作成效的提案》做出答复称，将集中治理蹭[4]炒教育热点、编造虚假信息、渲染升学焦虑等恶意炒作行为。

网络上，一些"名校父母"有意无意营造出来的教育焦虑，让很多家长深陷其中，无法自拔。更有甚者，一些人学历造假、打着名校旗号行欺骗之实。作为越来越善于学习的新一代家长，如何避免陷入育儿"成功学"的焦虑？怎样甄别网络上海量育儿信息？又该如何科学地学习他人的育儿经验？

放下焦虑，根据孩子的特质因材施教

"焦虑"在汉语词典里的解释是着急、忧虑。家长的教育焦虑主要表现为因对孩子的前途命运过度担心而产生烦躁情绪。紧张、着急、忧愁、不安等情绪会干扰家长的价值判断及教育行为。

育儿如养花。很多家长在拿到一株小苗后，就在心中默默描绘了它未来的样子，而后便不断地浇水、施肥，急切地想看到美丽的花朵。如果小苗的长势不如预期，便开始心神不宁、坐立难安，试图不断地向外界寻求万能之法。由此导

头衔（tóuxián）：指官衔、学衔等称号。

[1] 常春藤（téng）：常春藤联盟（ivy league）最初指的是美国东北部地区的八所高校组成的体育赛事联盟，后指由这七所大学和一所学院组成并沿用"常春藤"这一名称的高校联盟。

[2] 追捧：指追逐捧场。

[3] 晒：网络用语，意为展示、分享、炫耀等。

[4] 蹭（cèng）：指的是在他人不知情的情况下无报酬地使用别人的东西。这里的"蹭热点"是借用别人在互联网上的热度进行自我或自我相关内容的推广运营，以达到获取更多互联网流量的目的。

---

① 王小艾.育儿"成功学"焦虑如何破解 专家：警惕"名校父母育儿经"变成贩卖焦虑的"毒鸡汤"[N]. 现代教育报, 2022-10-21（B1）. 有改动。

致社会上的"育儿成功学"**泛滥**。

一些家长把"赢在起跑线上"当作教育的信条。殊不知[5]，超前学习对孩子的终身发展有着极大的负面影响。无论是栽种植物还是养育孩子都离不开科学的方法。

其实，成功的做法大多不可复制。遗传基因和成长环境是影响孩子发展的重要因素。助力孩子成长成才，选择、确定孩子的培养目标、教育方法，最重要的就是适切性。每一个孩子的先天因素与后天因素均不相同，每一个家庭、每一个孩子都是独一无二的。因此，他人育儿成功的做法不可能通过简单复制实现。家长与其盲目学习他人的育儿方法，不如多花时间了解自家孩子的内在发展特征，为因材施教**奠定**基础。

我们可以遵循"无为而治"的育儿方法。"无为而治"的育儿方法不是让家长什么都不做，而是要在"毕生发展观"的视角下，尊重儿童的特质、遵循儿童的身心发展规律，不要过多地干预，不妄作为。一个人的成长发展是一生的过程，具有多样的形式、复杂的构成，是由多重影响因素相互作用共同决定的。家长在掌握孩子相应成长阶段的身心发展特点基础上，结合自家孩子的内在发展特征，探索出的方法才是最适切的。

家长的教育焦虑带给孩子成长的危害是巨大的。家长要放下焦虑，与孩子一起学习成长，感受相互陪伴过程中的美好，不盲目与他人攀比。育儿经验是在亲历的实践与反思中获得的。

理念转变是告别"鸡娃"式教育的关键

"鸡娃"式教育走红的原因，其表象是一些非官方媒体蹭炒教育热点、谋取利益所致，本质是部分家庭人才观的**扭曲**。告别焦虑的治本之策在于家长要树立科学育儿观，提高数字素养。

家长要树立科学理念，远离"成功学"焦虑。"双减"

泛滥（fànlàn）：江河湖泊的水溢出。比喻坏事、坏思想任意流传扩散。

奠定（diàndìng）：稳固地建立。

扭曲（niǔqū）：物体因外力作用而扭转变形，也常比喻事物被歪曲、颠倒。

[5] 殊不知：指的是竟不知道（引述别人的意见而加以纠正），也可以形容竟没想到（纠正自己原先的想法）。起到强调后文内容的作用，表示转折。

政策旨在通过重塑教育生态,让学生"回校""归家",促进其德、智、体、美、劳全面发展。有的父母**曲解**"爱"的定义,认为"我都是从爱出发的,我就没有错"。其实他们很多时候是爱自己、爱面子,把自己的意志强加给孩子,压制孩子的自由生长,这种占有欲和控制欲导致"爱"变味。也有的家长认为"成功的孩子总是学在前面",因此常常重智轻德,唯分数、唯升学,让学习填满孩子几乎所有的时间,严重损害其身心健康。

告别"鸡娃"式教育需要家长把育儿由"家事"上升为重要"国事",树立成才先成人的人才观;尊重儿童成长规律,因材施教,不要盲目攀比"别人家的孩子";尊重孩子,看见孩子,信任孩子,让他们成为最好的自己。

曲解(qūjiě):指不顾客观事实或歪曲原意,做错误的解释。

改变家长价值取向需举全社会之力

"名校父母"制造的育儿焦虑其实是一种功利主义的教育思想倾向和情绪体验,是一种"明星经济"样态。至于对外提供的育儿观念是否科学,方法是否有效,是否存在夸大、歪曲、不实的成分,则无从查证考据。清理根治这种干扰"双减"工作成效的乱象,须先改变家长和家庭教育的价值取向。

超越功利主义是教育现代化的大势所趋。客观地说,育儿焦虑有社会优质资源稀缺、社会竞争加剧的因素,也有家长观念落后、教养知识与技能缺乏的实际影响。"教育内卷""鸡娃"反映的是短缺经济时代形成的教育观念。很多人依然习惯把教育看成争夺社会资源的工具,过度关注教育的社会分层功能,过度关注升学率,关注学生是否能够考入好大学、找到好工作,教育本身发展人的功能反而受到人们的忽视、轻视。如果育儿导向是"向钱看",把名利作为胜者的永恒标杆和人生价值的尺度,那导致的只能是教育行为的异化、极端化和情绪焦虑、精神空虚。

"双减"的目标之一就是纠正家长和家庭的教育价值取向。防止过度教育、过度竞争,树立以人为本、立德树人的科学教育观，给孩子一个不焦虑的童年，才有利于孩子身心健康成长。

建立并完善家庭教育支持体系、帮助家长解决现实家庭教育难题是社会治理的大事。教育是家事，更是国事。没有人生来就是一个合格的父母。政府、学校、社区要引导家长尊重教育规律和儿童成长规律，理性、冷静看待孩子的未来发展，不盲目"鸡娃"，不被别人牵着鼻子走，增强家长对孩子的信任和对未来的安全感。学校有责任也有经验、资源普及科学育儿知识与技能，强化家校协同，帮助家长成为新时代的好家长，让孩子的智慧自然成长。社区也是家庭育儿指导的一个重要阵地。在全社会形成重视家庭科学育儿的氛围和环境，对于缓解当前的育儿焦虑有着积极的示范意义。

读后练习

一、根据文章内容填空

1. 紧张、着急、_____、不安等_____会影响_____家长的价值判断及教育行为。

2. 家长的教育_____带给孩子成长的危害是巨大的。

3. "双减"政策旨在通过_____教育生态，让学生"_____""_____"，促进其德、智、体、美、劳全面发展。

二、根据文章内容判断正误（正确的画"√"，错误的画"×"）

1. 他人育儿成功的做法都不可能通过简单复制实现。（   ）

2. 我们不可以遵循"无为而治"的育儿方法。（   ）

3. "双减"的目标之一就是纠正家长和家庭的教育价值取向。（   ）

三、根据文章内容回答下列问题

1. 为什么说育儿成功的做法是不可复制的？

2. 文中提到"双减"的目标之一是什么？

汉语话题阅读与表达

口语表达

自由谈

1. "名校父母育儿经"的现象在你的国家是否存在?
2. 你如何看待所谓的"鸡娃式"育儿?
3. 对于"育儿焦虑"你有什么好的解决办法?

分组讨论

2021年出台的"双减"政策是中国教育领域的一次重大改革。请查阅资料,结合本课所学内容,采用分组讨论的形式谈谈对"双减"政策的认识和评价。讨论结束后,每组推选一个代表发言。

拓展阅读

奉献在教育一线

话题十一

影音中国

导言

艺术一直都是源于生活而高于生活的。近十年来,中国在艺术创造方面始终贯穿着一条主线,那就是将中国故事、中国精神熔铸在艺术创作中。中国广大艺术工作者坚持以人民为中心的创作导向,用精品力作满足人民日益增长的精神文化需求;鼓舞中国人民在新时代新征程奋进。艺术是无国界的,中国艺术也将以人类命运共同体的理念为指引,面向世界讲述中国故事,用影音展现当代中国。

话题阅读 11-1

中国电影:浓墨重彩书写中国故事①

近十年来,中国广大电影工作者心怀"国之大者",增强文化自信,以高度使命感与责任感创作了一批思想精深、艺术精湛[1]、制作精良的优秀作品,为浓墨重彩书写中国故事,彰显中国精神、中国力量做出了独特而重要的贡献。

电影《1921》刻画了中国共产党成立初期共产党员的光辉形象,表现了他们丰富的精神世界和崇高的精神追求。电影《血战湘江》中,烈士们的牺牲壮怀激烈,为伟大的长征精神增添了耀眼的光芒。电影《长津湖》《长津湖之水门桥》

[1] 精湛(zhàn):精熟深通,某样技艺十分娴熟。

---

① 胡智锋. 浓墨重彩书写中国故事(坚持"两创"书写史诗·非凡十年)[EB/OL]. (2022-10-24) [2022-11-20]. https://mp.weixin.qq.com/s?__biz=MjM5NzgxMTI3Mw==&mid=2650862794&idx=1&sn=8d2a99514bee354c63e98d957e73e808&chksm=bd2011ec8a5798fa053617ff7d007678a0564ec98cee908458b0c915113c1e1f324e58c83a67&scene=27. 有改动。

话题十一　影音中国

深刻**诠释**了中国人民志愿军赢得胜利的历史逻辑，将中国人的爱国热情、家国情怀与奋斗意志紧紧联系在一起。电影《夺冠》以激烈的赛事将女排精神具象化[2]，用**千锤百炼**、顽强拼搏的奋斗精神感动人鼓舞人。

电影作品**倾情**描绘新时代新征程的**恢宏**气象。围绕决战脱贫攻坚、决胜全面建成小康社会等重大主题，围绕抗击新冠肺炎疫情等重大风险挑战，一系列优秀作品传递中国人民为了追求美好生活而不怕困难、勇于斗争等精神价值。《十八洞村》《秀美人生》《一点就到家》将镜头对准山乡巨变，讲述农业农村发展取得的历史性成就、发生的历史性变革，反映奋斗征程上的真抓实干、同甘共苦。《中国医生》《穿过寒冬拥抱你》《你是我的春天》呈现抗击新冠肺炎疫情过程中可歌可泣[3]的故事，展现在困境中不抛弃、不放弃的信念。

在构建人类命运共同体理念的指引下，电影创作以更加广阔的视野拥抱世界。《湄公河行动》《战狼Ⅱ》《红海行动》《万里归途》等影片呈现中国人民爱好和平、维护正义，不畏强暴、勇于斗争，中国政府尊重保护每一个生命的信念和行动；电影《流浪地球》表现出面对灾难不退缩不放弃、团结全人类的大国担当，保护人类共有家园的理想与情怀……

近十年来，银幕上涌现了很多绚烂多姿的典型人物。在中国革命历史题材电影《血战湘江》《古田军号》《1921》《跨过鸭绿江》《长津湖》等作品中，那些**熠熠生辉**、深入人心的英雄形象和充满魅力、活力的新人形象，引人瞩目、振奋人心。

在《烈火英雄》《中国机长》《攀登者》《守岛人》《峰爆》《狙击手》《钢铁意志》等影片中，我们看到众多走在时代前列、体现着中华民族优秀品质的英雄形象。像《烈火英雄》，在展现江立伟以身**殉职**的壮烈之外，让我们看到他对家人、对战友的浓厚情感和侠义之情。新时代中国银幕上的英雄形象摆脱了刻板化、模式化、概念化的套路，更加注重呈现英

诠释（quánshì）：说明、解释。

千锤百炼（qiānchuí-bǎiliàn）：原意指铸剑需要千百次的锤打和冶炼。比喻多次的艰苦斗争和考验，也比喻创作诗文的反复推敲、修改。

倾情（qīngqíng）：将全部的感情毫无保留地贡献出来。

恢宏（huīhóng）：意思是宽阔、广大、发扬，也写作"恢弘"。

熠熠生辉（yìyì-shēnghuī）：亮晶晶地发出光辉，形容光彩闪耀的样子。

殉职（xùnzhí）：指的是某职务人员因为公务而牺牲生命。

[2] 具象化：concretization，就是把抽象的事物表现出来。

[3] 可歌可泣：意思是值得歌颂、赞美，使人感动流泪，用于形容英勇悲壮的感人事迹。

雄多元、立体、饱满的性格内涵，使得人物形象的塑造更具可信度和感染力[4]。

在大银幕上，时代新人的形象光彩照人。在"我和我的"系列三部曲和《送你一朵小红花》《你好，李焕英》《奇迹·笨小孩》《人生大事》《平凡英雄》等影片中，我们看到那些普普通通的人们无论面对怎样的困难挑战，都在为追求美好生活而不懈努力。不论来自城市还是乡村，不论身处何种岗位，不论面临怎样的生活考验，他们都以努力进取的姿态，靠着坚韧不拔的奋斗，用双手创造着美好的生活。这些时代新人形象，伴随着广大观众的泪水与笑声，获得了人们广泛的共情，也为中国银幕画廊增添了多彩饱满的新形象。

总结梳理近十年来中国电影的创作与收获，可以深刻感受到，用心体察中国精神的深刻内涵，精准把握时代脉搏，获得更有力度、更有温度的思想支撑，才能准确回应时代和中国人民的需求，才能让作品焕发出强大的精神感召力；用情感受人民群众的喜怒哀乐，从火热生活中获得滋养，反映时代的本质，塑造鲜活生动的人物形象，作品才能获得人民群众的热爱与认同；用功锻造艺术表达，准确全面客观地把握现实，充分发掘生活中的积极与亮色，给人们以思想的启迪、情感的共鸣，作品才能温暖人心、引人向上。

期待中国电影在新时代的道路上，坚定文化自信，增强创新创造活力，以更具思想力、感染力、影响力的优秀作品为中华民族伟大复兴注入更强大的精神动力，提供更有力的价值支撑。

[4] 感染力：指能使别人产生相同思想感情的力量；启发智慧或激励感情的能力。

读后练习

一、根据文章内容填空

1. 电影《1921》刻画了中国共产党成立初期共产党员的光辉形象，表现了他们丰富的_____世界和_____的精神追求。

2．电影《流浪地球》表现出面对灾难不_____不_____、团结全人类的大国担当，保护人类共有家园的理想与情怀。

3．新时代中国银幕上的英雄形象摆脱了_____、_____、_____的套路，更加注重呈现英雄多元、立体、饱满的性格内涵，使得人物形象的塑造更具可信度和感染力。

二、根据文章内容判断正误（正确的画"√"，错误的画"×"）

1．时代新人形象，伴随着广大观众的泪水与笑声，获得了人们广泛的共情，也为中国银幕画廊增添了多彩饱满的新形象。（ ）

2．近二十年来，银幕上涌现了很多绚烂多姿的典型人物。（ ）

3．呈现抗击新冠肺炎疫情过程中可歌可泣的故事，展现在困境中不抛弃、不放弃的信念的电影是《长津湖》。（ ）

三、根据文章内容回答下列问题

1．请简述近十年来中国电影的贡献。

2．请总结梳理近十年来中国电影的创作与收获。

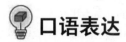 口语表达

自由谈

1．请介绍一部你最近看过的或印象最深的中国电影。

2．请介绍一部你最喜爱的电影，并说明原因。

3．你觉得中国电影展现了哪些独特的精神价值或文化价值？

话题阅读 11-2

2020 纪录片[1]：新时代，影像志的新表达①

2020年注定是极不平凡的一年，中国的经济、科技、综合国力等各个方面都有了重大的突破，新冠肺炎疫情突如其来，也让世界面临的不确定性上升，深化文明交流互鉴，构建人类命运共同体的迫切性和重要性更加凸显。在这个特殊时期，中国的纪录片中，那些难忘的场景和温暖的瞬间带给我们无限的感动，也给人奋发前行的强大力量。

紧扣时代主题，新闻时效与记录质感同在

当今世界正经历百年未有之大变局，面对变化空前剧烈的2020年，中国纪录片人紧扣时代主题，主攻抗击新冠肺炎疫情和脱贫攻坚两个重大现实题材，产出了一系列精品力作。

聚焦抗"疫"、脱贫攻坚两大题材，打造国家级影像志。作为最贴近社会现实的媒介和艺术之一，社会现实题材纪录片既有客观记录的时效性，又兼具创作者对现实进行独特观察和思考的艺术性。

当新冠肺炎疫情来袭，央视纪录片创作团队闻讯而动，他们**瞄准**时代前沿，快速推出《武汉：我的战"疫"日记》和《2020春天纪事》两部抗疫题材纪录片，以"在场"视角书写不同个体在疫情下的真实生活。

《武汉：我的战"疫"日记》采用身临其境的"日记体"，以每集5分钟汇聚成融媒体[2]系列短视频，聚焦个体故事，

瞄准（miáo//zhǔn）：调整枪口或炮口的高低和方位，使射出的东西命中目标。泛指对准（关注的方面或领域）。

[1] 纪录片：documentary film，是真实地专门报道某一问题或事物的影片。是以真实生活为创作素材，以真人真事为表现对象，进行艺术的加工与展现，以展现真实为本质，并用真实引发人们思考的电影或电视艺术形式。也作"记录片"。

[2] 融媒体：convergence media，是充分利用媒介载体，把广播、电视、报纸等既有共同点又存在互补性的不同媒体，在人力、内容、宣传等方面进行全面整合，实现"资源通融、内容兼融、宣传互融、利益共融"的新型媒体宣传理念。

---

① 张宗伟. 2020纪录片：新时代，影像志的新表达 [EB/OL]．（2021-01-06）[2022-10-20]. https://mp.weixin.qq.com/s?__biz=Mjg0NDcyODU4MA==&mid=2651987475&idx=1&sn=74e6a725c953e25a18c0609b8aea7a96&chksm=9a565478ad21d6e7c44eff54599b31920f06ad8cd4bf95aacd4c625a33c585558189397d5b2&scene=27. 有改动。

用近乎白描[3]的影像表现疫情笼罩下普通个体的生活。叙述主角包括在武汉的抗疫一线的医护人员、普通市民、坚守岗位的普通劳动者等武汉疫情亲历者们,以第一人称画外音讲述"中国速度"。串联起来的视频日记让观众看到不同视角下处于疫情中心的武汉,逼近生活的日常实录,看似质朴,却充满强烈的情感,普通个体的短视频记录更能激起观众真实的情绪反应,让观众更容易触摸到生活的本真状态,为观众呈现危难中的互助、真实的"武汉时刻"。

《2020春天纪事》同样将镜头聚焦于新冠肺炎疫情,以四集(每集50分钟)篇幅深度揭秘中国科学战"疫"全过程,通过科学分析与艺术表现相结合,整体观照和个案聚焦相结合,真实影像和虚拟动画相结合,真实生动地呈现了中国面对这场战"疫"时的决心和努力,打造了一份2020年中国科学抗疫的影像样本,被誉为记录中国科学战"疫"的国家级影像志。

2020年是决战脱贫攻坚、决胜全面小康的关键一年。脱贫攻坚题材纪录片创作也进入关键时刻。

《2020我们的脱贫故事》通过观察式记录,**发掘**生动真实的故事,展现扶贫攻坚全貌。该片将镜头对准贫困地区,围绕生态移民、易地搬迁、劳务输出、科技扶贫、第一书记等方式和话题,全面展现脱贫攻坚的生动历史画卷。

《决战脱贫在今朝》以精练的解说词和干部群众的朴实讲述为主线,真实记录扶贫一线干部群众的感人事迹,以及云南、山西等地在义务教育、基本医疗、住房安全等方面所做的努力,展现了脱贫攻坚事业"一个都不能少"的决心。

《承诺》聚焦偏僻乡村,展开脱贫致富主题,全片五集,每集重点表现两个乡村,这些村子风景优美却饱受贫困之苦,纪录片一方面表现乡村风景的自然之美,同时全景呈现贫困乡村的致富之路,重点塑造了一批生动朴实的扶贫干部形象。

"抗击疫情""脱贫攻坚"是中国2020年的年度关键词,对这两大社会议题的客观记录表现出中国纪录片创作者"歌

发掘(fājué):意思是把埋藏的东西挖掘出来。这里指发现或发挥隐藏、埋没的事物。

[3] 白描:中国画技法名,指单用墨色线条勾描形象而不施藻饰与渲染烘托的画法。文中的白描是文学表现手法之一,指的是主要用朴素简练的文字描摹形象。

诗合为事而作"的社会责任感，也彰显了纪录片在重大事件呈现中**唤起**民族凝聚力的独特功能。

再现如歌往事，礼赞美好新时代。在深圳特区成立40周年之际，央视推出《先行》等献礼片[4]，以历史参与者的亲身讲述，通过对历史影像的挖掘整理和文献运用，发挥了唤起和建构民族集体记忆、凝聚社会共识的重要作用。

2020年是深圳经济特区成立40周年，六集纪录片《先行》从制度政策的先行之风、创新驱动的先行之力、以人为本的先行之谋等多个方面，全景呈现深圳特区四十年改革开放、先行先试的发展历程，以影像致敬"深圳奇迹"，总结"中国之治"的成功经验。

科学纪录片异军突起，彰显中国科技实力。嫦娥五号携带月球样品返回地球，完成意义非凡的太空之旅；"天问一号"探测器成功进入预定轨道，开启火星探测征程；中国自主建设、独立运行的北斗卫星导航系统开通，开始向全球提供服务——2020年，中国科技喜事连连，一系列与之相关的科学纪录片推出，向世界展示了新时代中国科技的硬核[5]实力。

《Hi，火星》同样是每集5分钟的科学微纪录片，该片以发射倒计时为时间坐标，结合专家解读和动画演示，追踪记录并生动呈现了中国首次火星探测发射全过程，给观众带来生动的观看体验。

《北斗》是第一部全景介绍中国北斗卫星导航系统的科学纪录片，从导航应用、工程研制、历史人文和全球合作等多个视角，诠释北斗工程的特殊价值和时代意义，展现中国航天科研人员与数十万工程技术人员的心血与智慧，点赞追求卓越的新时代北斗精神。

《往事如歌》《大工告成——北京大兴国际机场》等片多角度反映新时代经济建设的历史性成就，是创作者献给新时代的影像赞歌。

《往事如歌》以清华大学上海校友会合唱团为线索，选取合唱团中几位老人的故事，以个体视角**折射**中国巨变。

唤起（huànqǐ）：意思是引发回忆、联想、兴趣等。

折射（zhéshè）：光线、声波在传播过程中遇到物体阻挡而改变方向的现象。这里比喻通过某种方式反映出事物的表象或实质来。

[4] 献礼片：一般以歌颂国家和执政党为目的，在重要纪念日期间播映的特殊影视作品重点影片，也叫主旋律影片。献礼片需在思想上展现主流社会核心价值观；其艺术、技术等创作、制作需精湛精良；作品须具备较高的观赏价值，满足观众对影视节目的娱乐需求。

[5] 硬核：网络流行语。原形容说唱音乐有力量感或游戏有难度，后形容强悍、彪悍。

三集纪录片《大工告成——北京大兴国际机场》以"百日倒计时"为叙事推动力,围绕核心事件和相关团队展开多线叙事,讲述大兴国际机场从建设到运营的动人故事,揭秘它的创新历程,形象化地揭示了这一大国工程的划时代意义。

无论是抗"疫"现场的直击,还是决胜脱贫攻坚的全景纪录,或是对中国经济建设和科技发展重大成就的形象展示,这部2020年出品的社会现实纪录片作为记载当代中国的影像志,与时代共鸣,为时代存影,彰显了纪录片所具有的媒介功能和文献价值。

传承优秀文化,跨文化传播彰显文化自信

《如果国宝会说话》(第三季)、《国家宝藏》(第三季)、《我在故宫六百年》、《中国的宝藏》等文博题材纪录片创作渐入佳境[6],加上美食纪录片和文学纪录片的助力,使得2020年的历史文化类纪录片生机勃勃,为中华文化的传承转化,为深化文明交流互鉴,提供了充满文化自信的中国影像。

文博纪录片担纲[7]主角。纪录片形态多样、制播灵活,在传承中华优秀文化方面具有得天独厚的优势。2017年,中央电视台推出《如果国宝会说话》(第一季)和《国家宝藏》(第一季),获得良好反响。2020年,《国家宝藏》和《如果国宝会说话》顺利推出第三季,整体质量比前两季又有较大提升。

《如果国宝会说话》(第三季)每集5分钟讲述一件文物,介绍国宝背后的中国精神、中国审美和中国价值观。第三季从魏晋南北朝跨越到隋唐时期的书法、绘画、雕塑和壁画等,通过历史回望的方式,对艺术品进行影像化再叙述,多维度地呈现那个时代的技艺、审美、文化和生活方式。比如《洛神图赋》一集,影像清晰呈现绢本绘画内容,同时配合画外音讲述,将视野扩展到更广阔的社会层面,阐释魏晋三百年来秩序解体中个人意识的痛苦与觉醒,向观众展现蕴藏在文物背后的历史故事和文化价值。

《国家宝藏》前两季豆瓣[8]评分均为9.1,第三季2020

[6] 渐入佳境:原义是甘蔗下端比上端甜,从上到下,越吃越甜。后比喻境况逐渐好转或兴趣逐渐浓厚。

[7] 担纲:指在艺术表演或比赛中担任主角或主力,泛指在工作中承担重任。

[8] 豆瓣:指"豆瓣网",是一个社区网站。

高级
汉语话题阅读与表达

年12月6日开播，目前豆瓣评分高达9.5，如此高开高走，让人刮目相看。从查阅典籍、整理资料，到通过视频远程调研，和专家案头座谈，再到结合传播规律到社交网络平台寻找观众兴趣点、撰写脚本，做足诗外功夫，才有屏幕上的精彩绽放。《国家宝藏》并非严格意义上的纪录片，作为一档文博探索类节目，它融汇众长，知名主持人串场、权威专家学术加持、一线明星加盟表演，有综艺节目的炫目舞台、明星真人秀的青春活力、科教纪录片的严谨考究，因此，"综艺+**纪实**"的节目模式运用得当，也能出精品。

作为中英合拍纪录片，《中国的宝藏》坚持国际视野和中国表达相结合，《家族与祖先》《汉字的艺术》《国际化中国》《中国制造》《科技的艺术》《饮食的艺术》六集内容经过精挑细选，涉及祭祖习俗、婚嫁仪式、中华饮食等最具中国特色的生活形态。该片采用主持人追寻访谈的形式，探寻中国传统文化的精神密码，主持人阿拉斯泰尔·苏克以西方人的视角，深入探寻**绵延**数千年的东方传统文化如何持续影响并塑造了中国这个伟大的国家。

纪实（jìshí）：记录实际情况的文字。这里指对事情或事件所做的现场报道。

绵延（miányán）：延续不断的样子。

修缮（xiūshàn）：修理（建筑物）。

[9] 姊（zǐ）妹篇：同一个作者写作的紧密相连的上、下篇作品。

作为在央视播出的2020年至2021年的跨年之作，《我在故宫六百年》是《我在故宫修文物》的姊妹篇[9]，该片以"丹宸永固"大展、养心殿研究性保护项目、古建岁修保养为线索，通过故宫博物院古建部、**修缮**技艺部、工程处、文保科技部、考古部等故宫人的工作视角，踏上故宫再发现之旅。它不但揭秘紫禁城建筑群"丹宸永固"之谜，彰显新老故宫人匠心传承；而且科普故宫古建筑修复知识，解密文物中蕴含的中华文明信息。

文学纪录片引发关注。2020年，《掬水月在手》成为年度历史文化题材纪录片的一大亮点，不仅收获近800万票房，获得第33届中国电影金鸡奖最佳纪录/科教片奖，而且引发了评论界关于"文学纪录片"的热议。

《掬水月在手》以叶嘉莹先生的人生经历和心路历程为纽带，以叶家北京四合院老宅布局来解构六个段落，将口述历史和文献档案融为一体，展现叶先生的诗意人生和家国命运。《掬水月在手》并非孤军突起，在此之前，该片导演陈传兴曾参与拍摄了十多部文学纪录片，《掬水月在手》是十年磨剑后的一次成功亮相，诚如金鸡奖颁奖词所言：是一部弘扬中国传统文化，兼具艺术价值、文学价值、思想价值的作品。

无独有偶，另一部"文学纪录片"《文学的故乡》也收获不少点赞。导演张同道追求纪录片对文学的影像化表达，镜头跟随贾平凹、阿来、迟子建、毕飞宇、刘震云、莫言六位著名作家，每一集以一位作家为叙事主体，深入探究他们如何将生活的故乡转化为文学的故乡。创作团队跟踪拍摄两年，展现作家文学构思的原点、文学作品创作的过程，深入挖掘文学作品背后作家创作的心理机制。以作家的童年往事、故乡记忆、乡土情结为起点，寻找作者成长过程中与文学联结的密码。

2020年的历史文化题材纪录片不辱使命，在很大程度上发挥了文献典藏、文化传承、价值引领的作用。当今世界面临的不确定性上升，文明交流互鉴的紧迫性不断增强，历史文化纪录片在中外文化交流中将扮演更加重要的角色。

讲好中国故事，探索融媒体传播新样态

为契合新时代、新语境下"讲好中国故事"的新要求，"创新"成为2020年度的关键词，如影像创新、叙事创新、传播创新。

影像创新。新时代有新影像，这些影像不是对某一具体事件或某一特定地域的**纯粹**客观化记录，也不是不加干预的长镜头、跟拍等直接电影拍摄理念的产物，而是更宏大的叙事格局和更广阔的叙事视角，更具时代特性的空间造型和视听语言，以及更丰富、更有意味的意象体系。这些影像创新赋予了人们新的时空观、人文意识和美学观念。

《航拍中国》（第三季）通过宏观和微观相结合的空中视角，全方位展示各省的自然地理风貌、历史人文景观及经济社会发展，全景式**俯瞰**美丽中国、生态中国和文明中国。相较于前两季，《航拍中国》（第三季）更注重将地标与文学、物质载体与人文情怀相结合，将视点集中在平凡人身上，为航拍题材纪录片探索一条新的纪实美学范式[10]之路，在给予观众在云端视角的俯察体验的同时，为纪录片增添了更多的"温度"。

纯粹（chúncuì）：指不掺杂其他成分。也表示判断、结论的不容置疑。

俯瞰（fǔkàn）：是指俯视，从高处往下看。

[10] 范式：值得学习的人或事物。

就像《航拍中国》第三季山西篇中说到的："2700多年的古城，600多年的听雨楼，不仅听见雨声，还听见平遥人

的锅碗瓢盆，喜怒哀乐。或许是因为有人，我们才能看到一座活着的城。"

《2020我们的脱贫故事》完全颠覆了人们对闭塞乡村的刻板印象。以《从赵家洼到广惠园》为例，片中脱贫前后乡村景观和乡居生活的不同意象，**承载**了贫穷与致富、传统与现代的鲜明对比。导演以静态黑白照片呈现赵家洼未脱贫时的凋敝[11]景象，通过延时摄影和广角镜头，表现赵家洼脱贫后的诗意田园风光，现代化的楼房和家具家电展示着新时代乡村生活的新变化，这些意象成为现代化新乡村的"有意味的形式"，让观众在"看见"的同时，真切感受到新时代的美好生活。

叙事创新。融媒体的发展革新了传统纪录片创作理念，带来当下纪录片叙事百花齐放的新局面。

十集纪录片《颠簸货运路》借鉴公路电影的叙事模式，建构起父子档、夫妻档、姐妹档等典型人物关系，讲述了货车司机复杂而鲜活的人生故事。六集纪录片《藏着的武林》以创作者第一视角深入探访武林，借助解说从6个角度对中国武术进行全方位解读，堪称"中国武术活的影像教科书"。

《中国的宝藏》采用板块式叙事，每一集聚焦不同主题，具体到每一集的叙事建构则又采用分段式叙事；《2020春天纪事》《大工告成——北京大兴国际机场》采用线性叙事，按照工程进展在叙事时间的缓慢流逝中完成讲述；《武汉：我的战"疫"日记》采用"散点式叙事"，即没有特定的叙事主体，以人物群像志的方式呈现新冠肺炎疫情笼罩下的武汉；《先行》采用"主题先行"叙事模式，穿插新闻片段，完成对深圳特区四十年来经济发展的历史性回顾与展呈。叙事上的不拘一格正反映了新生代创作群体唯变所适的创作策略。

传播创新。随着新媒体平台话语权增强，观众的观看渠道不断拓展。当越来越多的纪录片以移动终端和互联网作为传播平台时，反过来又推动了纪录片内容创作理念和手段的

承载（chéngzài）：托着物体承受它的重量。

[11] 凋敝（diāobì）：形容（生活）困苦、（事业）衰败。

更新，网络平台的互动属性同时为纪录片的讨论与阐释带来了新的话语空间。

为适应融媒体传播的规律，央视纪录频道在特意打造的"微9"和"9视频"两个时段播出了多个融媒体系列的短视频作品。《武汉：我的战"疫"日记》以当时流行的视频日记形式出现，更贴合年轻受众群体的观看心理；《如果国宝会说话》则运用三维采集技术、微痕提取技术，以及当代人易于理解的"编程"思维展示文物，以引发更多年轻观众的收视兴趣。

短视频快节奏的叙事、生活流的内容，新技术的赋能，都改变了传统纪录片的创作样态，也带来纪录片新的传播形态，从而促使创作者不断探索适合新生态的新语态。

[12] 迭（dié）出：一次又一次频繁地出现。

2020年的中国国产纪录片创作在社会现实和历史文化两大领域比翼双飞，社会现实题材纪录片紧扣时代脉搏，奏响时代主旋律，佳作迭出[12]；历史文化题材纪录片以传承中华优秀传统文化为己任，通过纪录片参与文明交流互鉴。面对时代大变局和媒体新生态，中国纪录片创作者不断创新生产和传播理念，以优异的创作实绩交出了出色答卷。

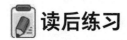 读后练习

一、根据文章内容填空

1. 六集纪录片《先行》从制度政策的_____、创新驱动的_____、以人为本的_____等多个方面，全景呈现深圳特区四十年改革开放、先行先试的发展历程。

2.《如果国宝会说话》（第三季）每集5分钟讲述一件文物，介绍国宝背后的_____、_____、_____和_____。

3.《掬水月在手》是一部弘扬中国传统文化，兼具_____、_____、

_____的作品。

4. 《颠簸货运路》借鉴公路电影的叙事模式，建构起_____、_____、_____等典型人物关系，讲述了货车司机复杂而鲜活的人生故事。

5. 短视频快节奏的_____、生活流的_____，新技术的_____，都改变了传统纪录片的创作样态，也带来纪录片新的传播形态，从而促使创作者不断探索适合新生态的新语态。

二、根据文章内容判断正误（正确的画"√"，错误的画"×"）

1. 作为最贴近社会现实的媒介和艺术之一，社会现实题材纪录片既有客观记录的时效性，又兼具创作者对现实进行独特观察和思考的艺术性。（　　）

2. 《国家宝藏》和《如果国宝会说话》顺利推出第三季，整体质量和前两季维持同等水平。（　　）

3. 2020年历史文化题材纪录片不辱使命，在很大程度上发挥了文献典藏、文化传承、价值引领的作用。（　　）

三、根据文章内容回答下列问题

1. 《北斗》是一部怎样的纪录片？
2. 文中介绍的中英合拍的纪录片是哪部？内容是什么？
3. 《航拍中国》（第三部）有哪些拍摄创新之处？

口语表达

自由谈

1. 你对上面文章中介绍的哪一部纪录片最感兴趣？为什么？
2. 你最喜欢哪一类纪录片？试为大家介绍一部。
3. 你觉得一部优秀的纪录片应该具备哪些特征？
4. 查阅资料，为大家分享一部中外合作拍摄的纪录片。

写作训练

请挑选文章中提及的一部或一类纪录片观看，并结合所学所思，自拟题目，写一篇400字左右的观后感。

话题阅读 11-3

音乐无国界，爱与你同在①

只有对生活热爱，才能真正打败疫情。这是一群热爱音乐的人们的故事。他们跨越了国界、种族，用音乐表达了对生活的热爱，对未来的**憧憬**。他们或许也会恐惧生命的逝去，但孤独与创伤、矛盾与斗争、撕裂与隔断在音乐面前变得**渺小**与卑微。音乐与爱从来没有像今天这样如此坚强。

武汉跨国阳台音乐会奏中国经典

6个国家，7个阳台，8位华人艺术家，中西乐器合作，多屏联动，共同奏响传世名曲《茉莉花》《梁祝》。2020年4月8日，武汉解除疫情封控，包括中国武汉和北京、西班牙巴塞罗那、法国巴黎、意大利米兰、德国卡塞尔、比利时列日等知名艺术院团的艺术家，通过直播的方式，为广大网友呈现了一场特别的跨国阳台音乐会。

作为一个武汉人，大提琴演奏家陈子璐说，在4月8日这一天用一场特殊的音乐会表达人们对于美好生活重启的喜悦和对海外抗疫的祝福，"与线下演出相比，直播技术可以大大突破线下演出的观众人数限制，防疫特殊时期大家更无法去现场观看演出，直播阳台音乐会能让更多的人在防疫的同时感受到音乐和艺术的力量"。

几位旅居[1]海外的华人音乐家更能体会音乐所寄托的思乡之情和对祖国亲人的深切挂念。

供职[2]于意大利斯卡拉歌剧院的小提琴演奏家李娜说，意大利成为疫情重灾区后，很多当地人在阳台上演奏乐曲，

生词

憧憬（chōngjǐng）：对某种事物的期待与向往。

渺小（miǎoxiǎo）：指非常微小或无关紧要，并且常指在同类事物中较卑贱且微不足道的。

注释

[1] 旅居：多指在外地或国外居住。

[2] 供职：指任职于某项工作，工作于某个部门。

---

① 寿鹏寰，满羿，伦兵，等. 音乐无国界 爱与你同在 [EB/OL]. （2020-04-09）[2022-10-10]. https://m.gmw.cn/baijia/2020/04/09/33725810.html?sdkver=3420f61. 有改动。

话题十一 影音中国

大家通过音乐相守在一起共渡难关,这一幕很让人动容[3]。如今能通过直播的方式,在自己米兰的家里参与跨国跨屏"演出"阳台音乐会,希望能将音乐的力量传递给每一位网友。

大提琴、小提琴、贝斯、长笛、二胡等几种乐器**涵盖**中西乐器,为了能让不同乐器统一节奏,德国慕尼黑施波尔室内乐团音乐总监崔鸿嘉担纲了指挥和编曲的工作,最终版本几易其稿。接到邀请后,崔鸿嘉连夜改写总谱,"大家克服了不能面对面演奏的客观困难,尝试用直播连屏的方式演奏中华民族的优美旋律"。

据西班牙利塞欧大剧院交响乐团小提琴演奏家刘菁、比利时皇家爱乐乐团低音提琴演奏家常朝阳介绍,在疫情特殊时期,很多海外艺术院团纷纷开始尝试网上演出,直播这种方式在艺术传播上发挥着越来越重要的作用。

据主办方相关负责人介绍,希望通过"跨国阳台音乐会",在疫情期间为无法在线下观看艺术演出的众多网友提供一个享受音乐的机会,也希望用美好的音乐传递**抚慰**心灵的力量。

中法:40位法语音乐剧演员用14天录公益[4]歌 视频点击量超1.5亿

《与你同在》送给战疫的每个国家。40位法语音乐剧演员14天夜以继日[5]的锤炼打磨,让《与你同在》(*Together*)这首抗疫歌曲脱颖而出,备受关注[6]。

由音乐剧演员洛朗·班(Laurent Ban)、九维文化、腾讯音乐人联合发起,来自法语音乐剧《摇滚莫扎特》《唐璜》《巴黎圣母院》《罗密欧与朱丽叶》《小王子》《美女与野兽》《乱世佳人》等的40位法语音乐剧演员共同参与演唱的公益歌曲《与你同在》,自发布以来,九维文化官方微博显示,视频点击量1.5亿,超过2.1万点赞、1.8万转发。

近日,北京九维文化传媒有限公司董事长张力刚接受了《北京青年报》记者的采访,表示希望用音乐传播爱与希望,共同抗击疫情。张力刚说:"爱是世界共通的语言,音乐更

涵盖(hángài):包括、包容、覆盖。

抚慰(fǔwèi):抚恤、安慰。

[3] 动容:指脸上显露出被感动的表情,形容被言语、行为所感动。

[4] 公益:社会的公共利益。这里指对公众有益的事(多指卫生、救济等群众福利事业)。

[5] 夜以继日:本义指夜晚接上白天,后形容昼夜不停,加紧工作或学习。

[6] 备受关注:受到所有相关人士的关注。

跨过山海，**慰藉**每一份孤独与创伤。作为北京的企业，愿意担负起更多的社会责任，为社会公益做出应有的贡献。"

40位知名音乐剧演员合唱，14天夜以继日打磨完成《与你同行》。作为此次公益歌曲《与你同在》联合发起方之一，张力刚表示，疫情发生之后，很多原计划来华演出的演员，包括《巴黎圣母院》的演员都写信表达对中国疫情的关注。同时张力刚在调整工作过程中，看到为切断病毒传播，武汉人民的封控隔离等系列举措，深受感动，希望能为抗疫做点事情。

慰藉（wèijiè）：安慰、抚慰。

张力刚透露，在与音乐剧《唐璜》剧组联系的时候，主演之一的"老航班"洛朗·班表示，他们特别喜爱中国，希望能够支持中国。他和他的朋友正在写一首歌《我们同在》（后改为《与你同在》），传达积极正面的支持中国的声音，表达他们永远和中国人民在一起的立场。张力刚当即决定出资制作和发行这首歌，同时也和台北音乐工作室的同人联系，由他们制作视频。

达成共识后，双方立即行动，法国方面由"老航班"出面迅速联络其他法语音乐剧演员。倡议发出后，得到40位知名音乐剧演员的响应，他们开始着手歌曲的录制，在巴黎的演员都尽力赶到录音室录制，而在国外度假或者因为种种原因无法赶到录音室的演员，都纷纷录制了视频，表达对中国的支持。经过14天夜以继日的锤炼打磨，《与你同在》顺利出炉，并且得到了各方的关注和赞扬。

"我想这首歌一定是带着深厚的情谊写的，所以歌曲写得非常出彩，发行之后传播效果很好，视频的点击量大概有1.5亿，公司微博阅读量600多万。所以我觉得企业还是要有社会担当的。"

《与你同在》制作中文版，送给抗疫的每一个国家。《与你同在》备受关注的同时，海外传来消息：参与了《与你同在》和声部分的演员，也是《摇滚莫扎特》的主演之一梅尔万（Merwan Rim）感染了新冠病毒，好在属于轻症，病情不算严重,其他演员都平安无事。

张力刚介绍,北京九维文化将《与你同在》这首歌制作了一个阿卡贝拉版(无伴奏合唱),同时邀请了16个医院包括武汉人民医院、协和医院的医护人员一起演唱了中文版。

"他们都不是专业的,肯定不如音乐剧演员唱得好,我们把这版歌曲送给海外的朋友们,希望借此表达共同抗击疫情、永远在一起的感情。我们的爱从来都不是单向的,我们也把同样的祝福送给如今正在与疫情抗争的每一个国家。"

中国、意大利两国艺术家隔空演绎《在一起》

音乐是全人类共同的语言。当疫情**肆虐**全球之时,一部由中国、意大利两国著名歌剧艺术家共同发起并隔空联袂演绎的音乐电视《在一起》犹如一剂"音乐**疫苗**",直抵人们的心灵。

意大利当时正处于疫情最严峻的时期,艺术家们几乎都宅在家。音乐电视《在一起》中,意大利艺术家都是用手机录制的镜头,歌唱的地点除了阳台就是家中。

世界著名花腔女高音歌唱家露齐亚娜·塞拉得知中国、意大利两国艺术家隔空演绎音乐作品时十分激动:"我有很多学生来自中国,所以我一直认为,我是这些中国孩子的意大利母亲。"参与录制的卡蒂娅·里恰蕾莉是意大利传奇女高音,她非常感谢中国对意大利的帮助:"中国和意大利相距很远,但现在靠得很近。"

参演音乐电视录制的中方艺术家包括指挥家吕嘉、杨洋,女高音歌唱家么红、尤泓斐、阮余群、周晓琳、陈小朵,男高音歌唱家李爽、张英席、薛皓垠、王传越、韩钧宇。么红认为《在一起》是个非常美妙的创意和动机:"古老的西方文明跟华夏五千年文明在此刻相融,彼此表达像兄弟一样的情意。"尤泓斐认为:"我们把这个作品比喻成'音乐疫苗',我们希望这剂特效药能够抚慰人们的心灵,给疫区的人们勇气、力量和快乐。"

肆虐(sìnüè):任意残杀或迫害;事物放肆侵扰或残害。

疫苗(yìmiáo):vaccinum,能使机体产生免疫力的病毒、细菌等制剂。

读后练习

一、根据文章内容填空

1. 6个国家，7个阳台，8位华人艺术家，中西乐器合作，多屏联动，共同奏响传世名曲_____、_____。

2. 40位法语音乐剧演员14天夜以继日的锤炼打磨，让_____这首抗疫歌曲_____备受关注。

3. 爱是世界共通的_____，音乐更跨过山海，_____每一份孤独与创伤。

二、根据文章内容判断正误（正确的画"√"，错误的画"×"）

1. 洛朗·班和他的朋友写的一首歌《我们同在》（后改为《与你同在》）传达积极正面的支持中国的声音，这首歌表达了他们永远和中国人民在一起的立场。（　　）

2. 经过一个月夜以继日的锤炼打磨，《与你同在》顺利出炉，并且得到了各方的关注和赞扬。（　　）

3. 公益歌曲《与你同在》（Together），自发布以来，九维文化官方微博显示，视频点击量1.5亿，超过2.1万点赞、1.8万转发。（　　）

三、根据文章内容回答下列问题

1. 大提琴演奏家陈子璐觉得阳台音乐会怎么样？

2. 《与你同在》（Together）这首公益歌曲是谁演唱的？

3. 北京九维文化制造的中文版《与你同在》是由谁参与演唱的？表达了什么情感？

口语表达

自由谈

1. 请找到《与你同在》（Together）这首歌，听后谈谈你的感受。

2. 为什么中外艺术家要在这个特殊的时期联合录制公益歌曲？

分组讨论

2020年，中国国家主席习近平首次提出了人类卫生健康共同体的崭新倡议，进一步表达了中国携手国际社会联合抗击新冠肺炎疫情的重要主张。打造人类卫生健康共同体展现了中国对全世界各国人民平等的生命健康权等基本人权的尊重，增进了各国民众的健康福祉。打造人类卫生健康共同体进一步丰富、完善了人类命运共同体理念内涵，也是中国对推进全球多元和文明发展的一个重大倡议。

请查阅相关资料，分组讨论你对打造人类卫生健康共同体倡议的理解和评价，并谈谈人类应怎样共同应对突发公共卫生事件的威胁。讨论结束后，每组推选一个代表，提出本组的看法和建议。

⭐ 拓展阅读

《典籍里的中国》："叙事共同体"视域下的中华文化传播

话题十二

"我"在中国

 导言

> 随着中国与世界各国交流的日益频繁，以及在国际事务中发挥越来越重要的作用，中国对自己国际形象的建构也愈发重视起来。在互联网高度发达的今天，中国形象的构建不仅限于中国人自说自话，还有更多的外国友人加入对外宣传中国的队伍中来，向世界讲述着他们眼中的中国，也同时续写着他们同中国的不解之缘。

话题阅读 12-1

我在中国挺好的[①]

"希望让更多中国人了解住在中国的外国人，让更多外国人知道中国的真实情况。"梅洛说，希望以后能把这本书[1]翻译成英语、法语等其他语种，"这是我的目标"。

"我们在中国真的挺好的，很珍惜现在的生活状态。"2021 年 8 月 29 日下午，朵云书院旗舰店的"上海之巅"读书会上，36 岁的阿娜西说。

阿娜西是拉脱维亚[2]人，19 岁来到上海，在复旦大学做交流生。原计划来华一年后就返回自己的国家，但"迷上了美丽的上海和迅速发展的中国"。由此，阿娜西报考复旦大学法律专业并成功入学，顺利读完法律本科和硕士后，留在了上海工作。目前，她在青浦区一家**养护**院做院长已经快满

养护（yǎnghù）：保养维护；调养护理。

[1] 这本书：即《我在中国挺好的：22 个外国人与中国的缘分故事》。

[2] 拉脱维亚：Latvia。拉脱维亚共和国。

[①] 梅洛. 22 个外国人写出各自的"中国日子" 心声不约而同："我在中国挺好的"[EB/OL].（2021-08-31）[2022-11-10]. https://www.shanghai.gov.cn/nw4411/20210830/14545af00aa3430db0fd28142117a483.html. 有改动。

三年时间。

阿娜西把她在上海学习、生活、工作的经历写成文章，被收入法国姑娘梅洛主编的《我在中国挺好的：22个外国人与中国的缘分故事》一书中。阿娜西和梅洛与书中的另两位作者代表法国女孩爱黎、巴西小伙迪亚哥一起，构成了这场特殊的读书会嘉宾**阵容**。

梅洛出生于1988年，曾就读于法国巴黎的东方语言文化学院，中文系硕士毕业。2020年年初，因为疫情影响，她无法回到中国，开始思考写一些文章。一开始，她并不是特别清楚要写什么，只想分享对中国的爱，后来意识到："像我这么爱中国的外国人肯定不只我一个，找到其他人分享我们与中国的故事和经历，不是更有意思吗？"于是，她**联络**了其他21位来自不同国家、有着不同经历的人，记录他们与中国的故事。这些人中有她亲近的朋友与同学，也有她原先不认识、通过网络寻找到的朋友。

疫情期间，阿娜西工作的养护院实行封闭式管理，老人的家属不能来探望，集中式就餐改为在房间里分散就餐。老人们没有家人探望，不少活动也取消了，怎样丰富他们的生活呢？阿娜西决定在院子里的空地上种蔬菜，让所有员工参与，这样不仅能改善养护院的**伙食**，还能增强团队的凝聚力。"我们种什么菜，老人们都会看到，平时也会向我们建议哪个季节适宜种什么。种丝瓜、番茄、南瓜、毛豆等，都是听取了老人们的意见。"

"我喜欢中国人，重要的一方面是中国人真的很努力。"在上海生活了五年的迪亚哥说，"对我这个外国人来说，在中国工作是一个挑战。我在这里的人际关系是从零开始的，但当我更了解中国之后，一切就变得顺利起来。我在中国的经历与生活非常精彩，感谢中国与中国人这么欢迎我。"

法国姑娘爱黎在现场遇到了自己的粉丝，这位粉丝说："我听过你在抖音上唱的歌。"曾在江苏省盐城师范学院学中文的爱黎说，来中国之前，在媒体上看到中国的新闻照片

阵容（zhènróng）：作战队伍的外貌或所显示的力量。引申为人力的配备。

联络（liánluò）：彼此沟通；接上关系。

伙食（huǒ·shí）：饭食，多指集体单位所办的饭食。

都是灰蒙蒙的,来到中国发现完全不是那样,"盐城的天好蓝,空气非常新鲜"。目前,爱黎在上海从事新媒体**策划**,"我爱用中国的社交软件,我把自己唱的中文歌传到抖音,分享在法国的家人的生活,有了17万粉丝!最近,我开始用法语翻唱中文歌曲,我特别喜欢这种跨文化的尝试,希望自己能成为法国的文化大使"。

"书里的22位外国友人来自不同的大洲、不同的国家,他们在文化交际的过程中,面临着文化冲突与价值挑战。同时,他们又通过自己独特的经历来完成文化适应和文化交融,精彩的故事就发生在这样的转变中。"上海教育出版社社长、总编辑缪宏才说,"尽管这些外国友人用中文**撰写**的文章有些**稚嫩**,但叙述真实、感情真实。同时,得益于他们不同的文化背景,这本书不是'一家之言',而是一场热闹的杂谈。他们的经历汇聚了各行各业的见闻,呈现出的'中国日子'很有烟火气,浓缩成一句话就是——'我在中国挺好的'。"

"希望让更多中国人了解住在中国的外国人,让更多外国人知道中国的真实情况。"梅洛说,希望以后有机会把这本书翻译成英语、法语等其他语种,让喜爱中国的人更了解中国,让世界更了解中国。

策划(cèhuà):筹划,出主意。

撰写(zhuànxiě):写作(论文等)。

稚嫩(zhìnèn):幼小而娇嫩;幼稚,不成熟。

读后练习

一、根据文章内容填空

1. 爱黎用法语_____中文歌曲,希望自己能成为法国的文化大使。

2. 这些外国友人通过自_____的经历来完成文化适应和文化_____,精彩的故事就发生在这样的转变中。

3. 外国友人来自不同的大洲、不同的国家,他们在文化交际的过程中,面临着文化冲突与价值_____。

二、根据文章内容判断正误（正确的画"√"，错误的画"×"）

1. 《我在中国挺好的：22个外国人与中国的缘分故事》这本书的主编是阿娜西。

（　　）

2. 法国姑娘爱黎是一名歌手。　　　　　　　　　　　　　（　　）

3. 这些外国友人的汉语都非常好，所以写的文章也非常优美，反映出他们的真情实感。

（　　）

三、根据文章内容回答下列问题

1. 梅洛为什么想写这本书？

2. 上海教育出版社社长、总编辑缪宏才是怎样评价这本书的？

 口语表达

演讲

你在中国生活多久了？其间，你遇到过哪些让你印象深刻的人或事？你对中国的认识发生了哪些变化？

1. 请以"我在中国的故事"为题，准备演讲内容。

2. 演讲内容充实具体，结构严谨；演讲者吐字清晰，表达流畅自然，语速恰当，举止得体。

话题阅读 12-2

嫁到中国的洋媳妇（上）①

　　武术是中国传统文化的重要组成部分，在 20 世纪六七十年代，李小龙主演的功夫片更是**风靡**全球，武术也成为中国在国际上的一张名片。

　　美国姑娘杰西卡 1987 年出生，老家是美国俄亥俄州福斯托里亚市，她从小就很喜欢李小龙演的电影，也对中国武术十分着迷。长大后，她在鲍林格林州立大学就读，亚洲文化就是她所修的双学位之一，她还阅读了《水浒传》等中国古典小说。随着对中国文化的了解，杰西卡对中国武术的理解也更深入了，她觉得中国武术不但能强身健体，更是一种精神，代表着一种对美好生活的执着和向往，学习中国武术能够提升人的精神风貌和身体素质，让人变得更好。

　　怀着对中国武术的憧憬和向往，杰西卡在 2011 年不顾家人的反对来到北京，她告诉家人自己要学武术，还开玩笑说要交中国男朋友。在北京，杰西卡在一家国际幼儿园担任老师，同时四处拜师学习中国武术，吴明杰就是她在网上结识的中国武术老师。初次见面时，杰西卡就觉得吴明杰很帅，喜欢上了他，算得上一见钟情，她看了吴明杰获奖的奖牌和照片后，更佩服吴明杰。吴明杰的老家在广东湛江市，他比杰西卡年长一岁，毕业于北京体育大学武术学院，获得过很多比赛的奖项，是一名专业的武术教练。他俩在学习武术的过程中，关系不断拉近，很快就确定了恋爱关系，在北京一起度过了很多幸福时光。

风靡（fēngmǐ）：形容事物很流行，像风吹倒草木。

---

① 锐评 alk. 2018 年，洋媳妇嫁到中国，很不能理解，为什么中国结婚还要选日子？[EB/OL]．（2022-04-09）[2022-11-10]．https://mi.mbd.baidu.com/r/13Iwpq NVM88?f=cp&u=d2a5c54ec6948f7f．有改动。

2013年，吴明杰第一次带杰西卡回到了老家广东湛江，杰西卡对这个陌生的海滨城市的印象非常好，她觉得这里虽然没有北京、上海和香港这些大城市发达，但生活十分舒适安逸，这里的每个人脸上都挂着满足的笑容。

从小在美国中西部长大的杰西卡没有在海边生活过，而吴明杰的老家在湛江东海岛的盐灶村，这是一座靠近海边的小渔村，杰西卡在这里也体验到了原汁原味的海洋风情。

第一次跟吴明杰回老家的杰西卡，刚开始跟吴明杰父母的交流很少，她以为老人不喜欢自己，还因此相当**郁闷**，后来杰西卡才明白，这只是因为彼此交流和**互动**的方式不一样，吴明杰的家里人其实特别喜欢她。跟着吴明杰回了趟老家湛江，杰西卡还学会了几句简单的雷州话，"吃饭没""吃饱了吗"成了她的口头禅[1]，他俩的关系也更进一步。从第一次跟吴明杰回老家之后，杰西卡在中国每一年的春节，都是在湛江海边的小渔村里度过的。杰西卡非常喜欢海边的生活，她很享受海风拂面[2]的感觉，每次来湛江，去海上放松都是她最享受的时光。她喜欢海边，喜欢感受海风，喜欢闻海洋的味道，喜欢感受海水的温度。挖贝壳、抓螃蟹、捉海虾、帮公婆干农活，都是杰西卡喜欢的。

看到杰西卡在海边过得开心，吴明杰的心情也很**舒畅**，他带着杰西卡在海边漫步，享受新鲜的空气和美丽的风景。他俩沿着沙滩散步时，吴明杰会随身**携带**铲子和网，带着杰西卡挖沙蟹、牡蛎和蛤蚌[3]，收获的这些海鲜就是当天的晚餐了，在南屏岛的沙滩上观赏日落也是他们在湛江每天必做的事。

收获了美满爱情的吴明杰却在事业上遭遇了**挫折**。2014年，本来在武馆当教练的吴明杰决心开始创业，他投入全部积蓄和朋友合开了一家茶馆，但开业没多久，茶馆就因为经营不善而倒闭了。这让本来就因为**筹备**开茶馆而负债累累的吴明杰更难了，几乎陷入了破产的境地，他自己的30多万元积蓄都赔得一干二净，合伙人也拿着钱跑了，吴明杰不但身

郁闷（yùmèn）：烦闷；不舒畅。

互动（hùdòng）：社会学术语。指人与人之间的交互作用。

舒畅（shūchàng）：开朗快乐；舒适畅快。

携带（xiédài）：随身带着。

挫折（cuòzhé）失败；失利。压制，阻碍，使削弱或停顿。

[1] 口头禅（chán）：原为佛教语。后泛指一个人习惯在有意或无意间讲的语句，其实并无实际意义。

[2] 海风拂（fú）面：指海风从脸上轻轻擦过，形容使人感到舒服、愉快。

[3] 牡蛎（mǔlì）、蛤蚌（gé bàng）：是两种海中的贝壳类生物，可以食用。

话题十二 "我"在中国

无分文，还欠了同学亲戚很多钱。此时的吴明杰特别**沮丧**，杰西卡一直在身边安慰鼓励他，她告诉吴明杰，没事，以后日子还长呢，不要灰心。杰西卡跟吴明杰说，爱情是无所谓金钱多少的，你有钱没钱都没关系，茶馆的事我们忘了，我们的爱情还要继续。

从这之后，吴明杰就认定了要跟杰西卡结婚，经历**波折**以后，他俩也更珍惜彼此的感情。2016年春节，他俩在东海岛东山镇领证[4]正式成为夫妻，当时他俩都有很多事情要忙，就决定先不举办婚礼。2018年，他俩的小宝宝也出生了，这个小男孩的来临更让吴明杰全家高兴不已，大家准备在湛江老家的海边为这对跨国夫妻举行一场迟来而隆重的婚礼。他俩的婚礼日期本来定在2018年的7月，杰西卡的妈妈也提前半年安排好假期，**专程**从美国赶来参加婚礼。但没想到正在紧锣密鼓[5]地准备婚礼时，吴明杰的母亲却提出要推迟婚礼。原来吴明杰的妈妈查了一下，发现原定的婚礼日期是个不吉利的日子，她觉得要换个日子，所以要取消婚礼，挑个好日子再举行。

杰西卡并不相信这种说法，她觉得日子没有什么吉利不吉利的，她一直期盼着能早点举行自己的婚礼，对取消婚礼的决定很不理解，但出于对吴明杰父母的尊重，她也同意了推迟举办婚礼。可是如何向杰西卡从美国远道而来的妈妈解释婚礼推迟的原因就变成一个非常棘手的问题。2018年7月的北京首都国际机场，吴明杰和杰西卡带着他们的孩子焦急地等待着杰西卡妈妈的到来。

生词

沮丧（jǔsàng）：（使）灰心失望。

波折（bōzhé）：事情进行过程中所产生的曲折。

专程（zhuānchéng）：专门为某事到某地。

注释

[4] 领证：去合法的机构做婚姻登记并领取结婚证。

[5] 紧锣密鼓：戏曲开台前的一阵节奏急促的锣鼓。这里比喻公开活动前的紧张气氛和舆论准备。

读后练习

一、根据文章内容填空

1. 杰西卡_____对中国武术的_____和向往，在2011年_____家

· 271 ·

人的反对来到中国北京，她告诉家人自己要学武术。

2. 吴明杰因为_____开茶馆已经负债累累，几乎陷入了破产的境地，他不但_____，还欠了同学亲戚很多钱。

二、根据文章内容判断正误（正确的画"√"，错误的画"×"）

1. 吴明杰准备要结婚的时候查了一下，发现原定的婚礼日期是个不吉利的日子，所以要取消婚礼，挑个好日子再举行。（　　）

2. 从第一次跟吴明杰回老家之后，杰西卡在中国每一年的春节，都是在湛江海边的小渔村里度过的。（　　）

三、根据文章内容回答下列问题

1. 吴明杰在事业上受到了什么挫折？

2. 杰西卡第一次回吴明杰老家的时候，为什么郁闷了？

3. 杰西卡喜欢湛江的海边生活吗？

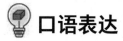

口语表达

辩论

1. 每组分别选择 A 或者 B。

> 观点 A：我支持跨国恋爱和婚姻。
>
> 观点 B：我不支持跨国恋爱和婚姻。

2. 每组陈述自身的观点，并阐释原因。

3. 两个小组就对方观点陈述中的不同意见进行回应以及反驳。

4. 在一组展示过程中，其他小组关注其完成情况，注意辩手对语言形式的掌握、辩论技巧的表现等，评出最佳辩论小组和辩手。

话题阅读 12-3

嫁到中国的洋媳妇（下）①

在机场接机时，吴明杰和杰西卡也不知道如何向杰西卡妈妈开口，吴明杰觉得既对不起妻子，也对不起**岳母**，十分**愧疚**的他想说这是他的责任，但杰西卡不同意。他俩正在争执怎么解释时，杰西卡的妈妈走了出来，小两口赶紧上前招呼，杰西卡妈妈一把抱过孩子，看着孩子的眼睛里是浓浓的爱意。

这是吴明杰第一次和岳母见面，他有点**尴尬**，不知道说什么好，只能赶紧推着行李往前走。吴明杰和杰西卡还是没有想好如何向远道而来的妈妈说明婚礼取消的原因，在回家的车上，他俩都没有提起这个话题。回到北京家中，他们照顾孩子睡着以后，杰西卡和妈妈独自坐在房间里聊起了婚礼的事。

杰西卡拿出早已准备好的婚纱展示给妈妈看，身材高大的杰西卡订了个大尺寸的，杰西卡妈妈也说这很完美，不过她建议杰西卡再减点肥，否则可能穿不进去。杰西卡抚摸着婚纱，眼睛里满是对婚礼的向往，她最终还是选择跟母亲开口说起婚礼取消的原因。这是杰西卡妈妈第一次来中国，也是第一次看到他们的孩子，本来早已安排好这次行程的她是来参加女儿推迟了三年的婚礼的，但没想到接到了婚礼取消的消息，因此杰西卡妈妈也充满了**困惑**和不解。

杰西卡的妈妈本来对这次婚礼充满期待，但听说婚礼取消后，她既不理解，也对小两口非常担心，她决定按原定的行程去趟吴明杰的老家问个清楚。

生词

岳母（yuèmǔ）：妻子的母亲。

愧疚（kuìjiù）：惭愧不安。

尴尬（gāngà）：处境艰难，不容易处理。

困惑（kùnhuò）：指感到疑惑，不知该怎么办。

---

① 锐评 alk. 2018 年，洋媳妇嫁到中国，很不能理解，为什么中国结婚还要选日子？[EB/OL]．（2022-04-09）[2022-11-10]．https://mi.mbd.baidu.com/r/13Iwpq NVM88?f=cp&u=d2a5c54ec6948f7f. 有改动。

动车、飞机再加上大巴，经过十个小时的旅程，他们终于来到了湛江东海岛，这个跨国家庭也是第一次相聚了。一到家，杰西卡就向妈妈介绍了吴明杰一家人，杰西卡的母亲虽然语言不通，但也和吴明杰的父母热情握手。

因为婚礼取消，加上旅途劳累**奔波**，杰西卡的母亲情绪并不太高，当地36度的高温加上潮湿的天气让杰西卡妈妈很不适应。得知亲家住得不舒服，吴明杰爸爸十分焦急，赶紧让人当天就装空调，装空调的人不肯当天过来，他说加点钱没事，但一定要来装。等待安装空调的时候，可以吃晚饭了，吴明杰妈妈精心准备的一桌以海鲜为主的饭菜让不怎么习惯吃海鲜的杰西卡妈妈无从下手[1]。

杰西卡妈妈吃也吃不好，睡也睡不好，这让吴明杰一家有点担心，还好当天晚上安装好了空调，应该能让杰西卡妈妈好好休息一下，全家也松了一口气。

第二天，为了让杰西卡妈妈开心，杰西卡**公公**[2]提议带大家出海体验一下海岛生活，杰西卡十分兴奋，妈妈也露出了**久违**的笑容。但没想到的是，在海上玩了一会儿，就在一家人准备赶往岛上吃午饭的时候，杰西卡的妈妈却突然提出要返程回去，这让大家都**措手不及**。原来杰西卡妈妈一直纠结着取消婚礼的原因，她为了参加婚礼，早在半年前就请好假安排好时间行程，如今原定的婚期日子到了，却无法参加婚礼，这让杰西卡妈妈无法释怀[3]。杰西卡妈妈已经60岁了，为了这次行程，她在美国汽车厂连续上班几个月才攒出假期和路费。

对此，吴明杰也觉得对不住杰西卡妈妈，年前就通知她婚礼的时间，来了却说婚礼取消。回到家中，这个跨国家庭终于坐下来一起谈论婚礼取消的事情。

首先开口的是吴明杰的妈妈，她解释说，当时看到原定的日子不好，她觉得两个人一辈子那么长，要快乐幸福，她担心日子不吉利，影响小两口的幸福，就决定推迟到第二年再看看日子。听了这个解释，杰西卡妈妈就直接说，在美国，

奔波（bēnbō）：辛苦忙碌地往来奔走。

久违（jiǔwéi）：很久没有见面（客套话）。

措手不及（cuòshǒu-bùjí）：形容事情来得突然，来不及应付、处理。

[1] 无从下手：指某件事没有任何门径或找不到头绪，没法着手去办。

[2] 公公：丈夫的父亲。

[3] 无法释怀：意思是对某个人或事无法忘却，无法完全接受。

生词

心扉（xīnfēi）：指人的内心。

遗憾（yíhàn）：指不满意、悔恨、不甘心的事情，由无法控制的或无力补救的情况所引起的后悔。

注释

[4] 百日宴：指婴儿出生一百天时举行的庆祝仪式。是一种中国民间习俗，婴儿出生100天时在家中招待亲友，祈愿孩子长命百岁。

结婚的日子是小两口自己定的，跟其他人没关系，吴明杰和杰西卡夹在中间，只能把话翻译过去。他们也很尴尬。

婚礼取消已成定局，吴明杰父母邀请杰西卡妈妈第二年再来参加婚礼却遭到了杰西卡妈妈的断然回绝，她说自己不会再来这里了。虽然被杰西卡妈妈拒绝了，但吴明杰的父母并没有生气，他们也觉得让亲家大老远从美国跑来一趟，实在是对不起她。对于婚礼不能如期举行心存愧意的吴明杰父母，决心在剩下的日子里让杰西卡妈妈在这里过得开心一点。因为杰西卡妈妈吃不惯这里的食物，他们一大早就去市场采购食材，当地很少用油煎食物，他们为了杰西卡妈妈的口味，还特意做了从来没做过的油炸鸡翅，想让她吃了开心点。油炸鸡翅很合杰西卡妈妈的胃口，她吃得很开心，看着为她辛苦准备食物的亲家，杰西卡妈妈也逐渐打开了**心扉**。

杰西卡妈妈这次来湛江，虽然没有参加成女儿的婚礼，但总算赶上了外孙的百日宴[4]。为了让孙子过好百日宴，吴明杰父母专门启程出海，他们觉得市场上的食材不够新鲜，在海上的渔民那里才能买到最新鲜的食材。经过辛苦的准备，亲友们陆续到场，百日宴也开场了，大家一起举杯庆祝，杰西卡也专门感谢了公公婆婆的辛勤付出。欢声笑语中，吴明杰一家人为杰西卡的付出也打动了杰西卡的母亲，她也打开心结，拿出早已准备好的蛋糕，和大家一起庆祝。婚礼未能举办的**遗憾**，不能阻碍杰西卡对这片土地的喜爱和留恋，杰西卡妈妈最终也理解了中国亲家的顾虑，带着对女儿一家人的祝福回到了美国。

2018年未能如期举办的婚礼没有阻碍吴明杰和杰西卡这对跨国情侣追求幸福的步伐。第二年他们终于在湛江的海边举办了梦想中的婚礼，杰西卡妈妈虽然没能来到现场，但也在美国通过视频全程陪伴着女儿，为女儿一家送来祝福。随着时间的推移，杰西卡和吴明杰也开始考虑回到湛江这个他们都很喜爱的海滨城市发展。

这些年，无论是吴明杰的家乡东海岛还是整个湛江市，发展得都很快，交通也更便利了，每年春节回家的他们都能感受到变化。如今，湛江市已经开通了高铁，吴明杰和杰西卡从北京出发回老家过春节时，再也不用坐动车转飞机这样折腾，而是可以一路坐动车。

每年回到湛江，他们都会发现湛江发生的**翻天覆地**的变化，城市卫生和市容市貌越来越好，气候更是宜居，杰西卡也认为，湛江市越来越现代化了，人们的生活品质都在逐渐提高，他们在这座海滨小城的幸福感也越来越强。

一直喜欢海边生活的杰西卡对湛江的发展赞不绝口，这个湛江"洋媳妇"时常通过互联网向全世界网友宣传和推介雷州半岛的美丽风光和人文风情，就像她自己在文章中说的，"扑面而来的是温暖而略带微风的新鲜空气，让我真想在这待上几个月"。

吴明杰在茶馆创业失败后，就发挥自己的体育特长，从事为高端家庭提供定制健身服务的行业，他也一直琢磨着回到家乡，把他和杰西卡共同热爱的中国武术发扬光大。

吴明杰每次回到家乡都会和杰西卡一起教东海岛当地的孩子们学习武术。当他们带着孩子们在海边练武时，温暖湿润的海风吹拂在身上，孩子们跟着他们的节奏，一板一眼[5]地做着标准的武术动作，他们传承的是一种文化和精神，这种感觉也让习武多年的吴明杰十分享受。

教孩子们练武时，跟随他练武多年的杰西卡也已经能帮上手了，吴明杰笑着点评过既是学生又是妻子的杰西卡，他说："跟我学了这么多年，杰西卡作为一名业余爱好者，她的武术在中国来说是初级水平，不过在国际上可以说属于中上水平了！"

让他们结缘的中国武术，既是他们终生都不会放弃的爱好，也是彼此人生事业的一部分。在杰西卡看来，武术更是她的中国梦，她说："明杰教我武术，他知道这是我的梦想。是明杰让我实现了自己的中国梦，'My Chinese dream！'"

无论这对夫妻身在何方，武术都是他们共同的梦想。

翻天覆地（fāntiān-fùdì）：形容变化巨大而彻底。

[5] 一板一眼：比喻言语、行为有条理，合规矩，不马虎。

读后练习

一、根据文章内容填空

1. 杰西卡认为，湛江市越来越_____了，人们的_____都在逐渐提高，这座海滨小城的_____也越来越强。

2. 让他们_____的中国武术，既是他们_____都不会_____的爱好，也是_____人生事业的一部分。

二、根据文章内容判断正误（正确的画"√"，错误的画"×"）

1. 杰西卡的妈妈出海后，心情不好，所以中途提出返程回家，让大家都措手不及。（   ）

2. 杰西卡的妈妈没有参加外孙的百日宴就回国了。（   ）

3. 吴明杰一家人为杰西卡的付出也打动了杰西卡的母亲，她也打开心结，拿出早已准备好的蛋糕和大家一起庆祝。（   ）

4. 吴明杰在创业失败后，决定回到家乡继续开茶馆。（   ）

三、根据文章内容回答下列问题

1. 杰西卡的妈妈参加自己女儿的婚礼了吗？

2. 吴明杰和杰西卡打算以后在哪里生活？做什么工作？

口语表达

自由谈

1. 在你的国家，结婚日期很重要吗？是如何选定的？

2. 来到国外生活，该如何克服文化差异带来的不便？请谈谈你的经验。

3. 你参加过中式婚礼吗？试为大家介绍一下其流程或习俗。

4. 你的"中国梦"是什么？

写作训练

婚姻是人生大事。在你的国家,两个人最终走到一起会受到哪些因素的影响?结婚有什么特别的习俗或禁忌吗?请结合所学所思,自拟题目,写一篇400字左右的文章,说明自己的观点并论证。

话题十二 "我"在中国

话题阅读 12-4

我拿到了中国绿卡[1] ①

> 马克·力文,社会学博士、美国乡村音乐人、作家、中央民族大学教授。2014年他获得了中国政府"友谊奖",这是中国政府授予来华工作外国专家的国家级最高奖项。2017年,在新版外国人永久居留身份证推行仅一个月内,这位留着花白大胡子、年近古稀[2]的美国老人就得到这个号称世界上最难拿的"绿卡"。同时,他也是第一位因为"友谊奖"而拿到中国绿卡的外国人。

观察者网:您能简单介绍一下自己吗?

马克·力文:我叫马克·力文,美国人,社会学博士。毕业后先在大学里教了几年书,在接下来的29年中一直作为全职志愿者在低收入工人及其家人的组织中工作。2005年我来到中国,最初原本打算只待一年,但是在第一年过后,我就决定留下来。

我在中国的第一个目的地是江苏省淮安市,在那里待了两年后,我任职的大学告诉我,他们只雇用外教[3]两年。知道这个消息后,我开始在中国各地申请工作,我很快就有了18个不同的工作机会。开始的时候,我对去北京并不特别感兴趣,之所以来是因为我有两次面试的机会都在北京。一个是中央民族大学,另一个是清华大学。2007年3月底,我来到北京的这两所大学面试。我以前从未去过北京,所以我本来是想拒绝的,但是在拒绝前我重新思考了一下,我觉得自己应该来看看,然后再做决定。面试结束后的那个周末,我

[1] 绿卡:permanent resident card,即外国人永久居留证,是国家发给外国侨民的长期居住证。持有绿卡意味着持卡人拥有在签发国的永久居留权,同时,持有绿卡可以在一定时间内免去入境签证。

[2] 年近古稀:意思是年纪将近七十岁。

[3] 外教:就是以教授外来语种、风俗、习惯、经验等为生的外国人。

---

① 赵珺婕. 马克·力文:我,一个美国人,拿到了中国绿卡 [EB/OL]. (2020-11-27) [2022-11-10]. https://mq.mbd.baidu.com/r/13IzBkO8g6I?f=cp&u=7e8449521ffa03a2. 有改动。

决定来北京生活，然后我又花了大约 24 个小时决定去哪所学校。最后，我决定去中央民族大学。我现在在这所大学已经任教[4]十多年了。这是一个非常有趣又令人兴奋的地方，由于大学的特殊性、民族多样性，不仅可以了解中国，而且可以了解中国的文化以及人民的多样性等。

观察者网：从您自身的经历出发，您从 2005 年来到中国以后，至今已经 15 年，去过全中国三十多个地方。一般我们去一个新的国家开始的时候都会选择去首都或比较知名的城市，您为什么一开始会选择江苏淮安这样一个城市落脚呢？

马克·力文：我来中国的第一年，也就是 2005 年，当时距离北京奥运会开幕还有 3 年。奥运会是中国的一个大型活动。中国人民对学习英语这件事的热情度很高，虽然之前也不低，但是在奥运会之前更热情了。我身边有几个朋友先来了中国，以前和我一起工作过的人也来了中国，他们在中国一般都是在某个地方教书。所以我决定去中国看一看的时候，问了他们的建议，当时我申请了很多城市的工作，想着哪里需要我就去哪里，因为我申请的时机比较好，所以有不少工作机会。我在美国的时候了解过一些关于中国的现代历史，但是我对中国的地理、城市的地理位置并没有真正了解过。我从很多封通知我合格的邮件中看到了淮阴师范学院的回信，了解到这所学校位于江苏省淮安市，还有更重要的一点是，这里是中华人民共和国第一任总理周恩来的故乡。当时我马上就决定要去那里，想去看看中国第一任总理生活过的地方，我觉得这就是一个很好的理由。最终我决定去淮安。

观察者网：那为什么您后来又选择来北京，而且选择了中央民族大学？

马克·力文：我刚刚自我介绍时稍微提到过，当时我有好多个工作机会，但其实我并不知道哪里更适合我教书。而且开始的时候我也不想去上海或北京这样的大城市。

我在洛杉矶长大，在旧金山待了 24 年，断断续续在纽约也待了 3 年。我在来到中国之前，大部分时间都生活在国际

[4] 任教：担任教师、教练等教学工作。

化的大都市。我以前去过上海,当时觉得这只是另一个国际大城市。但是因为这两个在北京的工作机会,我需要去一趟北京,我原本以为北京也就像上海。当我来到这里的时候,才意识到北京和上海不一样。

我的第一印象中,北京跟国际化的大城市并不完全相同,这里有更多关于中国历史的信息。这是一个国际大城市,但它同时也是一个写满历史的城市。一个城市把历史和现代文化毫无**违和感**[5]地交融在一起,引起了我的兴趣,也让我对北京的方方面面都感到好奇。决定来北京之后,我必须在清华大学和中央民族大学之间再做一次选择。我知道清华大学的学生是中国最顶尖的学生,能来到这所学校的学生将拥有顶尖的平台、资源等,当然我相信他们也将拥有美好的未来和生活。但是中央民族大学的学生有所不同,因为这所学校里有差不多70%的学生是少数民族。这些学生中有许多人毕业后会回到自己的家乡教书或做其他工作。当然也有些学生会选择留在北京或者去其他的城市,但他们中的大部分人都会回到自己的家乡,建设自己的家乡。所以我想,如果我有机会教那些学生,那么他们可以把我教给他们的一些东西带回他们所在的地区。这就是我最终选择中央民族大学的原因。

观察者网:您认为北京相较于中国其他城市的不同之处在哪里?

马克·力文:首先,北京有着悠久的历史,在中国历史上曾多次成为首都,这里有很多不同的历史古迹,例如紫禁城和颐和园等。同时,它也正在发展为一座现代化的城市。北京将古代和现代完美地结合在了一起。

由于我是在洛杉矶长大的,我非常享受之前在淮安的时光,虽然当时我对那里并不了解,但是我**误打误撞**地在来北京之前就去了那里。其实淮安为我以后认识中国提供了**铺垫**,让我可以更好地体验在中国生活的点点滴滴。我在淮安的时候,不仅仅在市区,我还与各种朋友去当地的农村度过了非常愉快的时光。

生词

误打误撞(wùdǎ-wùzhuàng):指事先未经周密考虑。

[5] 违和感:不适应、不协调,无法融入其中的感觉。

我经常去中国各地旅行。我之所以可以去中国各地旅游，一是因为我受邀在全国62所大学担任讲师，有一部分学校在北京，但大多数都不是。二是因为我除了是一名老师，也是一个音乐演奏家，我曾在中国十多个省市演出，其中有很多省我都去过很多次。我还记得上一次去的城市是南京，我也非常喜欢南京。长沙我也去了很多次了，我也很喜欢长沙。

还记得我第一次去广州时，觉得那地方很小，有些狭窄。当我感受到这些的时候，我突然开始想念北京，当时我住在北京的时间还并不长，但是我已经对北京产生了归属感[6]。也正是因为我参与了许多不同领域的活动，所以我更加全面地了解了北京。

观察者网：您不仅是一个教授，还是一个著作丰富的歌手、作曲家，也参加过星光大道[7]，歌曲种类也多种多样，比如关于工人运动的，以及一些中国民歌。这些歌曲创作的**灵感**都来自哪里？

马克·力文：我写的第一首歌是关于我所居住的淮安市的，那时我已经开始计划离开那里了，我用了差不多三个小时写了一首关于这座城市以及我对这座城市的感受的歌，当时我对要离开这座城市可以说百感交集[8]。

我搬到北京后，生活丰富多彩，各方面都给了我大量的灵感，也就开始写东西。2008年，我写了一首歌，是在汶川大地震发生的时候。我曾在美国经历过两次地震，我不仅知道地震发生当时对人和物造成的损害有多大，我还知道经历过地震后的人、城市要想恢复是需要很长很长时间的。地震发生的那天下午上课时，有两个学生没有来上课，有人告诉我他们俩一个是汶川的，另一个是北川的。他们俩都在忙着寻找家人，他们想早点儿知道自己家人是否都还安好。所以那天下午我回家后马上用几个小时创作了那首歌。

后来，我开始写我所见或所到之处的故事。有一首歌是关于春节期间我从湖北省南部去广州，我写了《在一列24小时的火车上》这首歌。这首歌的灵感来自我自己的经历，当

铺垫（pūdiàn）：陪衬；衬托。这里指事物发展过程中的前期准备工作。

灵感（línggǎn）：指文学、文艺、科技活动中由于丰富的知识和长期的积累，而瞬间产生的富有创造性的思维。

[6] 归属感：指个人自己感觉被别人或被团体认可与接纳时的一种感受。

[7] 星光大道：是CCTV综艺频道推出的一档选秀电视节目。

[8] 百感交集：指无数感想交融在一起，形容心情复杂，感慨无比。

话题十二 "我"在中国

时是在中国的春节期间，很有意思。

我的许多歌曲都是关于大型公共事件的，它们都有一个共同的主题，我探讨了在中国人们如何共同解决这些问题。我觉得解决问题才是第一重要的，特别是世界性的重大问题，解决这种问题，在这个非常时刻，我们需要每个人团结在一起。

观察者网：据我所知，您拿到了号称"世界上最难拿"的中国绿卡，能讲讲拿到绿卡的过程吗？

马克·力文：我是在2016年获得的绿卡，因为我是2014年"友谊奖"的获奖者，这是外国人可以在中国获得的最高奖项。在我们拿到奖项拍照的时候，李克强总理来了，还发表了讲话。他说，我们有60万外国专家在中国工作，但我们还可以有600万，更可以有6000万。当时，他提到他想让中国和在中国的外国人之间的良好友谊通过这个友谊奖来见证，这也成了获得绿卡的一种资格。因为我是第一个通过"中国政府友谊奖"获得绿卡的人，整个确认**流程**花了两年时间。虽然过程**耗费**时间较长，但是我能拿到这张绿卡，我非常开心。只要我的身体允许，我会在中国继续发光、发热，贡献我的力量。

生词

流程（liúchéng）：水流的路程。这里指程序（过程节点及执行方式有序组成的过程）。

耗费（hàofèi）：（时间、精力、财物等）因使用或受损而逐渐减少。

读后练习

一、根据文章内容填空

1. 马克·力文认为，中央民族大学是一个非常有趣又令人兴奋的地方，由于大学的_____、民族_____，不仅可以了解中国，而且可以了解到中国的文化以及人民的多样性等。

2. 淮安为马克·力文以后认识中国提供了_____，让他可以更好地体验在中国生活的_____。

二、根据文章内容判断正误（正确的画"√"，错误的画"×"）

1. 马克·力文一到中国就在中央民族大学工作，现在已经工作了十多年了。（　　）

2. 马克·力文在中国去过许多城市，他最喜欢的城市是南京，最不喜欢的城市是广州。（　　）

3. 马克·力文创作歌曲的灵感大部分都来自自己的学生。（　　）

三、根据文章内容回答下列问题

1. 马克·力文刚来中国的时候，为什么选择在江苏淮安落脚？

2. 马克·力文是怎样拿到中国绿卡的？

口语表达

自由谈

1. 你更喜欢中国哪一（些）座城市？为什么？

2. 查阅资料，尝试介绍一位获得过"中国政府友谊奖"的外国友人事迹，并谈谈你的感受。

拓展阅读

新时代十年，外国友人纳赛尔话山东

话题十三

天下一家,休戚与共

导言

大道不孤，天下一家。"当今世界，各国相互依存、休戚与共。"中国国家主席习近平有关促进国际合作共赢的系列重要发言对外阐释了中国的发展理念、发展道路、内外政策。人们从中可以更深入地感受中国推动构建人类命运共同体、促进人类和平与发展、携手建设美好世界的中国智慧和中国方案，也为国际合作建立了一个更加坚实的基础。

话题阅读 13-1

携手推进"一带一路[1]"建设①

尊敬的各位国家**元首**，政府首脑，各位部长，各位国际组织负责人，女士们，先生们，朋友们：

"孟夏之日，万物并秀。"② 在这美好时节，来自100多个国家的各界嘉宾齐聚北京，共商"一带一路"建设合作大计，具有十分重要的意义。今天，群贤毕至，少长咸集，我期待着大家集思广益、畅所欲言，为推动"一带一路"建设献计献策，让这一世纪工程**造福**各国人民。

---

① 习近平. 习近平谈治国理政：第二卷 [M]. 北京：外文出版社，2017：506-516. 这是中国国家主席习近平2017年5月14日在"一带一路"国际合作高峰论坛开幕式上的演讲。

② 夏季的第一个月，万物勃发。参见明代高濂《遵生八笺》。原文是："孟夏之月，天地始交，万物并秀，宜夜卧早起，以受清明之气。"

生词

元首（yuánshǒu）：国家对内对外的最高代表。多指总统、国家主席、国王等。

造福（zàofú）：（为人）谋求幸福。

注释

[1] "一带一路"：The Belt and Road（B&R），是"丝绸之路经济带"和"21世纪海上丝绸之路"的简称，2013年9月和10月由中国国家主席习近平分别提出建设"新丝绸之路经济带"和"21世纪海上丝绸之路"的合作倡议。依靠中国与有关国家既有的双多边机制，借助既有的、行之有效的区域合作平台，一带一路旨在借用古代丝绸之路的历史符号，高举和平发展的旗帜，积极发展与沿线国家的经济合作伙伴关系，共同打造政治互信、经济融合、文化包容的利益共同体、命运共同体和责任共同体。

女士们、先生们、朋友们!

2000多年前,我们的先辈筚路蓝缕[2],穿越草原沙漠,开辟出联通亚欧非的陆上丝绸之路;我们的先辈扬帆远航,穿越惊涛骇浪,闯荡出连接东西方的海上丝绸之路。古丝绸之路打开了各国友好交往的新窗口,书写了人类发展进步的新篇章。中国陕西历史博物馆珍藏的千年"鎏金[3]铜蚕",在印度尼西亚发现的千年沉船"黑石号"等,见证了这段历史。

古丝绸之路绵亘万里,延续千年,积淀了以和平合作、开放包容、互学互鉴、互利共赢为核心的丝路精神。这是人类文明的宝贵遗产。

——和平合作。公元前140多年的中国汉代,一支从长安出发的和平使团,开始打通东方通往西方的道路,完成了"凿空之旅"①,这就是著名的张骞出使西域。中国唐宋元时期,陆上和海上丝绸之路同步发展,中国、意大利、摩洛哥的旅行家杜环、马可·波罗、伊本·白图泰都在陆上和海上丝绸之路留下了历史印记。15世纪初的明代,中国著名航海家郑和七次远洋航海,留下千古佳话。这些开拓事业之所以名垂青史[4],是因为使用的不是战马和长矛,而是驼队和善意;依靠的不是坚船和利炮,而是宝船和友谊。一代又一代"丝路人"架起了东西方合作的纽带、和平的桥梁。

——开放包容。古丝绸之路跨越尼罗河流域、底格里斯河和幼发拉底河流域、印度河和恒河流域、黄河和长江流域,跨越埃及文明、巴比伦文明、印度文明、中华文明的发祥地,跨越佛教、基督教、伊斯兰教信众的汇集地,跨越不同国度和肤色人民的聚居地。不同文明、宗教、种族求同存异、开放包容,并肩书写相互尊重的壮丽诗篇,携手绘就共同发展的美好画卷。酒泉、敦煌、吐鲁番、喀什、撒马尔罕、巴格达、君士坦丁堡等古城,宁波、泉州、广州、北海、科伦坡、吉达、亚历山大等地的古港,就是记载这段历史的"活化石"。

[2] 筚(bì)路蓝缕:意思是说驾着柴车,穿着破衣服去开辟山林。形容创业的艰难与辛苦。

[3] 鎏(liú)金:用金汞合金制成的金泥涂饰器物的表面,经过烘烤,汞蒸发而金固结于器物上的一种传统工艺。

[4] 名垂青史:名字及其事迹记载在史籍上。形容功业巨大,永远流传。

---

① 参见西汉司马迁《史记·大宛列传》。原文是:"然张骞凿空,其后使往者皆称博望侯,以为质于外国,外国由此信之。"

历史告诉我们：文明在开放中发展，民族在融合中共存。

——互学互鉴。古丝绸之路不仅是一条通商易货之道，更是一条知识交流之路。沿着古丝绸之路，中国将丝绸、瓷器、漆器、铁器传到西方，也为中国带来了胡椒、亚麻、香料、葡萄、石榴。沿着古丝绸之路，佛教、伊斯兰教及阿拉伯的天文、历法、医药传入中国，中国的四大发明、养蚕技术也由此传向世界。更为重要的是，商品和知识交流带来了观念创新。比如，佛教源自印度，在中国**发扬光大**，在东南亚得到传承。儒家文化起源中国，受到欧洲莱布尼茨、伏尔泰等思想家的推崇。这是交流的魅力、互鉴的成果。

——互利共赢。古丝绸之路见证了陆上"使者相望于道，商旅不绝于途"的盛况，也见证了海上"舶交海中，不知其数"的繁华。在这条大动脉上，资金、技术、人员等生产要素自由流动，商品、资源、成果等实现共享。阿拉木图、撒马尔罕、长安等重镇和苏尔港、广州等良港兴旺发达，罗马、安息、贵霜等古国**欣欣向荣**，中国汉唐迎来盛世。古丝绸之路创造了地区大发展大繁荣。

历史是最好的老师。这段历史表明，无论相隔多远，只要我们勇敢迈出第一步，坚持相向而行，就能走出一条相遇相知、共同发展之路，走向幸福安宁和谐美好的远方。

女士们、先生们、朋友们！

从历史维度看，人类社会正处在一个大发展大变革大调整时代。世界多极化、经济全球化、社会信息化、文化多样化深入发展，和平发展的大势日益**强劲**，变革创新的步伐持续向前。各国之间的联系从来没有像今天这样紧密，世界人民对美好生活的向往从来没有像今天这样强烈，人类战胜困难的手段从来没有像今天这样丰富。

从现实维度看，我们正处在一个挑战频发的世界。世界经济增长需要新动力，发展需要更加普惠平衡，贫富差距鸿沟有待弥合。地区热点持续动荡，恐怖主义[5]蔓延肆虐。和平赤字、发展赤字、治理赤字，是摆在全人类面前的严峻挑战。

发扬光大（fāyáng-guāngdà）：使美好的事物得到不断发展和提倡。

欣欣向荣（xīnxīn-xiàngróng）：原形容草木生长得茂盛。现多比喻事业蓬勃发展，繁荣兴旺。

强劲（qiángjìng）：强而有力。

[5]恐怖主义：terrorism，是指通过暴力、破坏、恐吓等手段，制造社会恐慌、危害公共安全、侵犯人身财产权利，或者胁迫国家机关、国际组织，以实现其政治、意识形态等目的的主张和行为。

话题十三 天下一家，休戚与共

这是我一直思考的问题。

2013年秋天，我在哈萨克斯坦和印度尼西亚提出共建丝绸之路经济带和21世纪海上丝绸之路，即"一带一路"倡议。"桃李不言，下自成蹊（xī）。"① 4年来，全球100多个国家和国际组织积极支持和参与"一带一路"建设，联合国大会、联合国安理会等重要决议也纳入"一带一路"建设内容。"一带一路"建设逐渐从理念转化为行动，从愿景转变为现实，建设成果丰硕。

——这是政策沟通不断深化的4年。我多次说过，"一带一路"建设不是另起炉灶、推倒重来，而是实现战略对接、优势互补。我们同有关国家协调政策，包括俄罗斯提出的欧亚经济联盟、东盟提出的互联互通总体规划、哈萨克斯坦提出的"光明之路"、土耳其提出的"中间走廊"、蒙古提出的"发展之路"、越南提出的"两廊一圈"、英国提出的"英格兰北方经济中心"、波兰提出的"琥珀之路"等。中国同老挝、柬埔寨、缅甸、匈牙利等国的规划对接工作也全面展开。中国同40多个国家和国际组织签署了合作协议，同30多个国家开展机制化产能合作。本次论坛期间，我们还将签署一批对接合作协议和行动计划，同60多个国家和国际组织共同发出推进"一带一路"贸易畅通合作倡议。各方通过政策对接，实现了"一加一大于二"的效果。

——这是设施联通不断加强的4年。"道路通，百业兴。"我们和相关国家一道共同加速推进雅万高铁、中老铁路、亚吉铁路、匈塞铁路等项目，建设瓜达尔港、比雷埃夫斯港等港口，规划实施一大批互联互通项目。目前，以中巴、中蒙俄、新亚欧大陆桥等经济走廊为引领，以陆海空通道和信息高速路为骨架，以铁路、港口、管网等重大工程为依托，一个复合型的基础设施网络正在形成。

——这是贸易畅通不断提升的4年。中国同"一带一路"

---

① 见西汉司马迁《史记·李将军列传》。原义是桃树、李树不会说话，但因其花朵美艳，果实可口，人们纷纷去摘取，于是便在树下踩出一条路来。比喻为人真诚笃实，自然能感召人心。

参与国大力推动贸易和投资便利化，不断改善营商环境。我了解到，仅哈萨克斯坦等中亚国家农产品到达中国市场的通关时间就缩短了90%。2014年至2016年，中国同"一带一路"沿线国家贸易总额超过3万亿美元。中国对"一带一路"沿线国家投资累计超过500亿美元。中国企业已经在20多个国家建设56个经贸合作区，为有关国家创造近11亿美元税收和18万个就业岗位。

——这是资金融通不断扩大的4年。融资瓶颈是实现互联互通的突出挑战。中国同"一带一路"建设参与国和组织开展了多种形式的金融合作。亚洲基础设施投资银行已经为"一带一路"建设参与国的9个项目提供17亿美元贷款，"丝路基金"投资达40亿美元，中国同中东欧"16+1"金融控股公司正式成立。这些新型金融机制同世界银行等传统多边金融机构各有侧重、互为补充，形成层次清晰、初具规模的"一带一路"金融合作网络。

——这是民心相通不断促进的4年。"国之交在于民相亲，民相亲在于心相通。""一带一路"建设参与国弘扬丝绸之路精神，开展智力丝绸之路、健康丝绸之路等建设，在科学、教育、文化、卫生、民间交往等各领域广泛开展合作，为"一带一路"建设夯实民意基础，筑牢社会根基。中国政府每年向相关国家提供1万个政府奖学金名额，地方政府也设立了丝绸之路专项奖学金，鼓励国际文教交流。各类丝绸之路文化年、旅游年、艺术节、影视桥、研讨会、智库对话等人文合作项目百花纷呈，人们往来频繁，在交流中拉近了心与心的距离。

丰硕的成果表明，"一带一路"倡议顺应时代潮流，适应发展规律，符合各国人民利益，具有广阔前景。

女士们、先生们、朋友们！

中国人说，"万事开头难"。"一带一路"建设已经迈出坚实步伐。我们要乘势而上、顺势而为，推动"一带一路"建设行稳致远，迈向更加美好的未来。这里，我谈几点意见。

话题十三 天下一家，休戚与共

主权（zhǔquán）：国家对内高于一切和对外保卫独立自主的固有权力。

营造（yíngzào）：经营建造；经营制造。

格局（géjú）：结构、格式和规模。

框架（kuàngjià）：这里指事物的轮廓、范围和主要结构；也指在建筑物或家具等的结构中起支撑作用的主体结构。

第一，我们要将"一带一路"建成和平之路。古丝绸之路，和时兴，战时衰。"一带一路"建设离不开和平安宁的环境。我们要构建以合作共赢为核心的新型国际关系，打造对话不对抗、结伴不结盟的伙伴关系。各国应该尊重彼此**主权**、尊严、领土完整，尊重彼此发展道路和社会制度，尊重彼此核心利益和重大关切。

古丝绸之路沿线地区曾经是"流淌着牛奶与蜂蜜的地方"，如今很多地方却成了冲突动荡和危机挑战的代名词。这种状况不能再持续下去。我们要树立共同、综合、合作、可持续的安全观，**营造**共建共享的安全**格局**。要着力化解热点，坚持政治解决；要着力斡旋调解，坚持公道正义；要着力推进反恐，标本兼治，消除贫困落后和社会不公。

第二，我们要将"一带一路"建成繁荣之路。发展是解决一切问题的总钥匙。推进"一带一路"建设，要聚焦发展这个根本性问题，释放各国发展潜力，实现经济大融合、发展大联动、成果大共享。

产业是经济之本。我们要深入开展产业合作，推动各国产业发展规划相互兼容、相互促进，抓好大项目建设，加强国际产能和装备制造合作，抓住新工业革命的发展新机遇，培育新业态，保持经济增长活力。

金融是现代经济的血液。血脉通，增长才有力。我们要建立稳定、可持续、风险可控的金融保障体系，创新投资和融资模式，推广政府和社会资本合作，建设多元化融资体系和多层次资本市场，发展普惠金融，完善金融服务网络。

设施联通是合作发展的基础。我们要着力推动陆上、海上、天上、网上四位一体的联通，聚焦关键通道、关键城市、关键项目，联结陆上公路、铁路道路网络和海上港口网络。我们已经确立"一带一路"建设六大经济走廊**框架**，要扎扎实实向前推进。要抓住新一轮能源结构调整和能源技术变革趋势，建设全球能源互联网，实现绿色低碳发展。要完善跨区域物流网建设。我们也要促进政策、规则、标准三位一体的联通，为互联互通提供机制保障。

第三，我们要将"一带一路"建成开放之路。开放带来进步，封闭导致落后。对一个国家而言，开放如同破茧成蝶，虽会经历一时阵痛，但将换来新生。"一带一路"建设要以开放为导向，解决经济增长和平衡问题。

我们要打造开放型合作平台，维护和发展开放型世界经济，共同创造有利于开放发展的环境，推动构建公正、合理、透明的国际经贸投资规则体系，促进生产要素有序流动、资源高效配置、市场深度融合。我们欢迎各国结合自身国情，积极发展开放型经济，参与全球治理和公共产品供给，携手构建广泛的利益共同体。

贸易是经济增长的重要**引擎**。我们要有"向外看"的胸怀，维护多边贸易体制，推动自由贸易区建设，促进贸易和投资自由化便利化。当然，我们也要着力解决发展失衡、治理困境、数字鸿沟[6]、分配差距等问题，建设开放、包容、普惠、平衡、共赢的经济全球化。

第四，我们要将"一带一路"建成创新之路。创新是推动发展的重要力量。"一带一路"建设本身就是一个创举，搞好"一带一路"建设也要向创新要动力。

我们要坚持创新**驱动**发展，加强在数字经济[7]、人工智能[8]、纳米技术[9]、量子计算机[10]等前沿领域合作，推动大数据、云计算[11]、智慧城市建设，连接成21世纪的数字丝绸之路。我们要促进科技同产业、科技同金融深度融合，优化创新环境，集聚创新资源。我们要为互联网时代的各国青年打造创业空间、创业工场，成就未来一代的青春梦想。

我们要践行绿色发展的新理念，倡导绿色、低碳、循环、可持续的生产生活方式，加强生态环保合作，建设生态文明，共同实现2030年可持续发展目标。

第五，我们要将"一带一路"建成文明之路。"一带一路"建设要以文明交流超越文明隔阂、文明互鉴超越文明冲突、文明共存超越文明优越，推动各国相互理解、相互尊重、

引擎（yǐnqíng）：发动机，特指蒸汽机、内燃机等。

驱动（qūdòng）：用动力推动；带动；也指设备驱动程序（device driver）。

[6] 数字鸿沟：digital divide，是指在全球数字化进程中，不同国家、地区、行业、企业、社区之间，由于对信息、网络技术的拥有程度、应用程度以及创新能力的差别而造成的信息落差及贫富进一步两极分化的趋势。

[7] 数字经济：digital economy。

[8] 人工智能：artificial intelligence。

[9] 纳米技术：nanotechnology。

[10] 量子计算机：quantum computer。

[11] 云计算：cloud computing。

相互信任。

我们要建立多层次人文合作机制,搭建更多合作平台,开辟更多合作渠道。要推动教育合作,扩大互派留学生规模,提升合作办学水平。要发挥智库作用,建设好智库联盟和合作网络。在文化、体育、卫生领域,要创新合作模式,推动务实项目。要用好历史文化遗产,联合打造具有丝绸之路特色的旅游产品和遗产保护。我们要加强各国议会、政党、民间组织往来,密切妇女、青年、残疾人等群体交流,促进包容发展。我们也要加强国际反腐合作,让"一带一路"成为廉洁之路。

女士们、先生们、朋友们!

当前,中国发展正站在新的起点上。我们将深入贯彻创新、协调、绿色、开放、共享的发展理念,不断适应、把握、引领经济发展新常态,积极推进供给侧结构性改革,实现持续发展,为"一带一路"注入强大动力,为世界发展带来新的机遇。

——中国愿在和平共处五项原则基础上,发展同所有"一带一路"建设参与国的友好合作。中国愿同世界各国分享发展经验,但不会干涉他国内政,不会输出社会制度和发展模式,更不会强加于人。我们推进"一带一路"建设不会重复地缘博弈的老套路,而将开创合作共赢的新模式;不会形成破坏稳定的小集团,而将建设和谐共存的大家庭。

——中国已经同很多国家达成了"一带一路"务实合作协议,其中既包括交通运输、基础设施、能源等硬件联通项目,也包括通信、海关、检验检疫等软件联通项目,还包括经贸、产业、电子商务、海洋和绿色经济等多领域的合作规划和具体项目。中国同有关国家的铁路部门将签署深化中欧班列合作协议。我们将推动这些合作项目早日启动、早见成效。

——中国将加大对"一带一路"建设资金支持,向丝路基金新增资金1000亿元人民币,鼓励金融机构开展人民币海外基金业务,规模预计约3000亿元人民币。中国国家开发银行、进出口银行将分别提供2500亿元和1300亿元等值人民币专项贷款，用于支持"一带一路"基础设施建设、产能、金融合作。我们还将同亚洲基础设施投资银行、金砖国家新开发银行、世界银行及其他多边开发机构合作支持"一带一路"项目，同有关各方共同制定"一带一路"融资指导原则。

——中国将积极同"一带一路"建设参与国发展互利共赢的经贸伙伴关系，促进同各相关国家贸易和投资便利化，建设"一带一路"自由贸易网络，助力地区和世界经济增长。本届论坛期间，中国将同30多个国家签署经贸合作协议，同有关国家协商自由贸易协定。中国将从2018年起举办中国国际进口博览会。

——中国愿同各国加强创新合作，启动"一带一路"科技创新行动计划，开展科技人文交流、共建联合实验室、科技园区合作、技术转移4项行动。我们将在未来5年内安排2500人次青年科学家来华从事短期科研工作，培训5000人次科学技术和管理人员，投入运行50家联合实验室。我们将设立生态环保大数据服务平台，倡议建立"一带一路"绿色发展国际联盟，并为相关国家应对气候变化提供援助。

——中国将在未来3年向参与"一带一路"建设的发展中国家和国际组织提供600亿元人民币援助，建设更多民生项目。我们将向"一带一路"沿线发展中国家提供20亿元人民币紧急粮食援助，向南南合作援助基金增资10亿美元，在沿线国家实施100个"幸福家园"、100个"爱心助困"、100个"康复助医"等项目。我们将向有关国际组织提供10亿美元落实一批惠及沿线国家的合作项目。

——中国将设立"一带一路"国际合作高峰论坛后续联络机制，成立"一带一路"财经发展研究中心、"一带一路"建设促进中心，同多边开发银行共同设立多边开发融资合作中心，同国际货币基金组织合作建立能力建设中心。我们将建设丝绸之路沿线民间组织合作网络，打造新闻合作联盟、音乐教育联盟以及其他人文合作新平台。

"一带一路"建设植根于丝绸之路的历史土壤，重点面向亚欧非大陆，同时向所有朋友开放。不论来自亚洲、欧洲，还是非洲、美洲，都是"一带一路"建设国际合作的伙伴。"一带一路"建设将由大家共同商量，"一带一路"建设成果将由大家共同分享。

女士们、先生们、朋友们！

中国古语讲："不积跬（kuǐ）步，无以至千里。"① 阿拉伯谚语[12]说，"金字塔是一块块石头垒成的"。欧洲也有句话："伟业非一日之功。""一带一路"建设是伟大的事业，需要伟大的实践。让我们一步一个脚印推进实施，一点一滴抓出成果，造福世界，造福人民！

祝本次高峰论坛圆满成功！

谢谢大家。

> **注释**
>
> [12] 谚语：指广泛流传于民间的言简意赅的短语，它多是口语形式的通俗易懂的短句或韵语。

读后练习

一、根据文章内容判断正误（正确的画"√"，错误的画"×"）

1. 中国愿无原则发展同所有"一带一路"建设参与国的友好合作。（   ）
2. 中国同有关国家的铁路部门将签署深化中欧班列合作协议。（   ）
3. 中国将从2017年起举办中国国际进口博览会。（   ）
4. "一带一路"建设重点面向亚欧非大陆，同时向所有朋友开放。（   ）

二、根据文章内容回答下列问题

1. 古丝绸之路的"丝路精神"包括哪些？
2. 从现实维度看，世界面临哪些严峻挑战？
3. "一带一路"理念自提出四年后，有哪些建设成果？表明了什么？
4. 习近平主席指出应如何推动"一带一路"建设行稳致远？

---

① 见《荀子·劝学》。意思是不积累一步半步的行程，就没有办法达到千里之远。强调积累的作用。

口语表达

自由谈

1. 结合文章并查阅资料,从历史背景、框架思路、基本内涵、合作重点、合作机制、意义影响等方面谈谈你理解的"一带一路"倡议。

2. 你的国家是不是"一带一路"沿线国家?如果是,请结合具体实例谈谈两国在"一带一路"倡议下有哪些具体合作和建设成果。

3. 结合具体事例,谈谈国家间"民心相通"的重要性。

话题十三 天下一家，休戚与共

话题阅读 13-2

共同构建人类命运共同体[1]

尊敬的联合国大会主席汤姆森先生，
尊敬的联合国秘书长古特雷斯先生，
尊敬的联合国日内瓦总部总干事穆勒先生，
女士们，先生们，朋友们：

一元复始，万象更新。[2] 很高兴在新年伊始就来到联合国日内瓦总部，同大家一起探讨构建人类命运共同体这一时代**命题**。

我刚刚出席了世界经济论坛年会。在达沃斯，各方在发言中普遍谈到，当今世界充满不确定性，人们对未来既寄予期待又感到困惑。世界怎么了、我们怎么办？这是整个世界都在思考的问题，也是我一直在思考的问题。

我认为，回答这个问题，首先要弄清楚一个最基本的问题，就是我们从哪里来、现在在哪里、将到哪里去？

回首最近 100 多年的历史，人类经历了血腥的热战、冰冷的冷战，也取得了惊人的发展、巨大的进步。上世纪[3]上半叶以前，人类遭受了两次世界大战的劫难，那一代人最迫切的愿望，就是免于战争、缔造和平。上世纪五六十年代，殖民地人民普遍**觉醒**，他们最强劲的呼声，就是摆脱枷锁、争取独立。冷战结束后，各方最殷切的诉求，就是扩大合作、共同发展。

这 100 多年全人类的共同愿望，就是和平与发展。然而，这项任务至今远远没有完成。我们要顺应人民呼声，接过历

命题（mìng//tí）：出题目。这里指逻辑学上表达判断的语言形式。

觉醒（juéxǐng）：醒悟；觉悟。

---

[1] 习近平. 习近平谈治国理政：第二卷[M]. 北京：外文出版社，2017：537-548. 这是中国国家主席习近平 2017 年 1 月 18 日在联合国日内瓦办事处的演讲。
[2] 意思是新的一年开始了，天地万物好像都焕然一新。
[3] 20 世纪。

史接力棒，继续在和平与发展的马拉松跑道上奋勇向前。

人类正处在大发展大变革大调整时期。世界多极化、经济全球化深入发展，社会信息化、文化多样化持续推进，新一轮科技革命和产业革命正在**孕育**成长，各国相互联系、相互依存，全球命运与共、休戚相关，和平力量的上升远远超过战争因素的增长，和平、发展、合作、共赢的时代潮流更加强劲。

同时，人类也正处在一个挑战**层出不穷**、风险日益增多的时代。世界经济增长乏力，金融危机阴云不散，发展鸿沟日益突出，兵戎相见时有发生，冷战思维和强权政治阴魂不散，恐怖主义、难民危机、重大传染性疾病、气候变化等非传统安全威胁持续蔓延。

宇宙只有一个地球，人类共有一个家园。霍金先生提出关于"平行宇宙"的猜想，希望在地球之外找到第二个人类得以安身立命的星球。这个愿望什么时候才能实现还是个未知数。到目前为止，地球是人类唯一赖以生存的家园，珍爱和呵护地球是人类的唯一选择。瑞士联邦大厦穹顶[1]上刻着拉丁文铭文"人人为我，我为人人"。我们要为当代人着想，还要为子孙后代负责。

女士们、先生们、朋友们！

让和平的薪火代代相传，让发展的动力源源不断，让文明的光芒熠（yì）熠生辉，是各国人民的期待，也是我们这一代政治家应有的担当。中国方案是：构建人类命运共同体，实现共赢共享。

理念引领行动，方向决定出路。**纵观**近代以来的历史，建立公正合理的国际秩序是人类孜孜以求的目标。从360多年前《威斯特伐利亚和约》[2]确立的平等和主权原则，到150多年前日内瓦公约确立的国际人道主义精神；从70多年前联合国宪章明确的四大**宗旨**和七项原则，到60多年前万隆会议倡导的和平共处五项原则，国际关系演变积累了一系列公

生词

孕育（yùnyù）：怀胎；生育。比喻新事物在既存事物中酝酿形成。

层出不穷（céngchū-bùqióng）：连续不断地出现。

纵观（zòngguān）：全面考虑；纵览（形势等）。

宗旨（zōngzhǐ）：主要目的和意图。

注释

[1] 穹（qióng）顶：悬垂的半球体空间或面积；穹或穹形面（如朝中央圆拱的一条街或桥面）的顶点或顶部。

[2] 威斯特伐利亚和约：The Peace Treaty of Westphalia。

认的原则。这些原则应该成为构建人类命运共同体的基本**遵循**。

主权平等，是数百年来国与国规范彼此关系最重要的准则，也是联合国及所有机构、组织共同遵循的首要原则。主权平等，真谛在于国家不分大小、强弱、贫富，主权和尊严必须得到尊重，内政不容干涉，都有权自主选择社会制度和发展道路。在联合国、世界贸易组织、世界卫生组织、世界知识产权组织、世界气象组织、国际电信联盟、万国邮政联盟、国际移民组织、国际劳工组织等机构，各国平等参与决策，构成了完善全球治理的重要力量。新形势下，我们要坚持主权平等，推动各国权利平等、机会平等、规则平等。

日内瓦见证了印度支那和平问题最后宣言的通过，见证了冷战期间两大**对峙**阵营国家领导人首次和解会议，见证了伊朗核、叙利亚等热点问题对话和谈判。历史和现实给我们的启迪是：沟通协商是化解分歧的有效之策，政治谈判是解决冲突的根本之道。只要怀有真诚愿望，秉持足够善意，展现政治智慧，再大的冲突都能化解，再厚的坚冰都能打破。

"法者，治之端也①。"在日内瓦，各国以联合国宪章为基础，就政治安全、贸易发展、社会人权、科技卫生、劳工产权、文化体育等领域达成了一系列国际公约和法律文书。法律的生命在于付诸实施，各国有责任维护国际法治权威，依法行使权利，善意履行义务。法律的生命也在于公平正义，各国和国际司法机构应该确保国际法平等统一适用，不能搞双重标准，不能"合则用、不合则弃"，真正做到"无偏无党，王道荡荡"②。

"海纳百川，有容乃大。"开放包容，筑就了日内瓦多边外交大舞台。我们要推进国际关系民主化，不能搞"一国独霸"或"几方共治"。世界命运应该由各国共同掌握，国

遵循（zūnxún）：按照；遵照。

对峙（duìzhì）：两相对立，相持不下。

---

① 见《荀子·君道》。意思是法制是政治（治理国家）的开头。
② 见《尚书·洪范》。指政令的贯彻在于公正清明。

际规则应该由各国共同书写,全球事务应该由各国共同治理,发展成果应该由各国共同分享。

1862年,亨利·杜楠[3]先生在《沙斐利洛的回忆》中追问:能否成立人道主义组织?能否制定人道主义公约?"杜楠之问"很快有了答案,次年,红十字国际委员会应运而生。经过150多年发展,红十字成为一种精神、一面旗帜。面对频发的人道主义危机,我们应该弘扬人道、博爱、奉献的精神,为身陷困境的无辜百姓送去关爱,送去希望;应该**秉承**中立、公正、独立的基本原则,避免人道主义问题政治化,坚持人道主义援助非军事化。

女士们、先生们、朋友们!

大道至简,实干为要。构建人类命运共同体,关键在行动。我认为,国际社会要从伙伴关系、安全格局、经济发展、文明交流、生态建设等方面做出努力。

——坚持对话协商,建设一个持久和平的世界。国家和,则世界安;国家斗,则世界乱。从公元前的伯罗奔尼撒战争到两次世界大战,再到延续40余年的冷战,教训惨痛而深刻。"前事不忘,后事之师。"① 我们的先辈建立了联合国,为世界赢得70余年相对和平。我们要完善机制和手段,更好化解纷争和矛盾,消弭战乱和冲突。

瑞士作家、诺贝尔文学奖获得者黑塞说:"不应为战争和毁灭效劳,而应为和平与谅解服务。"国家之间要构建对话不对抗、结伴不结盟的伙伴关系。大国要尊重彼此核心利益和重大关切,管控矛盾分歧,努力构建不冲突不对抗、相互尊重、合作共赢的新型关系。只要坚持沟通、真诚相处,"修昔底德陷阱[4]"就可以避免。大国对小国要平等相待,不搞唯我独尊、强买强卖的霸道。任何国家都不能随意发动战争,不能破坏国际法治,不能打开潘多拉的盒子。核武器[5]是悬

秉承(bǐngchéng):承受;接受。

[3] 亨利·杜楠:Jean Henri Dunant(1828—1910年),瑞士商人、人道主义者、第一届诺贝尔和平奖得主、红十字国际委员会创办人。

[4] 修昔底德陷阱:Thucydides,这一概念认为一个新兴大国必然会挑战守成大国的地位,而守成大国也必然会采取措施进行遏制和打压,两者的冲突甚至战争在所难免。

[5] 核武器:nuclear weapon。

---

① 吸取以前的经验教训,作为以后做事的鉴戒。参见《战国策·赵策一》。原文是:"前事之不忘,后事之师。"

话题十三 天下一家，休戚与共

在人类头上的"达摩克利斯之剑[6]"，应该全面禁止并最终彻底销毁，实现无核世界。要秉持和平、主权、普惠、共治原则，把深海、极地、外空、互联网等领域打造成各方合作的新疆域，而不是相互博弈的竞技场。

——坚持共建共享，建设一个普遍安全的世界。世上没有绝对安全的世外桃源，一国的安全不能建立在别国的动荡之上，他国的威胁也可能成为本国的挑战。邻居出了问题，不能光想着扎好自家篱笆，而应该去帮一把。"单则易折，众则难摧。"① 各方应该树立共同、综合、合作、可持续的安全观。

近年来，在欧洲、北非、中东发生的恐怖袭击事件再次表明，恐怖主义是人类公敌。反恐是各国共同义务，既要治标，更要治本。要加强协调，建立全球反恐统一战线，为各国人民撑起安全伞。当前，难民数量已经创下第二次世界大战结束以来的历史纪录。危机需要应对，根源值得深思。如果不是有家难归，谁会颠沛流离？联合国难民署、国际移民组织等要发挥**统筹**协调作用，动员全球力量有效应对。中国决定提供2亿元人民币新的人道主义援助，用于帮助叙利亚难民和流离失所者。恐怖主义、难民危机等问题都同地缘冲突密切相关，化解冲突是根本之策。当事各方要通过协商谈判，其他各方应该积极劝和促谈，尊重联合国发挥斡[7]旋主渠道作用。禽流感、埃博拉、寨卡等疫情不断给国际卫生安全敲响警钟。世界卫生组织要发挥引领作用，加强疫情监测、信息沟通、经验交流、技术分享。国际社会应该加大对非洲等发展中国家卫生事业的支持和援助。

——坚持合作共赢，建设一个共同繁荣的世界。发展是第一要务，适用于各国。各国要**同舟共济**，而不是以邻为壑[8]。各国特别是主要经济体要加强宏观政策协调，**兼顾**当

生词

统筹（tǒngchóu）：统一筹划。

同舟共济（tóngzhōu-gòngjì）：同坐一条船过河。比喻在困难的环境中同心协力，战胜困难。

兼顾（jiāngù）：几个方面同时照顾到。

注释

[6]达摩克利斯之剑：damocles，用来表示时刻存在的危险。

[7]斡（wò）旋：调解；扭转僵局。

[8]以邻为壑（hè）：比喻把自己的困难或祸害转嫁给别人。

---

① 势孤力单，容易受人欺负；人多气壮，别人不敢欺侮。参见北齐魏收《魏书·吐谷浑传》。原文是："单者易折，众则难摧。"

前和长远，着力解决深层次问题。要抓住新一轮科技革命和产业变革的历史性机遇，转变经济发展方式，坚持创新驱动，进一步发展社会生产力、释放社会创造力。要维护世界贸易组织规则，支持开放、透明、包容、非歧视性的多边贸易体制，构建开放型世界经济。如果搞贸易保护主义、画地为牢，损人不利己。

经济全球化是历史大势，促成了贸易大繁荣、投资大便利、人员大流动、技术大发展。本世纪初以来，在联合国主导下，借助经济全球化，国际社会制定和实施了千年发展目标和2030年可持续发展议程，推动11亿人口脱贫，19亿人口获得安全饮用水，35亿人口用上互联网等，还将在2030年实现零贫困。这充分说明，经济全球化的大方向是正确的。当然，发展失衡、治理困境、数字鸿沟、公平赤字等问题也客观存在。这些是前进中的问题，我们要正视并设法解决，但不能因噎废食。

我们要从历史中汲取智慧。历史学家早就断言，经济快速发展使社会变革成为必需，经济发展易获支持，而社会变革常遭抵制。我们不能因此踟蹰^[9]不前，而要砥砺^[10]前行。我们也要从现实中寻找答案。2008年爆发的国际金融危机启示我们，引导经济全球化健康发展，需要加强协调、完善治理，推动建设一个开放、包容、普惠、平衡、共赢的经济全球化，既要做大蛋糕，更要分好蛋糕，着力解决公平公正问题。

去年9月，二十国集团领导人杭州峰会聚焦全球经济治理等重大问题，通过《创新增长蓝图》，首次将发展问题纳入全球宏观政策框架，并制定了行动计划。

——坚持交流互鉴，建设一个开放包容的世界。"和羹之美，在于合异。"^① 人类文明多样性是世界的基本特征，

[9] 踟蹰（chíchú）：徘徊；心中犹疑，要走不走的样子。

[10] 砥砺（dǐlì）：磨炼；勉励。

---

① 见西晋陈寿《三国志·魏书·夏侯玄传》。意思是：羹汤的味道之所以鲜美，是因为羹汤的味道是由不同的调味品合到一起配制而成的。比喻只有同心协力、团结一致，才能克服困难。

也是人类进步的源泉。世界上有200多个国家和地区、2500多个民族、多种宗教。不同历史和国情，不同民族和习俗，孕育了不同文明，使世界更加丰富多彩。文明没有高下、优劣之分，只有特色、地域之别。文明差异不应该成为世界冲突的根源，而应该成为人类文明进步的动力。

每种文明都有其独特魅力和深厚底蕴，都是人类的精神瑰宝。不同文明要取长补短、共同进步，让文明交流互鉴成为推动人类社会进步的动力、维护世界和平的纽带。

——坚持绿色低碳，建设一个清洁美丽的世界。人与自然共生共存，伤害自然最终将伤及人类。空气、水、土壤、蓝天等自然资源用之不觉、失之难续。工业化创造了前所未有的物质财富，也产生了难以弥补的生态创伤。我们不能吃祖宗饭、断子孙路，用破坏性方式搞发展。绿水青山就是金山银山。我们应该遵循天人合一、道法自然的理念，寻求永续发展之路。

我们要倡导绿色、低碳、循环、可持续的生产生活方式，平衡推进2030年可持续发展议程，不断开拓生产发展、生活富裕、生态良好的文明发展道路。《巴黎协定》的达成是全球气候治理史上的里程碑[11]。我们不能让这一成果付诸东流。各方要共同推动协定实施。中国将继续采取行动应对气候变化，百分之百承担自己的义务。

瑞士军刀是瑞士"工匠精神"的产物。我第一次得到一把瑞士军刀时，我就很佩服人们能赋予它那么多功能。我想，如果我们能为我们这个世界打造一把精巧的瑞士军刀就好了，人类遇到了什么问题，就用其中一个工具来解决它。我相信，只要国际社会不懈努力，这样一把瑞士军刀是可以打造出来的。

女士们、先生们、朋友们！

中国人始终认为，世界好，中国才能好；中国好，世界

[11] 里程碑：这里比喻在某一事业或历史发展过程中可以作为标志的大事件。

才更好。面向未来,很多人关心中国的政策走向,国际社会也有很多议论。在这里,我给大家一个明确的回答。

第一,中国维护世界和平的决心不会改变。中华文明历来**崇尚**"以和邦国"①、"和而不同"②、"以和为贵"③。中国《孙子兵法》是一部著名兵书,但其第一句话就讲:"兵者,国之大事,死生之地,存亡之道,不可不察也",其要义是慎战、不战。几千年来,和平融入了中华民族的血脉中,刻进了中国人民的基因里。

崇尚(chóngshàng):尊重而推崇。

数百年前,即使中国强盛到国内生产总值占世界30%的时候,也从未对外侵略扩张。1840年鸦片战争后的100多年里,中国频遭侵略和蹂躏之害,饱受战祸和动乱之苦。孔子说,己所不欲,勿施于人。中国人民深信,只有和平安宁才能繁荣发展。

中国从一个积贫积弱的国家发展成为世界第二大经济体,靠的不是对外军事扩张和殖民掠夺,而是人民勤劳、维护和平。中国将始终不渝走和平发展道路。无论中国发展到哪一步,中国永不称霸、永不扩张、永不谋求势力范围。历史已经并将继续证明这一点。

第二,中国促进共同发展的决心不会改变。中国有句古语叫"落其实思其树,饮其流怀其源"④。中国发展得益于国际社会,中国也为全球发展作出了贡献。中国将继续奉行互利共赢的开放战略,将自身发展机遇同世界各国分享,欢迎各国搭乘中国发展的"顺风车"。

1950年至2016年,中国累计对外提供援款4000多亿元人民币,今后将继续在力所能及的范围内加大对外帮扶。国际金融危机爆发以来,中国经济增长对世界经济增长的贡献率年均在30%以上。未来5年,中国将进口8万亿美元的商

---

① 见《周礼·春官宗伯·大司乐》。意思是用来谐调天下各国。
② 见《论语·子路》。指和睦地相处,但不盲目苟同。
③ 以和平相处至上。参见《论语·学而》。原文是:"礼之用,和为贵。"
④ 意指吃到树上的果实就想到了结果实的树,喝到河中的水就想到了河水的来源。
参见南北朝时期庾信《徵调曲》。原文是:"落其实者思其树,饮其流者怀其源。"

品，吸收 6000 亿美元的外来投资，中国对外投资总额将达到 7500 亿美元，出境旅游将达到 7 亿人次。这将为世界各国发展带来更多机遇。

中国坚持走符合本国国情的发展道路，始终把人民权利放在首位，不断促进和保护人权。中国解决了 13 亿多人口的温饱问题，让 7 亿多人口摆脱贫困，这是对世界人权事业的重大贡献。

我提出"一带一路"倡议，就是要实现共赢共享发展。目前，已经有 100 多个国家和国际组织积极响应支持，一大批早期收获项目落地开花。中国支持建设好亚洲基础设施投资银行等新型多边金融机构，为国际社会提供更多公共产品。

第三，中国打造伙伴关系的决心不会改变。中国坚持独立自主的和平外交政策，在和平共处五项原则基础上同所有国家发展友好合作。中国率先把建立伙伴关系确定为国家间交往的指导原则，同 90 多个国家和区域组织建立了不同形式的伙伴关系。中国将进一步联结遍布全球的"朋友圈"。

中国将努力构建总体稳定、均衡发展的大国关系框架，积极同美国发展新型大国关系，同俄罗斯发展全面战略协作伙伴关系，同欧洲发展和平、增长、改革、文明伙伴关系，同金砖国家发展团结合作的伙伴关系。中国将继续坚持正确义利观，深化同发展中国家务实合作，实现同呼吸、共命运、齐发展。中国将按照亲诚惠容理念同周边国家深化互利合作，秉持真实亲诚对非政策理念同非洲国家共谋发展，推动中拉全面合作伙伴关系实现新发展。

第四，中国支持多边主义[12]的决心不会改变。多边主义是维护和平、促进发展的有效路径。长期以来，联合国等国际机构做了大量工作，为维护世界总体和平、持续发展的态势做出了有目共睹的贡献。

中国是联合国创始成员国，是第一个在联合国宪章上签字的国家。中国将坚定维护以联合国为核心的国际体系，坚

[12] 多边主义：multilateralism，是适应经济全球化、世界多极化时代要求的产物，其要义是国际上的事由大家共同商量着办，世界前途命运由各国共同掌握。国际社会应该按照各国共同达成的规则和共识来治理，而不能由一个或几个国家来发号施令。

定维护以联合国宪章宗旨和原则为基石的国际关系基本准则，坚定维护联合国权威和地位，坚定维护联合国在国际事务中的核心作用。

中国—联合国和平与发展基金已经正式投入运营，中国将把资金优先用于联合国及日内瓦相关国际机构提出的和平与发展项目。随着中国持续发展，中国支持多边主义的力度也将越来越大。

女士们、先生们、朋友们！

对中国来讲，日内瓦具有一份特殊的记忆和情感。1954年，周恩来总理率团出席日内瓦会议，同苏联、美国、英国、法国等共同讨论政治解决朝鲜问题和印度支那停战问题，展现和平精神，为世界和平贡献了中国智慧。1971年，中国恢复在联合国的合法席位、重返日内瓦国际机构后，逐步参与裁军、经贸、人权、社会等各领域事务，为重大问题解决和重要规则制定提供了中国方案。近年来，中国积极参与伊朗核、叙利亚等热点问题的对话和谈判，为推动政治解决作出了中国贡献。中国先后成功向国际奥委会申办夏季和冬季两届奥运会和残奥会，中国10多项世界自然遗产和文化自然双重遗产申请得到世界自然保护联盟支持，呈现了中国精彩。

女士们、先生们、朋友们！

中国古人说："善学者尽其理，善行者究其难。"① 构建人类命运共同体是一个美好的目标，也是一个需要一代又一代人接力跑才能实现的目标。中国愿同广大成员国、国际组织和机构一道，共同推进构建人类命运共同体的伟大进程。

1月28日，中国人民将迎来农历丁酉新年，也就是鸡年春节。鸡年**寓意**光明和吉祥。"金鸡一唱千门晓。"我祝大家新春快乐、万事如意！

谢谢大家。

寓意（yùyì）：语言文字或艺术作品所寄托、隐含的意思。

---

① 见《荀子·大略》。意思是善于学习的人能透辟地认识事物的道理；善于实践的人能把事物中的疑难探究清楚。

话题十三 天下一家，休戚与共

读后练习

一、根据文章内容填空

1. 这100多年全人类的共同愿望，就是_____。

2. 让和平的薪火_____，让发展的动力_____，让文明的光芒熠熠生辉，是各国人民的期待。中国方案是：_____。

3. 历史和现实给我们的启迪是：_____，政治谈判是解决冲突的根本之道。

4. 中国从一个积贫积弱的国家发展成为世界第二大经济体，靠的不是对外军事扩张和殖民掠夺，而是_____、_____。

二、根据文章内容回答下列问题

1. 为什么说人类正处在大发展大变革大调整时期？
2. 关于构建人类命运共同体，习近平主席认为国际社会应在哪些具体方面做出努力？
3. 习近平主席是如何回答"中国的政策走向"的？

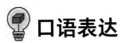

口语表达

自由谈

1. 查阅资料，并结合文章谈谈你对"中国是维护世界和平的重要力量"这一命题的理解。

2. 请结合自身经历谈谈"世界各国文明交流互鉴"的重要意义。

讨论

全体师生以"模拟联合国"的形式举办一次圆桌会议，从中国、本国、世界角度畅谈对构建人类命运共同体的思考。

🔍 写作训练

> 让和平的薪火代代相传，让发展的动力源源不断，让文明的光芒熠熠生辉，实现共赢共享，共同拥有更美好未来。正如2022年北京冬奥会开幕式上的雪花一样，每一朵雪花都映射出独特的光华，但最终共同汇聚成一朵璀璨的大雪花，各美其美，美美与共。当今世界，各国相互联系、相互依存的程度空前加深，你中有我、我中有你，命运相连、休戚与共。"世界大同，天下一家。"多样性是人类文明发展的特征，各种文明都包含有人类发展进步所积淀的共同理念、共同追求，不同文明之间的对话交流、互鉴融合，汇成了人类文明奔流不息的长河。我们必须相互尊重，彼此包容，凝聚共识，在多样中求同一，在差异中求和谐，在交流中求发展，携起手来共同构建人类命运共同体，建设持久和平、普遍安全、共同繁荣、开放包容、清洁美丽的世界。①

阅读以上材料，结合所学所思，请以"一起向未来"为题，写一篇400字左右的文章，说明自己的观点并论证，题目自拟。

---

① 王涛. 美美与共 一起向未来[EB/OL].（2022-02-06）[2022-09-28]. https://baijiahao.baidu.com/s?id=1723976141945133305&wfr=spider&for=pc. 有改动。

话题十三 天下一家，休戚与共

话题阅读 13-3

携手迎接挑战，合作开创未来[1]

尊敬的各位国家元首、政府首脑，

尊敬的各位国际组织负责人，

尊敬的各位博鳌亚洲论坛**理事**，

各位来宾，

女士们，先生们，朋友们：

很高兴同各位新老朋友再次在"云端"相聚，共同出席博鳌亚洲论坛 2022 年年会。首先，我谨代表中国政府和中国人民，并以我个人的名义，对出席年会的嘉宾，表示**诚挚**的欢迎！对年会的召开，表示热烈的祝贺！

当下，世界之变、时代之变、历史之变正以前所未有的方式展开，给人类提出了必须严肃对待的挑战。人类还未走出世纪疫情阴霾，又面临新的传统安全风险；全球经济复苏仍脆弱乏力，又叠加发展鸿沟**加剧**的矛盾；气候变化等治理赤字尚未**填补**，数字治理等新课题又摆在我们面前。在这样的背景下，论坛年会以"疫情与世界：共促全球发展，构建共同未来"为主题，具有重要意义。

"安危不贰其志，险易不革其心。"[2] 人类历史告诉我们，越是困难时刻，越要坚定信心。矛盾并不可怕，正是矛盾推动着人类社会进步。任何艰难曲折都不能阻挡历史前进的车轮。面对重重挑战，我们决不能丧失信心、犹疑退缩，而是要坚定信心、激流勇进。

生词

理事（lǐshì）：这里指代表团体行使职权并处理事情的人；另有处理事务之意。

诚挚（chéngzhì）：诚恳真挚。

加剧（jiājù）：加深严重程度。

填补（tiánbǔ）：把空缺或缺欠的补足。

---

[1] 习近平. 携手迎接挑战，合作开创未来——在博鳌亚洲论坛 2022 年年会开幕式上的主旨演讲（2022 年 4 月 21 日）[M]. 北京：人民出版社，2022.

[2] 见唐代魏徵《群书治要·昌言》，意思是无论所处环境是安全的还是危险的，都不改变自己的志向和操守。

女士们、先生们、朋友们！

冲出迷雾走向光明，最强大的力量是同心合力，最有效的方法是和衷共济。过去两年多来，国际社会为应对新冠肺炎疫情挑战、推动世界经济复苏发展作出了艰苦努力。困难和挑战进一步告诉我们，人类是休戚与共的命运共同体，各国要顺应和平、发展、合作、共赢的时代潮流，向着构建人类命运共同体的正确方向，携手迎接挑战、合作开创未来。

——我们要共同守护人类生命健康。人民生命安全和身体健康是人类发展进步的前提。人类彻底战胜新冠肺炎疫情还需付出艰苦努力。各国要相互支持，加强防疫措施协调，完善全球公共卫生治理，形成应对疫情的强大国际合力。要坚持疫苗作为全球公共产品的**属性**，确保疫苗在发展中国家的可及性和可负担性。中国已经向120多个国家和国际组织提供超过21亿剂疫苗。无论是对外提供疫苗还是海外生产疫苗，中国都言必信、行必果[1]。中国将继续向非洲、东盟分别援助6亿剂、1.5亿剂疫苗，为弥合"**免疫**鸿沟"做出积极努力。

——我们要共同促进经济复苏。新冠肺炎疫情对过去10年全球减贫成果造成重大冲击，复苏不均衡加剧全球不平等，南北鸿沟持续扩大。我们要坚持建设开放型世界经济，把握经济全球化发展大势，加强宏观政策协调，运用科技增强动能，维护全球产业链供应链稳定，防止一些国家政策调整产生严重负面外溢效应，促进全球平衡、协调、包容发展。要坚持以人民为中心，把促进发展、保障民生置于突出位置，实施政策、采取措施、开展行动都要把是否有利于民生福祉放在第一位。要关注发展中国家紧迫需求，围绕减贫、粮食安全、发展筹资、工业化等重点领域推进务实合作，着力解决发展不平衡不充分问题。去年，我提出了全球发展倡议，得到联合国等国际组织和近百个国家响应和支持。我们正在同国际社会一道，稳步推进倡议落地落实。

——我们要共同维护世界和平安宁。"治国常富，而乱

属性（shǔxìng）：事物所具有的不可缺少的性质。

免疫（miǎnyì）：由于具有抵抗力而不患某种传染病。

[1] 言必信，行必果：指说出的话一定要足以信任，行动了就一定要有成效。

话题十三 天下一家，休戚与共

国常贫。"① 安全是发展的前提，人类是不可分割的安全共同体。事实再次证明，冷战思维只会破坏全球和平框架，霸权主义[2]和强权政治只会危害世界和平，集团对抗只会加剧21世纪安全挑战。为了促进世界安危与共，中方愿在此提出全球安全倡议：我们要坚持共同、综合、合作、可持续的安全观，共同维护世界和平和安全；坚持尊重各国主权、领土完整，不干涉别国内政，尊重各国人民自主选择的发展道路和社会制度；坚持遵守联合国宪章宗旨和原则，摒弃冷战思维，反对单边主义，不搞集团政治和阵营对抗；坚持重视各国合理安全关切，秉持安全不可分割原则，构建均衡、有效、可持续的安全架构，反对把本国安全建立在他国不安全的基础之上；坚持通过对话协商以和平方式解决国家间的分歧和争端，支持一切有利于和平解决危机的努力，不能搞双重标准，反对**滥**用单边制裁[3]和"长臂**管辖**"；坚持统筹维护传统领域和非传统领域安全，共同应对地区争端和恐怖主义、气候变化、网络安全、生物安全等全球性问题。

——我们要共同应对全球治理挑战。世界各国乘坐在一条命运与共的大船上，要穿越惊涛骇浪、驶向光明未来，必须同舟共济，企图把谁扔下大海都是不可接受的。国际社会发展到今天已经成为一部复杂精巧、**有机**一体的机器，拆掉一个零部件就会使整个机器运转面临严重困难，被拆的人会受损，拆的人也会受损。当今世界，任何单边主义、极端利己主义都是根本行不通的，任何脱钩、断供、**极限**施压的行径都是根本行不通的，任何搞"小圈子"、以意识形态[4]划线挑动对立对抗也都是根本行不通的。我们要践行共商共建共享的全球治理观，弘扬全人类共同价值，倡导不同文明交流互鉴。要坚持真正的多边主义，坚定维护以联合国为核心的国际体系和以国际法为基础的国际秩序。大国尤其要作出**表率**，带头讲平等、讲合作、讲诚信、讲法治，展现大国的

滥用（lànyòng）：没有选择胡乱地过度使用。

管辖（guǎnxiá）：管理，统辖。

有机（yǒujī）：这里指事物构成的各部分互相关联协调，具有不可分的统一性，就像一个生物体那样。

极限（jíxiàn）：最高的限度。

表率（biǎoshuài）：好榜样。

[2] 霸权主义：hegemonism，是指大国、强国、富国欺侮、压迫、支配、干涉和颠覆小国、弱国、穷国，不尊重他国的独立和主权，进行强行的控制和统治。

[3] 制裁：指针对某一国所采取的强制行动。

[4] 意识形态：ideology。

---
① 出自《管子·治国》，意思是局势安定的国家常常是富足的；局势动乱的国家常常是贫穷的。

· 311 ·

样子。

女士们、先生们、朋友们！

亚洲人民历经热战冷战，饱经沧桑忧患，深知和平弥足珍贵[5]，发展来之不易。过去几十年，亚洲地区总体保持稳定，经济持续快速增长，成就了"亚洲奇迹"。亚洲好世界才能更好。我们要继续把亚洲发展好、建设好，展现亚洲的**韧性**、智慧、力量，打造世界的和平稳定锚、增长动力源、合作新高地。

第一，坚定维护亚洲和平。地区和平稳定不是天上掉下来的，也不是哪个国家的施舍，而是地区国家共同努力的成果。今天，亚洲首倡的和平共处五项原则和"万隆精神"更加具有现实意义。我们要秉持相互尊重、平等互利、和平共处等原则，奉行睦邻友好政策，把命运牢牢掌握在自己手中。

第二，积极推动亚洲合作。亚洲国家谚语说，"遇山一起爬，遇沟一起跨"、"甘蔗同穴生，香茅成丛长"。共赢合作是亚洲发展的必由之路。《区域全面经济伙伴关系协定》正式生效，中老铁路建成通车，有效提升了地区硬联通、软联通水平。我们要以此为契机，推动亚洲形成更加开放的大市场，促进亚洲共赢合作迈出新步伐。

第三，共同促进亚洲团结。用对话合作取代零和博弈，用开放包容取代封闭排他，用交流互鉴取代唯我独尊，这是亚洲应有的襟怀和气度。我们要巩固东盟在地区架构中的中心地位，维护兼顾各方诉求、包容各方利益的区域秩序。国家无论大小强弱，无论域内域外，都应该为亚洲添彩而不添乱，都要共走和平发展大道，共谋合作共赢大计，共创团结进步的亚洲大家庭。

女士们、先生们、朋友们！

两个多月前，中国向世界奉献了简约、安全、精彩的北京冬奥会、冬残奥会，为各国人民带来了温暖和希望。下半年，我们将召开中国共产党第二十次全国代表大会，擘画[6]中国未来发展蓝图。

韧性（rènxìng）：物体柔软不易折断的特性。

[5] 弥足珍贵：指某样东西十分珍贵。

[6] 擘（bò）画：筹划；安排。

话题十三 天下一家，休戚与共

中国经济韧性强、潜力足、回旋余地广、长期向好的基本面不会改变，将为世界经济企稳复苏提供强大动能，为各国提供更广阔的市场机会。中国将全面贯彻新发展理念，加快构建新发展格局，着力推动高质量发展。不论世界发生什么样的变化，中国改革开放的信心和意志都不会动摇。中国将扩大高水平对外开放，深入实施外资准入负面清单，扩大鼓励外商投资范围，优化外资促进服务，增设服务业扩大开放综合试点。中国将扎实推进自由贸易试验区、海南自由贸易港建设，对接国际高标准经贸规则，推动制度型开放。中国将全面实施《区域全面经济伙伴关系协定》，推动同更多国家和地区商签高标准自由贸易协定，积极推进加入《全面与进步跨太平洋伙伴关系协定》和《数字经济伙伴关系协定》。中国将坚持高标准、可持续、惠民生的目标，积极推进高质量共建"一带一路"。中国将始终不渝坚持走和平发展道路，始终做世界和平的建设者、全球发展的贡献者、国际秩序的维护者。

女士们、先生们、朋友们！

中国古人说，日日行，不怕千万里；常常做，不怕千万事。只要我们携手同心、行而不辍，就一定能**汇聚**起合作共赢的伟力，战胜前进道路上的各种挑战，迎来人类更加光明美好的未来。

谢谢大家。

生词

汇聚（huìjù）：聚集在一起。

读后练习

一、根据文章内容填空

1. 本次论坛年会的主题是"＿＿＿＿＿＿＿＿＿＿＿＿＿＿＿＿＿＿＿＿＿"。
2. 冲出迷雾走向光明，最强大的力量是＿＿＿＿＿＿，最有效的方法是＿＿＿＿＿＿。
3. 要坚持以人民为中心，把促进发展、＿＿＿＿＿＿置于突出位置，实施政策、采取措施、开展行动都要把是否有利于_____放在第一位。

4. 我们要践行_____的全球治理观，弘扬全人类共同价值，倡导不同文明交流互鉴。

二、根据文章内容回答下列问题

1. 在当前的困难和挑战下，世界各国应如何迎接挑战和开创未来？
2. 为了促进世界安危与共，中方在此提出了哪些全球安全倡议？
3. 习近平主席认为，如何才能继续把亚洲发展好、建设好？
4. 习近平主席指出，中国未来会如何发展？

口语表达

自由谈

1. 你如何看待中国的未来发展？
2. 查找资料，结合所学，谈谈你对"中国将始终不渝坚持走和平发展道路，始终做世界和平的建设者、全球发展的贡献者、国际秩序的维护者"这一命题的理解。

拓展阅读

雅万高铁：揭开推动构建人类命运共同体新篇章

话题阅读生词索引

生词	拼音	话题阅读文章号	生词	拼音	话题阅读文章号
\multicolumn{6}{c}{A}					
按捺	ànnà	4-1	熬	áo	3-3
安逸	ānyì	5-3			
		B			
伴生	bànshēng	5-3	奔波	bēnbō	12-3
报废	bào//fèi	7-3	表率	biǎoshuài	13-3
包袱	bāofu	3-3	弊端	bìduān	7-1
报销	bàoxiāo	5-3	秉承	bǐngchéng	13-2
保障	bǎozhàng	5-1	秉持	bǐngchí	8-1
悖论	bèilùn	2-1	闭塞	bìsè	8-2
悖谬	bèimiù	4-1	波折	bōzhé	12-2
		C			
嘈杂	cáozá	2-3	丑陋	chǒulòu	1-1
策划	cèhuà	12-1	传承	chuánchéng	6-3
策略	cèlüè	7-1	创伤	chuāngshāng	1-1
层出不穷	céngchū-bùqióng	13-2	储备	chǔbèi	9-2
长足	chángzú	7-4	纯粹	chúncuì	11-2
阐释	chǎnshì	10-1	淳朴	chúnpǔ	6-3
承载	chéngzài	11-2	处置	chǔzhì	7-5
诚挚	chéngzhì	13-3	初衷	chūzhōng	8-1
痴迷	chīmí	3-2	慈善	císhàn	10-1
吃亏	chī//kuī	7-4	猝死	cùsǐ	2-2
冲刺	chōngcì	3-4	脆弱	cuìruò	1-1
憧憬	chōngjǐng	11-3	措手不及	cuòshǒu-bùjí	12-3
充沛	chōngpèi	3-4	错位	cuò//wèi	7-1
崇尚	chóngshàng	13-2	挫折	cuòzhé	12-2
筹备	chóubèi	9-3	簇拥	cùyōng	3-2

续表

生词	拼音	话题阅读文章号	生词	拼音	话题阅读文章号
			D		
怠	dài	10-3	低迷	dīmí	5-2
代际	dàijì	4-1	低碳	dītàn	7-3
导航	dǎoháng	6-1	抵御	dǐyù	3-1
大数据	dàshùjù	7-5	洞察力	dòngchálì	9-4
得罪	dézuì	6-2	动车组	dòngchēzǔ	9-1
颠簸	diānbǒ	9-1	冻结	dòngjié	5-1
奠定	diàndìng	10-4	督促	dūcù	7-4
巅峰	diānfēng	3-2	对峙	duìzhì	13-2
颠覆	diānfù	8-1	杜绝	dùjué	10-1
惦记	diànjì	1-2	躲避	duǒbì	5-4
点缀	diǎnzhuì	3-1			
			E		
遏制	èzhì	3-2			
			F		
发掘	fājué	11-2	分担	fēndān	6-2
繁华	fánhuá	3-4	风波	fēngbō	8-2
反馈	fǎnkuì	5-4	风靡	fēngmǐ	12-2
泛滥	fànlàn	10-4	风向标	fēngxiàngbiāo	9-4
繁忙	fánmáng	5-3	氛围	fēnwéi	5-1
烦恼	fánnǎo	5-3	俯瞰	fǔkàn	11-2
反思	fǎnsī	7-1	辐射	fúshè	5-4
烦琐	fánsuǒ	2-2	抚慰	fǔwèi	11-3
翻天覆地	fāntiān-fùdì	12-3	附庸	fùyōng	10-3
发条	fātiáo	2-3	赋予	fùyǔ	3-1
发扬光大	fāyáng-guāngdà	13-1	浮躁	fúzào	7-2
分辨	fēnbiàn	1-4			
			G		
尴尬	gāngà	12-3	更年期	gēngniánqī	4-2
高昂	gāo'áng	7-1	共鸣	gòngmíng	8-3
搞定	gǎodìng	9-2	共情	gòngqíng	2-3
高效	gāoxiào	7-3	共识	gòngshí	3-1
隔阂	géhé	1-1	贯彻	guànchè	1-4
格局	géjú	13-1	贯穿	guànchuān	8-1

续表

生　词	拼　音	话题阅读文章号	生　词	拼　音	话题阅读文章号
光顾	guānggù	6-1	顾虑	gùlǜ	7-3
管辖	guǎnxiá	13-3	裹	guǒ	8-2
规矩	guīju	6-1	过瘾	guò//yǐn	6-2
归属	guīshǔ	5-2	固然	gùrán	7-4
H					
涵盖	hángài	11-3	汇聚	huìjù	13-3
耗费	hàofèi	12-4	回升	huíshēng	7-5
鸿沟	hónggōu	4-1	忽略	hūlüè	7-1
唤起	huànqǐ	11-2	混淆	hùnxiáo	1-2
互动	hùdòng	12-2	伙食	huǒ•shí	12-1
恢宏	huīhóng	11-1			
J					
加剧	jiājù	13-3	境界	jìngjiè	6-3
僵化	jiānghuà	10-2	经久不息	jīngjiǔ-bùxī	3-2
兼顾	jiāngù	13-2	警惕	jǐngtì	5-3
监管	jiānguǎn	1-4	禁锢	jìngù	2-2
简洁	jiǎnjié	1-4	精英	jīngyīng	1-2
监控	jiānkòng	7-5	精益求精	jīngyìqiújīng	8-1
缴费	jiǎofèi	1-2	谨慎	jǐnshèn	7-1
焦虑	jiāolǜ	3-3	寄生虫	jìshēngchóng	9-4
亟待	jídài	2-4	纪实	jìshí	11-2
接驳	jiēbó	2-1	棘手	jíshǒu	9-2
阶层	jiēcéng	1-2	纠偏	jiūpiān	10-3
解构	jiěgòu	4-1	久违	jiǔwéi	12-3
接轨	jiē//guǐ	7-3	极限	jíxiàn	13-3
借鉴	jièjiàn	8-3	迹象	jìxiàng	6-1
竭力	jiélì	6-1	觉醒	juéxǐng	13-2
截然不同	jiérán-bùtóng	5-4	竣工	jùngōng	9-3
积淀	jīdiàn	6-3	沮丧	jǔsàng	12-2
激励	jīlì	7-2	据悉	jùxī	9-2
寂寞	jìmò	5-3	局限	júxiàn	3-1
K					
开销	kāixiāo	5-4	抗拒	kàngjù	1-2
堪称	kānchēng	8-3	抗药性	kàngyàoxìng	9-4

生词	拼音	话题阅读文章号	生词	拼音	话题阅读文章号
考量	kǎoliáng	4-3	框架	kuàngjià	13-1
可观	kěguān	2-2	跨越	kuàyuè	5-2
苛刻	kēkè	3-3	夸张	kuāzhāng	1-3
恐惧	kǒngjù	3-3	匮乏	kuìfá	8-2
恐慌	kǒnghuāng	7-2	愧疚	kuìjiù	12-3
酷爱	kù'ài	10-2	困惑	kùnhuò	12-3
L					
蓝图	lántú	9-1	理念	lǐniàn	5-4
滥用	lànyòng	13-3	理事	lǐshì	13-3
累积	lěijī	3-1	遛	liù	1-2
冷门	lěngmén	6-1	流程	liúchéng	12-4
联络	liánluò	12-1	浏览	liúlǎn	1-1
历历在目	lìlì-zàimù	9-4	伦理	lúnlǐ	4-2
灵感	línggǎn	12-4	落差	luòchā	5-1
灵魂	línghún	3-3	络绎不绝	luòyì-bùjué	9-2
零排放	língpáifàng	2-1	屡屡	lǚlǚ	7-1
领袖	lǐngxiù	10-1	履行	lǚxíng	5-1
M					
脉搏	màibó	5-2	渺小	miǎoxiǎo	11-3
蛮	mán	1-2	瞄准	miáo//zhǔn	11-2
蔓延	mànyán	6-1	弥合	míhé	4-3
魅力	mèilì	3-2	迷茫	mímáng	7-2
门槛	ménkǎn	6-2	命题	mìng//tí	13-2
绵延	miányán	11-2	敏捷	mǐnjié	3-2
免疫	miǎnyì	13-3	磨合	móhé	5-1
N					
内涵	nèihán	1-4	牛皮癣	niúpíxuǎn	2-1
内幕	nèimù	6-2	扭曲	niǔqū	10-4
内卷	nèijuǎn	3-2	逆向	nìxiàng	7-3
能耗	nénghào	9-1	浓缩	nóngsuō	6-3
碾压	niǎnyā	4-3	疟疾	nüèji	9-4
纽带	niǔdài	1-3			
P					
庞大	pángdà	5-4	攀升	pānshēng	5-4

续表

生　词	拼　音	话题阅读文章号	生　词	拼　音	话题阅读文章号
配偶	pèi'ǒu	5-4	瓶颈	píngjǐng	2-2
捧	pěng	8-2	平息	píngxī	8-2
碰撞	pèngzhuàng	5-4	频率	pínlǜ	5-4
疲惫	píbèi	1-1	品行	pǐnxíng	10-3
批发	pīfā	5-3	批判	pīpàn	7-1
披荆斩棘	pījīng-zhǎnjí	9-3	铺垫	pūdiàn	12-4
披露	pīlù	2-2	朴素	pǔsù	3-4
凭借	píngjiè	5-2			
Q					
千锤百炼	qiānchuí-bǎiliàn	11-1	侵蚀	qīnshí	4-1
强劲	qiángjìng	13-1	契机	qìjī	7-1
潜规则	qiánguīzé	2-4	迄今	qìjīn	10-2
潜能	qiánnéng	1-3	侵害	qīnhài	10-3
潜在	qiánzài	3-4	权衡	quánhéng	2-4
启迪	qǐdí	8-3	诠释	quánshì	11-1
气氛	qì·fēn	8-1	全天候	quántiānhòu	9-1
情怀	qínghuái	6-3	权威	quánwēi	1-4
情结	qíngjié	10-2	驱动	qūdòng	13-1
青睐	qīnglài	2-1	曲解	qūjiě	10-4
倾情	qīngqíng	11-1	驱逐	qūzhú	3-4
R					
妊娠	rènshēn	4-3	融汇	rónghuì	4-2
韧性	rènxìng	13-3	荣誉	róngyù	3-2
冗长	rǒngcháng	8-1	冗余	rǒngyú	4-3
S					
伤残	shāngcán	3-1	盛行	shèngxíng	7-4
上市	shàng//shì	10-1	审核	shěnhé	7-5
赡养	shànyǎng	5-2	渗透	shèntòu	5-1
擅自	shànzì	2-4	审慎	shěnshèn	2-1
擅长	shàncháng	8-3	释放	shìfàng	1-3
奢侈	shēchǐ	6-2	嗜好	shìhào	6-3
奢华	shēhuá	7-2	失控	shīkòng	1-1
生涯	shēngyá	3-2	失调	shītiáo	4-2

续表

生词	拼音	话题阅读文章号	生词	拼音	话题阅读文章号
史无前例	shǐwúqiánlì	5-2	殊荣	shūróng	10-2
视野	shìyě	8-3	属性	shǔxìng	13-3
收官之作	shōuguān zhīzuò	9-1	肆虐	sìnüè	11-3
双赢	shuāngyíng	1-3	司空见惯	sīkōng-jiànguàn	1-3
舒畅	shūchàng	12-2	随机	suíjī	1-1
瞬间	shùnjiān	3-4	缩影	suōyǐng	2-2
水龙头	shuǐlóngtóu	5-3	塑造	sùzào	1-4
T					
淘	táo	6-1	同舟共济	tóngzhōu-gòngjì	13-2
逃避	táobì	3-4	头衔	tóuxián	10-4
淘汰	táotài	6-1	头晕目眩	tóuyūn-mùxuàn	3-3
填补	tiánbǔ	13-3	透支	tòuzhī	3-3
天赋	tiānfù	5-1	推断	tuīduàn	1-1
天堑	tiānqiàn	9-3	颓废	tuífèi	3-4
挑剔	tiāoti	5-3	推移	tuīyí	1-3
体谅	tǐliàng	5-3	脱节	tuō//jié	6-3
体系	tǐxì	5-2	拓宽	tuòkuān	3-4
体制	tǐzhì	5-1	拖累	tuōlèi	5-2
同比	tóngbǐ	9-1	拖延	tuōyán	3-4
统筹	tǒngchóu	13-2	拓展	tuòzhǎn	6-3
W					
宛若	wǎnruò	9-3	文物	wénwù	8-2
慰藉	wèijiè	11-3	误打误撞	wùdǎ-wùzhuàng	12-4
萎缩	wěisuō	5-1	物尽其用	wùjìnqíyòng	9-4
文豪	wénháo	10-1	误区	wùqū	6-2
文凭	wénpíng	6-2			
X					
狭隘	xiá'ài	4-1	消耗	xiāohào	7-3
下跌	xiàdiē	5-2	潇洒	xiāosǎ	3-2
限度	xiàndù	5-2	萧条	xiāotiáo	6-1
相悖	xiāngbèi	4-1	遐想	xiáxiǎng	10-1
象征	xiàngzhēng	8-1	邪恶	xié'è	1-1
陷阱	xiànjǐng	7-2	携带	xiédài	12-2
消沉	xiāochén	3-4	携手	xiéshǒu	3-2

生　　词	拼　　音	话题阅读文章号	生　　词	拼　　音	话题阅读文章号
心扉	xīnfēi	12-3	虚假	xūjiǎ	1-1
性价比	xìngjiàbǐ	7-3	循环	xúnhuán	7-5
欣欣向荣	xīnxīn-xiàngróng	13-1	虚拟	xūnǐ	1-1
修缮	xiūshàn	11-2	殉职	xùnzhí	11-1
宣泄	xuānxiè	3-1	虚荣	xūróng	7-4
虚构	xūgòu	8-3			
Y					
养护	yǎnghù	12-1	熠熠生辉	yìyì-shēnghuī	11-1
洋溢	yángyì	6-3	抑郁	yìyù	3-3
严谨	yánjǐn	1-4	驿站	yìzhàn	2-4
严峻	yánjùn	5-1	抑制	yìzhì	7-2
严苛	yánkē	2-3	一众	yīzhòng	8-3
演绎	yǎnyì	8-3	诱惑	yòuhuò	7-2
要害	yàohài	6-3	有机	yǒujī	13-3
衣钵	yībō	10-2	优劣	yōuliè	10-2
一概而论	yīgài'érlùn	4-2	原创	yuánchuàng	8-3
遗憾	yíhàn	12-3	源泉	yuánquán	1-3
疑惑	yíhuò	6-1	元首	yuánshǒu	13-1
一溜烟	yīliùyān	2-3	冤枉	yuānwang	7-2
疫苗	yìmiáo	11-3	岳母	yuèmǔ	12-3
盈利	yínglì	6-1	郁闷	yùmèn	12-2
营造	yíngzào	13-1	蕴藏	yùncáng	6-2
引领	yǐnlǐng	7-2	蕴含	yùnhán	4-1
引擎	yǐnqíng	13-1	酝酿	yùnniàng	6-1
印证	yìnzhèng	4-2	运营	yùnyíng	7-5
已然	yǐrán	8-3	孕育	yùnyù	13-2
一如既往	yīrú-jìwǎng	2-2	预算	yùsuàn	5-4
一味	yīwèi	7-4	寓意	yùyì	13-2
一系列	yīxìliè	1-2	预制	yùzhì	9-3
Z					
再生	zàishēng	7-5	增添	zēngtiān	7-4
攒	zǎn	7-2	姿态	zītài	1-2
造福	zàofú	13-1	自责	zìzé	3-3
遭殃	zāoyāng	3-4	扎根	zhāgēn	5-2

续表

生　词	拼　音	话题阅读文章号	生　词	拼　音	话题阅读文章号
彰显	zhāngxiǎn	10-3	治愈	zhìyù	3-1
照料	zhàoliào	5-4	职责	zhízé	8-2
诈骗	zhàpiàn	1-4	重视	zhòngshì	7-1
折磨	zhé•mó	7-2	皱	zhòu	3-3
整合	zhěnghé	3-1	专程	zhuānchéng	12-2
拯救	zhěngjiù	3-4	撰写	zhuànxiě	12-1
震惊	zhènjīng	8-2	转型	zhuǎnxíng	1-3
阵容	zhènróng	12-1	主导	zhǔdǎo	7-4
斟酌	zhēnzhuó	8-1	瞩目	zhǔmù	8-1
折射	zhéshè	11-2	追溯	zhuīsù	7-5
折腾	zhēteng	5-1	琢磨	zhuómó	1-3
直观	zhíguān	7-5	着手	zhuóshǒu	8-2
至关重要	zhìguān-zhòngyào	10-3	主权	zhǔquán	13-1
滞后	zhìhòu	10-3	纵观	zòngguān	13-2
智库	zhìkù	2-2	纵容	zòngróng	3-2
稚嫩	zhìnèn	12-1	宗旨	zōngzhǐ	13-2
窒息	zhìxī	10-2	遵循	zūnxún	13-2
质疑	zhìyí	1-2			

读后练习参考答案